臺灣早期政黨史略
（一九〇〇—一九六〇）

陳正茂　著

序　言

　　關於本書《臺灣早期政黨史略（1900-1960）》的出版，是在一種「無心插柳」的情況下問世的。緣由係民國95年夏，承好友胡健國兄引薦，參加當時由中研院近史所朱浤源教授所領軍的重修《臺北市誌》之撰述團隊，負責其中《政事志》〈政黨篇〉的撰寫工作。兩年來，陸續寫完從1895年臺灣割日，到1960年雷震籌組「中國民主黨」，這60餘年間，臺灣之重要政團、政黨及其活動之史事。正欲殺青交稿之際，今年初，忽聞臺北市文化局及文獻委員會不知何故，竟與中研院解除重修《臺北市誌》之契約，致使該計劃不得不腰斬終止，令人相當錯愕與遺憾。

　　原本打算文章就此束之高閣，然有鑒於坊間臺灣史著作，雖已琳琅滿目汗牛充棟。舉凡臺灣政治、經濟、社會、文化、教育、文學等，均有相關著作或專書。唯獨臺灣政黨史付之闕如，因此不揣譾陋，興起將〈政黨篇〉付梓之念。其目的：一則補臺灣政黨史之不足，尤其國人長期忽視的民、青兩黨部分；再則拋磚引玉，希冀引起更多國內史學同好，投入臺灣政黨史之研究行列。

　　要提的是，本書若干篇章，是參考眾多研究者的成果整理而成，如林柏維的《臺灣文化協會》、簡炯仁的《臺灣民眾黨》、簡炯仁與盧修一之《臺灣共產黨》、陳三井師之臺灣與國民革命，興中會與同盟會臺灣分會部分，以及國府遷臺初期之「改造運動」、何義麟大作〈「臺灣省政治建設協會」〉之研究、藍博洲關於蔡孝乾「臺灣省工作委員會」之文章、蘇瑞鏘之「中國民主黨」的專書等等。上述諸多專書論文，筆者於書中均曾援引甚多，特此提出，以示不敢掠美

之意。當然，有幾篇是筆者以第一手原始資料撰述而成，如青年黨、民社黨與廖文毅的「臺灣再解放聯盟」等。

　　這些篇章如遺珠串聯，共同建構臺灣早期60年之政黨史，藉由這些政黨的緣起緣滅，讓我們清楚的勾勒出從日治時期迄於國府遷臺到六○年代的一部臺灣政治滄桑史。這其中，臺灣人為追求理想中的政黨政治，與外來統治政權作無畏無懼的抗爭，其中，有人深陷囹圄、有人流亡異國、有人毀家紓難、有人甚至獻出無價生命。他們是臺灣史上的真英雄，在黑雲壓頂的殖民社會、在政治高壓的威權統治下，為組黨建黨前仆後繼，鞠躬盡瘁，死而後已。像蔣渭水之於民眾黨、謝雪紅之於臺共、雷震之於中國民主黨，都是最具代表性的典範。處於今日民主自由的臺灣，政黨政治已漸趨成熟，臺灣有今天的民主政治，是無數先賢犧牲奮鬥的結果，我們應該要好好珍惜，並發揚光大之。最後，本書的問世，還是要特別謝謝蔡登山兄，如果沒有他的支持與鼓勵，疏懶如我，這一、兩年當交不出如此成績的。另外，謹以此書紀念先父陳興旺逝世20週年。先父謝世之時，正值我有能力供養之際，然「子欲養而親不待」誠我人生最大之遺憾也。

陳正茂序於士林

98年元月

目　錄

第一章 臺灣與中國革命
——論國民黨初創時期與臺灣之關係

一、前言——興中會臺北支會

　　基本上，臺北作為臺灣的首善之區，成為臺灣首府，當在臺灣建省，劉銘傳撫臺之後。日治以後沿清之治，臺北仍是臺灣的政經中心。臺北最早有政黨活動與孫中山的國民革命有密切關係，1895年臺灣因馬關條約割讓給日本，孫中山亦於是年發動廣州起義。失敗後，興中會會員楊心如（帝鏡）即來臺灣，相機進行革命活動，從而使國民黨與臺灣開始產生關係。[1]國民黨與臺灣的關係，若論其發展，則淵源甚早，1897年興中會在臺北就有支會的設立，1910年同盟會在臺北也有分會存在，但這時期革命黨在臺灣的活動，僅為支援大陸的革命運動。[2]

　　1897年，孫中山指示陳少白來臺灣聯絡同志，陳少白從神戶來臺後，首先訪查到設在大稻埕（今臺北市延平區）的良德洋行，並在該洋行找到興中會老同志楊心如（帝鏡），經楊心如介紹，得識其老闆廈門人吳文秀，又結識粵商趙滿朝、容祺年及莊某等 5、6 人（容、趙均為祖籍廣東的臺北人），漸次有局面。[3]因對革命有志一

---

[1]　冒鶴亭，〈第一位到臺灣的興中會會員——楊帝鏡〉，收入《國父孫先生與臺灣》（臺北：中國國民黨中央委員會黨史委員會出版，民國 78 年 11 月初版），頁 49-50。

[2]　蔣子駿，《辛亥革命與臺灣早期抗日運動（1911-1915）》（臺北：文史哲出版社出版，民國 79 年 2 月初版），頁 116。

[3]　陳少白口述，許師慎筆記，〈興中會臺灣分會之成立〉，見陳少白口述，許師

同，遂於是年 12 月（一說 11 月上旬；也有可能是 1898 年 1 月）在楊心如宅成立興中會臺北支會；惟因黨員不多，未設會所，即以心如宅充之，是為臺灣同胞直接參與中國革命運動之始。[4]是年 12 月上旬，陳氏返日向孫中山覆命。其後，臺灣分會會務，即以通訊方式聯繫之。[5]

此事經緯，陳少白在自述〈興中會革命史要〉中也有所提及，說他來臺灣時，初到臺南，但活動進行不順，最後回到臺北，「不一日到了臺北，創立了一個支會，找進 5、6 個會員，又復停留一個多月，事情稍有局面，就想回到日本去。」[6]

1898 年閏 3 月，陳少白二次來臺，會晤總督府民政長官後藤新平，希望後藤助興中會在臺灣之發展，（1898 年 1 月，陳在東京與後藤新平已有聯絡致意）。陳少白這次在臺，興中會臺北支會也有一些活動展開。陳自承：「這次到臺灣，約有半載，加入的會員雖然仍是不多，但是募到的錢也有二、三千元。」[7]可見當時在臺同志踴躍捐輸，也表現深厚的力量。又是年 8 月，康有為在北京失敗，六君子殉難，興中會臺北支會在陳少白主持下，也在臺北舉行追悼會以哀悼之。9 月，陳氏積極籌募革命經費，以準備創辦第一家革命黨報，臺灣分會會員捐獻 3,000 元。[8]1899 年，《中國日報》發刊於香港。[9]

慎筆記，《興中會革命史要》（臺北：中央文物供應社出版，民國 45 年 6 月初版），頁 26-32。

[4]　陳三井，〈臺灣志士與辛亥革命〉，見陳三井，《臺灣近代史事與人物》（臺北：商務版，民國 77 年 7 月初版），頁 100。

[5]　曾迺碩，〈興中會臺灣分會史實〉，見黃季陸，〈臺灣與國民革命的關係及其有關資料〉，《中國現代史專題研究報告》第五輯（臺北：中華民國史料研究中心編印，民國 71 年 6 月再版），頁 241。

[6]　陳少白口述，許師慎筆記，《興中會革命史要》，同註3。

[7]　同上註。

[8]　曾迺碩，〈興中會臺灣分會史實〉，見黃季陸，〈臺灣與國民革命的關係及其有關資料〉，《中國現代史專題研究報告》第五輯，同註5，頁 242。

　　總之，陳少白到臺灣來的最大志願，是「要把那裏的中國人聯絡起來」，他前後兩次到臺灣活動的結果，除了成立興中會臺北支會（或稱臺灣興中會），得到楊心如、吳文秀、趙滿朝、容祺年等大陸人士贊成革命外，並吸收臺籍人士如林震東、陳德安、陳文渠、林成木等入會。[10]這是中國革命黨人首次在臺灣建立的據點，也是臺灣志士與中國革命運動結合的開始。[11]是以馮自由於《革命逸史》書中談到，興中會臺北支會「因黨員不多，未設會所……對於祖國無所表現」[12]的說法，其實是有待商確。事實上，興中會臺北支會與當時多數分會一樣，是一種經濟後援性的團體，雖未能轟轟烈烈的直接參與革命行動，但所募到的錢也有 2、3 千元之多，可見當時在臺同志的踴躍捐輸，與對革命表現出的忠誠和熱情。[13]

　　興中會臺北支會的革命活動，於孫中山的蒞臨臺北掀起一波高潮。1900 年 9 月 25 日，孫中山為策劃惠州三洲田起義，以及獲得臺灣總督兒玉源太郎的支助，自日本神戶乘「臺南丸」前來臺北，寄居大稻埕聞人李春生洋樓，停留 42 天（一說 44 天）之久，是為孫中山首次來臺，並選定臺北作為革命事業的前進指揮重鎮，[14]惠州之役雖

9　《中國國民黨八十年大事年表》（臺北：中國國民黨中央委員會黨史委員會出版，民國 63 年 8 月出版），頁 17。

10　王國璠，〈從楊心如生平探討興中會臺灣分會〉，《臺北市耆老會談專集》（臺北：臺北市文獻委員會出版，民國 68 年 9 月初版），頁 367。

11　陳三井，〈臺灣志士與辛亥革命〉，見陳三井，《臺灣近代史事與人物》，同註 4。

12　馮自由，《革命逸史》第四集（臺北：商務版，民國 67 年 2 月臺 3 版），頁 17-18。

13　陳三井，〈臺灣志士與辛亥革命〉，見陳三井，《臺灣近代史事與人物》，同註 4，頁 101。

14　曾迺碩，〈惠州之役國父蒞臺史實〉，見《國父孫先生與臺灣》，同註 1，頁 107-132。又見奚敏芳，〈孫中山在臺灣〉，收入林慶彰、陳仕華主編，《近代中國知識分子在臺灣》（2）（臺北：萬卷樓出版，民國 91 年 10 月初版），頁 9-10。

告失敗，但臺北卻在國民革命運動史上留下光榮地位。失敗後，興中會臺北支會會員，嗣又創設中華會館，繼續進行革命工作。[15]

二、中國同盟會臺灣分會

　　除興中會外，1910 年（宣統 2 年）春，中國同盟會亦在臺北建立組織，時會員王兆培至臺灣入臺北醫學校肄業，王為福建漳州人，為一寡言慎行的革命青年。其來臺就讀目的有二，一為求學；二是藉機找尋志同道合的同志，以圖在臺發展同盟會組織。[16]同班同學臺南人翁俊明即在其吸收下，於是年 5 月 1 日率先宣誓加入中國同盟會，故臺灣人加入中國同盟會者，翁實為第一人。[17]同年 9 月，中國同盟會委翁（化名為翁樵）為交通委員，負責發展臺灣會務，也同時宣告臺灣同盟會——亦即中國同盟會臺灣分會的成立。[18]

　　在王兆培、翁俊明的審慎推動下，同盟會在臺北的組織逐漸開展，至 1911 年，同盟會臺灣分會的會員已發展到 30 多人。會員分佈的範圍，也從原來的醫學校推廣至國語學校、農事試驗場等三個學校，均為當時臺灣及臺北最高學府，會員中尚有爾後臺灣民族運動主要領袖之一的蔣渭水。[19]此外，他們並組織了一個外圍團體——

[15] 曾迺碩，〈興中會臺灣分會史實〉，見黃季陸，〈臺灣與國民革命的關係及其有關資料〉，《中國現代史專題研究報告》第五輯，同註5，頁232。

[16] 陳三井，〈臺灣志士與辛亥革命〉，見陳三井，《臺灣近代史事與人物》，同註13。

[17] 陳三井，〈翁俊明與臺灣總部成立的一段經緯〉，見陳三井，《臺灣近代史事與人物》，同註4，頁117。

[18] 李雲漢，《國民革命與臺灣光復的歷史淵源》（臺北：幼獅版，民國 69 年 7 月 3 版），頁25。

[19] 黃煌雄，《蔣渭水傳——臺灣的先知先覺者》（臺北：前衛版，1992 年 12 月初版），頁 17。

「復元會」，常在臺北太平町之江山樓、艋舺（今萬華）之二仙樓、平樂遊酒家等處秘密集會，密籌款項，討論政局，並研究如何光復臺灣。[20]

1914 年（民國 3 年）11 月，臺灣同盟會的會員已增至 76 人，時同盟會已改組為國民黨，但臺灣仍稱同盟會，這是因為兩方的連絡未能密切所致。且各同志亦深感臺灣同盟會組織過於渙散，有重新整頓的必要，因此於是年 11 月 9 日，臺灣同盟會在臺北艋舺平樂遊酒家召開會員大會，討論改組問題。然因羅福星苗栗起義失敗；及同盟會改組為國民黨，而當時日治時期是禁止臺灣政治結社的，因此公開政黨是不能存在的，所以臺灣同盟會不僅沒有改組擴大組織，反而不得不決定解散。[21]

臺灣同盟會自成立到解散的短短四年間，雖無多大成就可言，但它已在臺灣知識份子間散佈了許多的革命種子，臺灣以後數十餘年的各種革命運動，莫不直接或間接與其有若干的關係。且從興中會臺北支會的成立，到臺灣同盟會組織的發展，顯示國民革命的香火已在臺灣傳遞點燃，臺灣的革命運動也將與中國的革命運動結合匯流。[22]

三、同盟會臺灣分會的政黨活動

先是 1911 年「329 廣州之役」之際，世居板橋的臺北士紳林熊徵（薇閣），曾慷慨解囊捐獻日幣 5,000 元，以充作革命同志旅費和

---

[20] 葉炳輝，〈杜聰明博士傳〉，《國語日報》「書和人」第 7 期（民國 54 年 6 月 5 日出版）。

[21] 史公，〈中國同盟會與臺灣〉，見《國父孫先生與臺灣》，同註 1，頁 215-216。

[22] 陳三井，〈臺灣志士與辛亥革命〉，見陳三井，《臺灣近代史事與人物》，同註 4，頁 102。

購械之用。[23]而之前的 1908 年，臺南籍的翁俊明以優異成績考入臺北醫學校（即今國立臺大醫學院），專攻醫學，時國內革命風潮高漲，翁俊明因同學王兆培之介紹，成為同盟會第一位臺籍會員。同年 9 月 30 日，翁即在該校成立中國同盟會臺灣通訊處（另一說，成立於其服務的馬偕醫院為地址），宣傳革命，以攘倭倒清為號召。並先後吸收蔣渭水、蘇樵山、王傳薪、曾廣福、黃調清等 76 位會員加盟，分別活動，籌募捐款，資助國內革命之需，成績斐然。[24]

1912 年，翁復響應黃克強先生倡導之國民捐，發動臺胞踴躍捐獻。在醫學校時代，翁俊明與蔣渭水、蘇樵山、黃調清、林錦生、曾廣福、杜聰明等同學熱心募集資金，託漳州留學生王兆培，寄附中國革命黨，喚起啟蒙運動，訓練學生，團結組織。另外，他們更聯合國語學校的李根盛、農事實驗場及工業講習所之同志，於星期日在艋舺茶館（二仙樓），或在和尚州（蘆洲）柑園，秘密聚會，演說報告中國革命之進展情形，排斥日政府之壓迫，鼓吹革命精神。[25]

1913 年 8 月，孫中山於討袁失敗後，二次蒞臺，曾住於臺北御成町梅屋敷旅舍（今中山北路國父史蹟紀念館）。在臺同盟會會員楊心如、翁俊明、周赤牛等曾多方設法，冀謀前往覲見，唯日警戒備森嚴，未能如願。[26]又是年，袁世凱竊國野心日彰，翁俊明備極憤慨，在蔣渭水建議下，乃與邱鳳翔等秘密培養霍亂菌種，欲以傳染病的手段來消滅袁逆。是年 7 月 16 日，翁偕杜聰明等搭乘「信濃丸」

---

[23]　陳漢光，〈黃花岡之役與臺籍人士〉，《臺灣新生報》（民國 47 年 3 月 29 日）。

[24]　黃敦涵，〈臺灣光復的先驅——翁俊明先生行誼〉，《中央日報》（民國 63 年 10 月 4 日）。

[25]　杜聰明，〈翁俊明烈士學生時代生活〉，見《國父孫先生與臺灣》，同註 1，頁 201-202。

[26]　黃敦涵編著，《翁俊明烈士編年傳記》（臺北：正中版，民國 66 年 10 月初版），頁 29。

赴神戶轉北京欲毒殺袁世凱，翁、杜二氏的北京之行，亦得到當時
大稻埕區長黃玉階的鼎力支持。[27] 翁氏取道日本赴都門，適於神戶
途中遇孫中山，翁向孫表達抱負，孫嘉其志卻阻其行，但翁不聽勸
阻，依舊成行。到北京後，因找不到開放的水源地且警備森嚴，無
法投入菌種，菌種後來失效，故功虧一簣未能達成任務。[28]

　　翁等回臺後，由石煥長等出資組「東瀛商會」，聘戴旺枝、蔣渭
水為經理，販文具書籍，內有一大房間供眾學生之秘密集會所，聘
一北京語教師，學習官話。後東瀛商會遷到對面店鋪，次又移往文
武街（榮町），迨大安醫院成立後，乃再移於太平町。期間，雖有一
時中斷，後再繼續開店，命名為文化書局，即以後之三民書局。[29]

四、結論——兼述羅福星在臺之民族革命

　　而同盟會另一同志，曾參加過黃花崗起義的羅福星，在臺之活
動亦頗值一述。羅曾奉孫中山命來臺灣發展組織，羅來臺後，以販
賣高麗參商人的身份來掩飾他的活動，並秘密做吸收黨員的工作。
在大稻埕（今臺北延平區）的大瀛旅社，羅福星與臺灣的聯絡人劉
士明等秘密會商，經過詳細討論，作成四點決議：（一）立即成立「同
盟會支部」，但為求慎重起見，對外採用「華民聯絡會館」名義。（二）
革命總機關設在苗栗，而以大瀛旅社作為分部辦事處。（三）目前任
務，以招募黨員，發展組織為主，對在日本機關擔任公職之臺人，應

---

[27] 楊玉齡，《一代醫人杜聰明》（臺北：天下遠見出版股份有限公司出版，2002
　　年 12 月 1 版），頁 47-54。

[28] 〈翁俊明自傳〉，見《國父孫先生與臺灣》，同註 1，頁 197。又見黃敦涵，〈臺
　　灣光復的先驅——翁俊明先生行誼〉，《中央日報》（民國 63 年 10 月 4 日）。

[29] 杜聰明，〈翁俊明烈士學生時代生活〉，見《國父孫先生與臺灣》，同註 1，
　　頁 202。

列為優先爭取對象。（四）由羅福星前往聯絡各地抗日志士，並予納入組織，統一指揮。[30]

羅首先在苗栗設立總部，並於臺北、桃園、彰化、臺南、基隆及宜蘭等地設立分部，遣江亮能、黃霖、黃光樞、謝德香、傅清風、黃員敬、謝阿鼎、梁芳、簡金生、劉溫通等 12 人為募集員，招募志士。為避日人耳目，在各地組織特別冠以各種宗教性、職業性、慈善性等名稱，如神明會、觀音會、父母會、兄弟會、同胞會、老人會等。以這些琳瑯滿目的結會為基礎，羅福星進而組織華民會、三點會、革命會等抗日團體，並令吳覺民在臺北大瀛旅館設立聯絡總站，作為同盟會指揮中樞。[31]

羅福星到臺未及一年，組織已由臺北發展至臺南，臺北主盟人為劉士明，臺中為劉金甲，臺南是邱維藩，桃園苗栗一帶則由羅福星負責。[32]在 1912 至 1913 兩年間，羅福星曾先後策動四次密謀起義，分別是陳阿榮的「南投事件」、張火爐的「大湖事件」、李阿齊的「關帝廟事件」及賴來的「東勢角事件」，然均因事機提前洩露，匆促起事而失敗。[33]接二連三的抗日起事，暴露了羅福星的革命行蹤，引起日本當局的注意，1913 年 12 月 18 日，日本警察大搜捕，羅福星在淡水廳李稻穗家中遭捕，同時被株連者達一千二百餘人，史稱「苗栗事件」。1914 年 3 月 3 日，「殺頭相似風吹帽，敢在世上逞英雄」的羅福星視死如歸，慷慨就義，享年僅 29 歲。臨刑前，尚

---

[30]　羅秋昭，《羅福星傳》（臺北：黎明版，民國 63 年 2 月出版），頁 47。

[31]　陳三井，〈羅福星與中國革命〉，見陳三井，《臺灣近代史事與人物》，同註 4，頁 90。

[32]　曾迺碩，〈民初臺灣的恢復運動〉，《近代中國》第 19 期（民國 69 年 10 月 30 日），頁 89。

[33]　陳三井，〈羅福星與中國革命〉，見陳三井，《臺灣近代史事與人物》，同註 4，頁 92。

寫了一首〈祝我民國詞〉，將「中華民國孫逸仙救」八字嵌於句首，意義深長不言可喻。[34]

　　1918 年 6 月，孫中山三度到臺，他本想借此機會多接觸臺灣同胞，向他們宣傳三民主義，但日本當局不允許其長期留臺，更千方百計地阻止他和民眾接觸，結果孫中山僅住一夜即離臺赴日。[35]1925 年，孫中山逝世消息傳到臺灣，臺北、臺中、彰化等地均組織了大規模的追悼會。臺灣文化協會也在其開設的文化講座召開追悼會，有兩千多名群眾冒雨參加，會議本來準備了悼詞和輓歌，但日本當局禁止致詞唱歌，於是大家在如泣如訴的雨聲中，向孫中山遺像行三鞠躬禮，以表達臺灣民眾對他的哀思。[36]1929 年，孫中山靈柩奉安南京中山陵，臺灣民眾黨曾派謝春木、王鍾麟為代表參加，以表達臺灣同胞對孫中山的崇敬與追思之情。[37]

---

[34] 《羅福星抗日革命案全檔》（南投：臺灣省文獻委員會，民國 54 年 10 月出版），頁 37-41。

[35] 戴季陶，〈孫中山先生與臺灣——民國十六年在廣州中山大學對臺灣青年同胞講〉，收入《國父孫先生與臺灣》，同註 1，頁 262-264。

[36] 〈臺灣志士開會追悼孫先生〉，《臺灣民報》第 3 卷第 11 號（民國 14 年 4 月 11 日）。

[37] 奚敏芳，〈孫中山在臺灣〉，收入林慶彰、陳仕華主編，《近代中國知識分子在臺灣》(2)，同註 14，頁 25。黃煌雄，《蔣渭水傳——臺灣的先知先覺者》，同註 19，頁 210。黃嘉樹，《第三隻眼看臺灣》（臺北：大秦出版社出版，民國 85 年 6 月修訂再版），頁 29。

第二章 二〇年代臺灣之文化啟蒙團體

──臺灣文化協會的緣起緣滅

一、前言

臺灣武裝抗日始於 1895 年的「臺灣民主國」衛臺之戰，此後規模大小不一的抗日義舉風起雲湧，從北到南此起彼落的接連發生，一直到 1915 年的「西來庵事件」達到最高潮。[1]之後，除了原住民的「霧社事件」外，以武力流血激烈抗爭的抗日手段竟爾中止，改採溫和路線的議會請願運動和以文化協會為主體的新文化啟蒙運動。[2]這當中之轉折為何？頗耐人尋味。顯然我們必須從歷史環境去尋找孕育「臺灣文化協會」之形成、創立及其日後之所以採取與武裝抗日不同型態之運動的歷史條件，如此才可以較全面勾勒出文化協會成立之經緯始末。

二、文化協會形成之歷史背景

臺灣自從 1895 年割給日本後，武裝抗日即未嘗一日稍歇，前仆後繼的武裝流血鬥爭，時間長達 20 年。[3]但在漢民族最後一次大規模的武裝抗日義舉「西來庵事件」後，該事件被屠殺的臺灣人民總

---

[1] 臺灣省文獻委員會編，《臺灣史》（臺北：眾文圖書公司，民國 68 年 10 月初版），頁 676。

[2] 林柏維，《臺灣文化協會滄桑》（臺北：臺原出版社，1993 年 6 月 1 版），頁 15。

[3] 漢人（黃玉齋），《臺灣革命史》（屏東：新民書局，民國 34 年），頁 27-28。

數達三千餘人，可謂臺灣史上最大之慘案後，整個臺灣的抗日政策遂急轉直下，呈現前所未有的平靜。[4]原因為在日本高壓嚴峻的控制下，欲再圖武力革命，只有造成無謂犧牲而已，20 年的流血，臺灣人民付出太昂貴的代價了。而且無論就武器裝備、訓練領導與組織等各層面言，臺灣人民均不具備有武力推翻日本統治的條件，因此改弦易轍乃勢所必行。

　　1911 年中國辛亥革命的成功，無疑對臺灣同胞起了莫大的鼓舞作用。在臺灣民族抗日運動中，漢民族意識相當強烈，臺灣同胞對於中國的革命發展也相當關注。不僅如此，有不少臺籍同胞甚且加入孫中山的國民革命陣營，如翁俊明、許贊元、羅福星等為其中之佼佼者。[5]1910 年同盟會臺灣分會成立，到 1922 年已有會員 30 餘人，其中包括臺灣非武裝民族抗日運動之領導者蔣渭水，並進而影響臺灣抗日運動的方向。[6]由於蔣渭水深受三民主義之影響，其對於推展臺灣之文化、社會、政治諸運動也無不處處以國民黨為師，對臺灣日後的非武裝抗日運動起了關鍵性作用。[7]

　　辛亥革命成功之際，東京臺灣留學生同感振奮，它尤其感染了臺灣留日學生亢奮的民族熱情，甚至將臺灣日後之解放寄託於中國之強盛。[8]而且經由中國革命之成功連結到臺灣之革命，蔡培火即言：「中國本土的漢民族，誰都明白認為由於世界列強，百年來不稍

---

[4]　張深切，《里程碑》（臺中：聖工出版社，民國 50 年 12 月出版），頁 100-101。
[5]　見陳三井，〈翁俊明與臺灣總部成立的一段經緯〉與〈羅福星與中國革命〉二文，收入陳三井，《臺灣近代史事與人物》（臺北：商務版，民國 77 年 7 月初版），頁 90、100、117。
[6]　黃煌雄，《蔣渭水傳——臺灣的先知先覺者》（臺北：前衛版，1992 年 12 月初版），頁 17。
[7]　林柏維，《臺灣文化協會滄桑》，同註 2，頁 20-21。
[8]　葉榮鐘、吳三連、蔡培火等著，《臺灣民族運動史》（臺北：自立版，民國 71 年 2 月初版），頁 76。

顧慮而予以侵害侮辱，其當然反動，乃激起中國之國民運動。在臺灣所激起的民族運動，想亦大體類似中國的情形，即是外部的壓迫激成內部的團結，因他族之嚴重侵害而使自族奮起防衛愈趨堅決」。因此當「在中國本土立腳於民族主義的國民運動，以燎原之勢正在進展，在臺灣於我們之間，民族運動亦年加一年抬頭起來了」，此即臺灣抗日民族運動受中國國民革命成功之鼓舞的最佳註腳。[9]

　　證諸臺灣民族抗日運動之方法、型態之與以往流血革命大異其趣之史實，梁啟超、戴傳賢、張繼等人之指引亦不無關係。梁啟超坦言告訴林獻堂「三十年內，中國絕無能力救援你們，最好效愛爾蘭人之抗英」。指引民族運動領袖林獻堂，以議會政治的和平手段來爭取臺灣的獨立，脫離日本的殖民統治。[10]另外，據甘得中的回憶，國民黨元老戴傳賢也以同樣口吻，勸臺灣宜採和平手段與日本周旋，因為中國在十年內無法幫助臺人。[11]又 1922 年 6 月之際，黃呈聰、林呈祿、王敏川訪問中國時，在上海曾受到張繼等人的熱烈歡迎，張繼談及今後將盡力援助臺灣，但短時間恐怕做不到。從梁啟超、戴傳賢、張繼的言談中，再揆諸民初政局，可知中國對於解救臺灣是充滿著「無力感」，而在中國有能力之前，臺灣只有自救一途。[12]從他們的指引中，強烈暗示臺灣同胞在民族抗日運動中，宜採溫和的手段與方法爭取自由已不言而喻。

　　此外，第一次世界大戰後「民族自決」的風潮也影響到臺灣，美國總統威爾遜提出民族自決之主張，振興了亞非諸多被殖民國家的希望，在臺灣的知識份子，尤其是留日的青年學生，在敏銳的民

---

[9]　蔡培火，《與日本本國民書》（新店：學術出版社，民國 63 年 5 月出版），頁 4。
[10]　甘得中，〈獻堂先生與同化會〉，葉榮鐘編，《林獻堂先生紀念集》卷 3──追思錄（臺北：文海出版社影印版，民國 63 年 12 月出版），頁 519-521。
[11]　同上註。
[12]　林柏維，《臺灣文化協會滄桑》，同註 2，頁 23。

族意識下，亦深受此一世界民族自決潮流之衝擊。[13]此一覺醒再加上「朝鮮三一事件」與中國國民革命運動之刺激，遂使臺灣海外留學生思想傾向為之一變，主張以「臺灣是臺灣人的臺灣」來喚醒民族意識，並結合在一起。醞釀以和平手段圖求臺灣人地位之提高及其自由，此一受世界民族自決潮流之影響，亦促成臺灣在二○年代從事民族抗日運動改採和平方式之契機。[14]

　　一次大戰後，民族自決的思潮亦衝擊到日本，形成日本史上所謂「大正民主」時代，其中吉野作造的「民本主義」影響最為深遠，民本主義蔚成日本思想界的巨流。[15]臺灣留學生在耳濡目染之下，所受思想上的刺激與啟發極大，無形中亦引導他們在從事民族抗日運動中的思想歸趨和運動方式。[16]然不可諱言，也因為他們直接間接受到如福田德三、吉野作造的影響，而造成日後民族運動陣容分裂的遠因──思想的歧異與運動路線的紛爭。

　　至於文化協會形成的歷史背景，還有板垣退助在臺灣成立「同化會」的影響。板垣的目的雖在藉同化臺人已遂行其以日本為本位的亞洲民族大團結，謀求日本勢力的再擴張。但「久在日本殖民地的強壓政策下，備受差別待遇苦痛的臺灣同胞，一聽見這種新鮮的主張，如久渴逢泉，甚至稱他為救世主，尤其是知識份子對他的呼籲響應特別熱烈」。[17]同化會對日後文化協會最大的啟發是「臺日地

13　林國章，《民族主義與臺灣抗日運動（1895-1945）》（臺北：海峽學術出版社，2004年6月出版），頁103。
14　林柏維，《臺灣文化協會滄桑》，同註2，頁25。
15　久野收、鶴見俊輔，《現代日本の思想》（東京：岩波書局，昭和45年8月），頁153。
16　梁惠錦，〈臺灣近代民族運動的背景〉，《臺灣文獻》第24卷第3期（民國62年9月），頁224-232。
17　王詩琅，〈臺灣同化會事件始末〉，見王詩琅，《日本殖民體制下的臺灣》（臺北：眾文版，民國69年12月初版），頁119。

位平等」，臺灣人希望得到如同化會旨趣書所言「與日本人同樣的權利待遇」，且它可以不用激烈的手段達到提昇臺灣人民地位的另一途徑。[18]

「同化會」遭解散後，林獻堂欲打破日本的「愚民教育」，籌資要成立第一所專供臺人子弟就讀的「私立臺中中學」，過程中雖經總督府百般刁難，然終於在 1915 年 5 月正式開校。[19]臺中中學開校最大之歷史意義是，林獻堂諸人欲以「私立中學」作為培育臺灣青年的搖籃，日後亦樹立了以臺中為大本營的民族運動之先聲。[20]而日後由東京的「啟發會」到「新民會」至「臺灣青年會」迄於「臺灣議會設置請願運動」等一路走來，雖然跌跌撞撞，但有一輪廓是甚為清楚的。即是以和平漸進途徑，來謀求臺灣人民的政治地位及自由，已是一股沛然莫之能禦的潮流，此潮流最後匯集成「臺灣文化協會」，這個二○年代，臺灣最大、最重要的抗日民族運動團體。

三、文化協會之成立及其陣容

二○年代臺灣本島的文化啟蒙運動，是先由留日的臺灣學生所展開的，經由東京臺灣留學生的萌芽，及客觀環境的日趨成熟，遂使臺灣的知識份子亦紛起效尤。[21]其中的靈魂人物為三民主義之忠實信徒，大安醫院醫師蔣渭水，藉由其奔走推動，全島各中等以上

---

[18] 葉榮鐘、蔡培火等著，《臺灣民族運動史》，同註 8，頁 18-19。

[19] 朱珮琪，《臺籍菁英的搖籃──臺中一中》（臺北：向日葵文化出版，2005年 5 月初版），頁 23-40。

[20] 矢內原忠雄著・周憲文譯，《日本帝國主義下之臺灣》（臺北：帕米爾書店，民國 76 年 5 月再版），頁 176。

[21] 林柏維，《臺灣文化協會滄桑》，同註 2，頁 65。

學生逐漸醞釀一種類似臺灣青年會的文化啟蒙組織，他們熱切研讀戰後各種文化、思想書籍。[22]當時臺灣知識青年的這種渴求世界思潮的慾望，可從中等以上學校學生狂熱閱讀、討論《臺灣青年》雜誌看出端倪。[23]蔣渭水是個組織能力很強的人，有鑒於臺灣青年雖有心抗日民族運動，但缺乏組織沒人帶頭，因此他集結了一批有志青年如何禮棟、吳海水、李應章、甘文芳、林麗明、林瑞西等，為臺灣的民族運動跨出了第一步。[24]

其後蔣渭水經林瑞騰的介紹，認識了臺灣民族運動領袖林獻堂，雙方一見如故，觀念思想也相當契合，為有效集結臺灣青年的力量，兩人亦討論到團體組織和運動方式的可能性。[25]時林獻堂正要再度前往東京，與海外留學生共同推動議會設置請願運動，蔣渭水不僅贊同此一運動是「臺灣人唯一無二的活路」外，並相約林獻堂回國後再進一步詳談。[26]其後，林獻堂自東京請願返臺，蔣渭水在臺北開歡迎會即談到：「新交的同志，李應章、林麗明、吳海水、林瑞西……諸氏，屢次聳恿我（蔣渭水）出來組織團體，並提出他們所做的青年會規則書來和我研究，我考慮了以後，以為不做便罷，若要做呢，必須做一個範圍較大的團體才好，由是考慮出來的就是文化協會了」。[27]

---

[22] 臺灣總督府警務局，《臺灣總督府警察沿革誌：第二編——領臺以後治安狀況（中卷）》（臺北：臺灣總督府警務局，昭和 14 年 7 月），頁 138。

[23] 謝春木（南光），《臺灣人の要求》（臺北：臺灣新民報社，昭和 6 年 1 月），頁 14-15。

[24] 張炎憲，〈臺灣文化協會的成立與分裂〉，張炎憲‧李筱峰‧戴寶村主編，《臺灣史論文精選》（下）（臺北：玉山社出版，1996 年 9 月初版），頁 135。

[25] 蔣渭水，〈五個年中的我〉，《臺灣民報》號 67（大正 14 年 8 月 26 日），頁 44。

[26] 同上註，頁 44-45。

[27] 同上註。

此為蔣渭水述及文化協會成立的濫觴，其實也是臺灣本島的民族運動發展已到實踐的階段，勢必要籌組一團體，以做為臺灣本島民族運動之總樞紐。臺灣文化協會組織芻議，最早在蔣渭水的醫學專門學校學生間醞釀形成，經蔣渭水出面領導，並於 1921 年 7 月專程訪謁林獻堂，協議有關事宜，議定創立之手續，起草臺灣文化協會旨趣書和會章。[28]

平情而言，臺灣文化協會雖由蔣渭水一手主導，但以當時蔣渭水的聲望和地位，仍不足以號召全臺有志者一同參與，故亟需林獻堂的一臂之力，鼎力相助。而以林獻堂為領袖，亦正足以補蔣渭水之不足，使其才華與理想可以盡情展現。[29]惜由於林獻堂之士紳地主角色與蔣渭水之激進理想性格終究不同，也伏下他日文化協會二人分道揚鑣之因子。

文化協會因蔣渭水的積極奔走，籌備的頗為順利，10 月 12 日，由發起人蔣渭水等 17 人聚集於創立事務所（蔣渭水宅），協議創立大會的程序、日期、擬定綱要，並決定以 10 月 17 日為成立大會日期。1921 年 10 月 17 日下午 1 時，臺灣文化協會如期假臺北市大稻埕靜修女子學校舉行創立大會，當日出席者約為 300 餘人，以總督府醫學專門學校、師範學校、商工學校、工業學校的學生佔大多數，會員總數計 1032 人，主要仍以學生為主體。[30]席間蔣渭水為避免總督府干擾，在報告創立經過中，特別聲明本會的旨趣「僅是要謀求文化的發達」，意即指文化協會純為文化運動團體，別無政治運動之企圖。[31]

---

[28] 臺灣總督府警務局，《臺灣總督府警察沿革誌：第二編──領臺以後治安狀況（中卷）》，同註 22。

[29] 林柏維，《臺灣文化協會滄桑》，同註 2，頁 68。

[30] 同上註。

[31] 臺灣總督府警務局，《臺灣總督府警察沿革誌：第二編──領臺以後治安狀

　　臺灣文化協會宗旨為「助長臺灣文化之發達為目的」，其本身使命是「自助的啟蒙的文化運動，目的是在謀臺灣人的社會解放與文化提高，平時的工作，則在各地召開講演會；並且成為唯一而全部臺灣人民族運動的團體」。[32]然則文化協會成立的真正目的不單單只是推動臺灣的新文化運動，其更重要的目的是想藉文化啟蒙來喚醒臺灣人民的民族自覺，促進臺灣同胞在日本殖民統治下對政治壓迫、經濟剝削、文化消滅、民族沉淪的種種覺悟，最終希望能造成民族的自決，有朝一日脫離日本的殖民統治。[33]

　　蔣氏報名完畢後，眾推林子瑾為議長，宣佈開會，並公推林獻堂為總理、楊吉臣為協理，大會也選出蔣渭水等 41 人為常務理事。[34]同日下午 3 時 20 分，成立典禮開始，首由吳海水致開會辭，強調「島民暨為日本臣民，又是中國民族，所以我們期望能共同促進我們民族文化的發達，以做為日支（中日）親善的媒介」。[35]隨後，蔣渭水更述及文化協會將來之抱負：「臺灣人負有做媒介日華親善的使命，日華親善是亞細亞民族聯盟的前題，亞細亞民族聯盟，是世界平和的前題，世界平和是人類的最大幸福，又且是人類的最大願望……臺灣人是握著世界平和的第一關門的鍵啦。……本會就是要造就遂行這使命的人才而設的，然而臺灣人現時有病了……我診斷得臺灣人所患的病，是智識的營養不良症，除非服下智識的營養品，是萬萬不能癒的，文化運動是對這病唯一的原因療法，文化協會，就是

況（中卷）》，同註 22，頁 139。

32　〈臺灣文化協會趣意書〉，王詩琅譯註，《臺灣社會運動史──文化運動》（臺北：稻鄉版，民國 84 年 11 月初版），頁 251-252。

33　楊碧川，《日據時代臺灣人反抗史》（臺北：稻鄉版，民國 77 年 11 月初版），頁 126。

34　臺灣總督府警務局，《臺灣總督府警察沿革誌：第二編──領臺以後治安狀況（中卷）》，同註 22，頁 139-140。

35　同上註。

專門講究並施行原因療法的機關」。[36]換言之，提攜日華親善與治療臺灣人智識營養不良症為臺灣協會創立之宗旨及遠大的抱負。

　　臺灣文化協會之陣容，可謂網羅各方菁英各個階層的臺灣人，包括農民、地主、學生、公務員、醫師、律師、資產家，甚至連「御用士紳」也有。[37]在創立大會當時，即擁有會員 1,032 名，最多時曾達 1,314 人，然到 1922 年，因受「臺北師範事件」的波及，不少學生因涉案而被迫退會，會員一度銳減，但經由文化協會幹部的努力，會員人數又逐漸回升，到 1926 年 10 月又達 1,171 人，當中以臺北州和臺中州的會員人數最多，臺南、新竹、高雄三州人數亦呈現緩慢成長的趨勢。[38]雖然以當時臺灣人口計算，文化協會人數確嫌過少，但考量到當時總督府殖民統治的年代，有甚多是「精神加盟」並未真正列名，最重要的是加入者很多都是地方上的「有力者」，如士紳或知識份子，僅憑此點，即可看出文化協會在當時臺灣社會舉足輕重之地位了。[39]

　　文化協會之領導層，除總理和協理外，主要是理事與評議員，1927 年文化協會改組，把理事制改為中央委員會制。這些上層的領導者，就其職業結構可看出以地主、醫師及從事文化協會相關事業者居多。這三種社會階層在文化協會及臺灣近代民族抗日運動中，扮演著相當重要的主導地位，地主階層提供其地方勢力與影響力，並以其地位和聲望來號召群眾，且在資金上可提供有力之奧援。而文化工作者，則可以其工作之便，從事文化宣傳，鼓動輿論，喚起民族意識，啟蒙大眾思想，揭露統治者高壓欺凌的猙獰本質。至於醫師階層，可謂本島

---

[36]　蔣渭水，〈五個年中的我〉，同註 25，頁 45。連溫卿，〈臺灣文化協會的發軔〉，《臺北文物》卷 2 期 3（民國 42 年 11 月），頁 68。

[37]　〈臺灣文化協會重要份子〉，葉榮鐘、吳三連、蔡培火等著，《臺灣民族運動史》，同註 8，頁 289-292。

[38]　謝春木（南光），《臺灣人的要求》，同註 23，頁 18。

[39]　林柏維，《臺灣文化協會滄桑》，同註 2，頁 73。

知識份子的菁英，他們幾乎都出自臺灣當時唯一的最高學府——臺灣總督府醫學校，他們是策動文化運動的最有力人士，直接參與文化協會的各項事務，對文化協會的貢獻厥功甚偉。[40]

四、文化協會的組織與發展

文化協會於 1921 年 10 月 17 日成立，每年的年度大事為一年一度的文化協會總會之召集。像 1922 年 10 月 17 日在臺中召開創立一週年紀念大會，即第 2 回文化協會總會。會中，蔣渭水等人出示關於組織政治運動團體的宣言書和組織草案。得到 19 名會員的贊同，18 日，乃由陳逢源、石煥長、蔣渭水、連溫卿等人組織成立「新臺灣聯盟」。另外如 1923 年的第 3 回總會，則決定將文化協會本部設於臺南，改臺北本部為臺北支部。至於 1926 年的第 6 回總會，已是文化協會分裂前的最後一次總會，照例分別報告會務發展，同時決定更改組織，選舉起草委員。[41]總之，文化協會總會，是文化協會每年最重要的會議，文化協會任何重要之決議均於總會中決定。

除總會外，支部的設立也是文化協會發展的重點，由於會員逐年增加及活動的日漸推廣，文化協會臺北本部已負荷過重，而且僅有臺北本部一處也勢難擴大文化協會事業。因此在第 3 回總會召開時，才決定將本部移往臺南，臺北改為支部，以南北齊頭並進的方式，各自推展文化運動。文化協會此舉，顯然有藉由本部重心的南

---

[40] 葉榮鐘、吳三連、蔡培火等人著，《臺灣民族運動史》，同註 8，頁 289-292。臺灣總督府警務局，《臺灣總督府警察沿革誌：第二編——領臺以後治安狀況（中卷）》，同註 22，頁 142-146。

[41] 林柏維，《臺灣文化協會滄桑》，同註 2，頁 80-81。

移，來加速南臺灣之文化啟蒙，以求該會在全島的普遍發展。當然就實際狀況言，中部地區的發展也不差，分別陸續成立了彰化、員林、新竹等三個支部。[42]

五、文化協會之活動

（一）會報的發行

基本上，文化協會於草創之初，即有發行會報之計劃，1921 年11 月 28 日，文化協會出版了第 1 號《會報》，在〈創刊詞〉上提到：「幾十萬黃種之同胞，五千年歷史之民族，大有可為，不落人後，終當擔負世界和平之使命，發達人類之曙光，以道德為大本營，以仁義為旗鼓，以健全之思想為飛艇潛舟，以優美之文字為巨礮快槍，攻其腐敗渙散之心兵，唾暴自私之腦符，將見發聾振聵，棄甲倒戈……」。[43] 義正辭嚴的點出其莊嚴神聖之使命及責無旁貸的任務，尤其明白說出五千年歷史之民族，標示我堂堂正正大漢民族之立場，弦外之音顯而可見。

在《會報》中還刊載蔣渭水的〈臨床講義〉一文，把臺灣比喻成患者，妙的是註明其籍貫為「原籍中華民國福建省臺灣道，現住所大日本帝國臺灣總督府」，強烈暗示無法認同臺灣已被隸屬於日本的事實。在該文中，蔣渭水直指原本身體強壯，頭腦清楚，意志堅定的臺灣，在日本帝國主義統治之下，卻變成「世界文化的低能兒」，民族、歷史、文化的淪喪令人心寒。為此，蔣渭水以「民族運動醫師」的立場，開了五帖藥方，即正視學校教育、補習教育、幼稚園、

圖書館、讀報社這五味藥方。此五劑藥方倘臺灣及時服用還有救，如不迅速服用，則臺灣民族的命運將不堪設想。[44]

　　《會報》文章強烈的反日色彩及發揚民族意識的企圖心，自然令日本當局大為光火，同月 30 日總督府即給予禁售處分。第 1 號受處分，第 2 號乃改以「原稿內閱」，即原稿需預先受檢查，且依出版規則限制，《會報》不能刊載時事。不得已第 3 號又改為單行本，以《文化叢書》的名義刊布，然仍觸犯當局之忌。第 4 四號乾脆改為《臺灣之文化》，但也因內容被認為牴觸新聞紙法，再度遭到取締處分，所以從第 5 號起又恢復《會報》原來名稱。《會報》既不能登載時事，臧否時局，當局又常藉故予以挑剔處分，故未能發揮文化協會原先希望達到的功效，兼以《臺灣民報》已於 1923 年 4 月 15 日發行，成為臺灣人的言論喉舌，其功能正可以取代《會報》，因此《會報》共發行 7 號，到第 8 號就終止了。[45]

（二）讀報社的設立

　　文化協會之宗旨既為「謀臺灣文化之向上」，所以圖文化之發達乃為該會成立之重點。而為圖文化的發達，首要之務即為啟發民智，所謂的「開民智運動」。當然為促進此運動有所成效，直接之手段莫過於書報的發行，臺灣人言論的機關《臺灣民報》即在此背景下誕生。[46]《臺灣民報》為繼承日本的《臺灣青年》、《臺灣》雜誌而來，由於日本對臺灣的新聞言論掌控甚嚴，文化協會的啟蒙運動根本無

---

[44] 白成枝編，《蔣渭水遺集》（臺北：蔣先烈遺集刊行委員會，民國 39 年出版），頁 94-95。

[45] 臺灣總督府警務局，《臺灣總督府警察沿革誌：第二編——領臺以後治安狀況（中卷）》，同註 22，頁 148。

[46] 〈臺灣人的唯一喉舌——臺灣民報〉，葉榮鐘、吳三連、蔡培火等著，《臺灣民族運動史》，同註 8，頁 543-545。

法見諸報端，為反擊御用報紙及文化協會確實也需要一份機關刊物，林獻堂、林幼春、蔣渭水、林呈祿等文協幹部乃決定成立一份報導會務與批評時事的週刊《臺灣民報》。[47]

《臺灣民報》創刊後，果然不出所料，總督府對該報存有相當戒心，取締之嚴幾近瘋狂，扣留查禁之頻繁，簡直到難以令人置信的地步。為讓民眾都能閱讀到《臺灣民報》，文化協會乃想方設法的在各地支部附設讀報處以供民眾閱讀。1922 年，文化協會共在苑裡、草屯、彰化、北斗、員林、社頭、嘉義、高雄等地設置讀報社，其後又擴及至屏東、岡山、大湖、臺北、臺南等地，共計有 13 處之多。有一陣子因讀報社所需經費過大，文化協會除保留臺北、彰化、臺南外，餘皆停辦。[48]後因考慮到讀報社啟迪民智的社會功用，1925 年起又恢復開設，只是經費不再由本部全權負擔，而責成由各個支部自行維持若干。1925-1926 年間，員林、屏東、新竹、苗栗、竹南、斗六、嘉義等地讀報社又陸續恢復。[49]文化協會所設置之讀報社內，提供了多種書刊雜誌，裡頭有臺灣、日本、中國等地的新聞雜誌，如《大阪朝日》、《福音新報》、《臺灣時報》、《東方雜誌》、《上海申報》、《青年進步》、《臺灣民報》、《科學知識》、《教育雜誌》、《小說世界》等，另亦有同志會員捐贈雜誌圖書多種。[50]

這些期刊雜誌中，若有披露關於殖民地解放或民族自決文章新聞時，文協會特別用紅筆圈點以示讀者，以引起民眾對於殖民地處境之關心及民族自決獨立之認知。讀報社是文協啟發民智的絕佳地

---

[47] 葉榮鐘編，《林獻堂先生紀念集》卷 1——年譜（臺北：文海出版社影印版，民國 63 年 12 月出版），頁 67。

[48] 同註 45。

[49] 〈臺灣文化協會會報〉，《臺灣民報》卷 2 號 19（大正 13 年 10 月 1 日），頁 12。

[50] 同上註。

方，設置後臺灣民眾也相當捧場，參與十分熱絡，尤以讀報社又常兼為文化講演之所，二者合一，其功能更加可觀。[51]

（三）通俗講習會

自古以來任何殖民統治者，為懼怕殖民地人民反抗，常以愚民政策來阻撓民眾汲取新知，以便可以永久驅使奴役之。日治時期的殖民當局亦如是。矢內原忠雄在《日本帝國主義下之臺灣》一書中，即不諱言的批判日本殖民當局對臺灣的愚民政策。矢內原說到 1926 年臺灣人就讀公學校（今之小學）僅有 28.4%，而日本人則高達 98.2%的不公平待遇。[52]在此愚民政策下，臺灣人為爭取受教育的機會，林獻堂等人曾於 1915 年企圖籌建臺中中學，也在總督府百般刁難下才勉強成功。

創辦學校以普及教育的途徑既不被允許，但啟蒙民眾知識又是奠定民眾抗日運動之基石，於是文協最重要的工作便是如何以最簡便的方法來教育民眾，提高民眾之教育水準。而文協想到最好的辦法，莫過於舉辦如通俗講習會、文化講演或夏季學校等。[53]他們認為：「講習會，是一種社會的教育，這種講習會愈多，社會就會愈興起來了。在內地（指日本）都是利用夏季或是各季放課的時候，開了各種的講習會，有政治、法律、經濟、科學和其他社會問題、思想問題……等。每年都有得了相當的效果、民眾也很歡迎這樣的講習，那文政當局，也是給他們的便宜」。[54]他山之石可以攻錯，文協亦想仿傚施行，舉辦各種講習會，以達到啟蒙之效果。

---

[51] 林柏維，《臺灣文化協會滄桑》，同註 2，頁 103。

[52] 矢內原忠雄著・周憲文譯，《日本帝國主義下之臺灣》，同註 20，頁 145-146。

[53] 林柏維，《臺灣文化協會滄桑》，同註 2，頁 104。

[54] 〈時事短評〉，《臺灣民報》卷 2 號 18（大正 13 年 9 月 21 日），頁 7。

　　文化協會最早是想創設「文化義塾」，以教育貧苦兒童為目的，但因主張「混合中華民國的教科書和日本的教科書來教授」，故申請時遭駁回。[55]文化義塾雖未設立，但以它所創設的文化講座，倒是發揮了功用。第 1 回講習會是「臺灣通史講習會」，聘史學家連雅堂講授，自 1923 年 9 月 11 日起至 9 月 24 日止，共 14 日，在臺北讀報社舉辦，每日聽講者多達 2、3 百人，連雅堂在講述歷史時，常流露或暗示反日的民族主義意識。[56]第 2 回講習會為「通俗法律講習會」，由蔡式穀擔任講師，由於蔡式穀的講義中，充斥著對總督府施政的諷刺及對欺壓臺灣人的不滿，最後被迫解散。[57]第 3 回講習會是「通俗衛生講習會」，由蔣渭水、石煥長、林野 3 人出任教授，自 1923 年 11 月 21 日起至 12 月 5 日止，計 15 天。因當局理解到此純為講述人體衛生之重要，與政治無涉，故順利進行，沒發生先前被迫中止事件。[58]

　　有鑒於講習會的舉辦，民眾反映甚佳，所以文協決定於 1923 年 12 月 8 日起，另外舉辦一系列的通俗學術講座，於每個星期六晚上 7-9 點開講。通俗學術講座開辦後，聽眾超過預期，聽者座無虛席，場內幾無立錐之地，民眾素質佳，場內秩序井然有序。至於一般大眾及外縣市民眾，文協仍是以文化講演來啟迪民眾。[59]學術講座原本叫好叫座，惜不久發生「治警事件」，日警全島大檢舉，文協諸多重要幹部均被拘押入牢，故不得不被迫停止，但文化講座仍繼續不輟，共辦 44 回，直到 1924 年 9 月 27 日才結束。[60]

---

[55]　《臺灣人の臺灣議會設置卜其思想》（作者及出版地不詳，大正 11 年 12 月），頁 17。

[56]　臺灣總督府警務局，《臺灣總督府警察沿革誌：第二編——領臺以後治安狀況（中卷）》，同註 22，頁 149。

[57]　葉榮鐘、吳三連、蔡培火等著，《臺灣民族運動史》，同註 8，頁 297。

[58]　《臺灣民報》卷 1 號 13（大正 12 年 12 月 11 日），頁 8。

[59]　《臺灣民報》卷 1 號 14，頁 5。

[60]　〈文協消息〉，《臺灣民報》卷 2 號 21（大正 13 年 11 月 1 日），頁 3。

　　除了短期的講習會外，文協鑒於臺灣多數青年，在公學校畢業後，即難再接受更高知識，為補學校教育之不足，乃計劃自 1924 年 5 月起，開辦「高等漢文講習會」，敦聘連雅堂為講師，並籌備英語、國語、數學博物、地理歷史等四種長期講習會。講習時間為 1 年，受講習者須具公學校畢業或同等程度之青年。[61]惜此種類似社會補習教育的長期講習會，立意雖好，但在總督府愚民政策下，申請時遭到駁回，無法如願實行。

　　文協講習會之舉辦，大多以臺北為主，然 1923 年在臺南，也有林茂生和文化協會理事所開設的講習會。西洋歷史講習會，以林茂生為講師，自是年 10 月 21 日始，於每週六 7-9 時開講。另闢經濟學講習會，由陳逢源任講座，自 11 月 6 日始，於每週二、五 7-9 時講演。[62]時總督府當局對臺南講習會的取締沒有臺北來得嚴，但同樣因「治警事件」而不得不終止，總計此兩種性質的講習會共開辦 21 回，對南臺灣民眾觀念思想啟蒙甚大。

　　治警事件後，文協在臺南仍維持每週日晚上的通俗講演，請韓石泉、黃金火、林茂生、高金聲、蔡培火等學者名流針對各個領域專長發表講演，聽眾踴躍，效果甚佳。[63]惜文化協會這種苦行僧氏的講習活動，最終仍不被總督府所容忍，最後以「學術講習會的取締規則」，解散了講習會的活動。[64]雖係如此，但文化協會先前講習會所播的種苗，已逐漸萌芽，此由各地青年會的紛紛成立；及其後以新文化運動為主體的民族運動之蓬勃發展得到了印證。[65]

---

[61]　〈文協計開講習會〉，《臺灣民報》卷 2 號 8（大正 13 年 5 月 11 日），頁 10。

[62]　〈臺南開西洋歷史和經濟的講習會〉，《臺灣民報》卷 1 號 13（大正 12 年 12 月 11日），頁 8。

[63]　〈臺灣文化協會會報〉，《臺灣民報》卷 2 號 19（大正 13 年 10 月 1 日），頁 12。

[64]　蔣渭水，〈急宜撤廢取締學術講習會的惡法〉，《臺灣民報》卷 2 號 24（社說）（大正 13 年 11 月 21 日），頁 1。

[65]　林柏維，《臺灣文化協會滄桑》，同註 2，頁 109。

（四）夏季學校

　　為反制總督府的愚民教育，文化協會可謂用心良苦，採取各種方法因應，不僅舉辦了講習會；也創辦了夏季學校。夏季學校的開辦起於 1923 年 10 月 17 日文化協會在臺南召開的第 3 次大會，會中決議利用暑假期間在臺中霧峰林家萊園開辦，並以萊園充作校舍，供以膳宿。[66]1924 年夏，文化協會深感當時社會教育之急切，迅即以林獻堂名義正式開設夏季學校，招募第 1 回學員，自是年 8 月 10 日起至 16 日止，師資陣容堅強，有連雅堂、林茂生、黃朝清及日籍教師上與二郎、松本安藏、渡部彌億、奧村安太郎等，課程的安排也相當多元，如「憲法之解釋」、「精神療法」、「道德思想之進化史」、「理論宗教」、「臺灣史」等。[67]正課外，還設計了自由活動、懇親會、討論會和課外講演。參加此回夏季學校的學員，超過原本規劃的 40 人，共有 55 人參加，皆具中等以上學歷者，其中尚有女子 10 名，為相當難能可貴，此外尚有旁聽生 20 餘人，顯見參加十分熱絡。[68]

　　由於第 1 回夏季學校辦的成績令人滿意，文化協會再接再厲又辦了第 2 回夏季學校，地點仍在萊園，時間自 1925 年 7 月 27 日至 8 月 9 日止，為期兩週。課程安排與第 1 回相似，但師資及科目則增加一倍，講師及科目有：陳炘講「經濟概論」、陳逢源講「經濟思想史」、林茂生講「西洋文明史」、林幼春講「中國文化史」、蔡式穀講「憲法」、蔡培火講「科學概論」；另外還有安排課外講演等。[69]其後，文化協會仍舉辦了第 3 回夏季學校，講師陣容與講授課程較前更精彩豐富，影響臺灣人思想文化甚鉅。

---

[66] 同上註，頁 111。
[67] 〈臺灣文化協會會報〉，《臺灣民報》卷 2 號 19（大正 13 年 10 月 1 日），頁 13。
[68] 同上註。
[69] 〈文協之夏季學校開校〉，《臺灣民報》號 68（大正 14 年 8 月 30 日），頁 6。

　　總之，文化協會夏季學校之舉辦，表面上好像只是「增加臺灣人接受較高等教育的機會」或「學校教育的延長補足」，實際上這些果敢的舉動，是針對日本帝國主義對臺灣人民奴化愚民教育最深沉之抗議。[70]

（五）文化講演會

　　1920 年代的臺灣民族抗日運動，可說是兩條主軸線的分進合擊，在海外以東京的留日學生為主體，積極從事以「臺灣議會設置請願運動」為訴求的政治運動；在島內則以文化協會為樞紐，與東京知識菁英桴鼓相應的文化啟蒙運動。此看似不同的兩種運動系統，實際上是有其「聯結性」的相互運用關係。換言之，「東京臺灣青年會」戮力於上層的爭取臺灣人民的政治權益，臺灣的文化協會則致力於基層的「草根性」之文化講演、文化活動。再透過《臺灣民報》的溝通，將這兩股聲氣相通的力量結合在一起，形成二○年代一股沛然莫之能禦的民族運動巨流。[71]

　　文化講演會是文協活動中最重要之一項，因為無論就會報的發行、讀報社之成立或夏季學校的創辦，都有其侷限性，就運動層面和影響角度言，這些都無法與文化講演相比。開啟文化協會重視文化講演活動的是 1923 年 7 月「東京留學生組織文化講演團」，巡迴臺灣各地講演，結果獲致良好的成果。[72]此事引起了蔣渭水的注意，而重新評估講演會對民眾啟發的力量。因此，文化協會決定積極推動文化講演的活動，除每週六、日在臺北、臺南定期講演外，亦逐步將觸角延伸至鄉村城鎮。

---

[70] 林柏維，《臺灣文化協會滄桑》，同註 2，頁 115。

[71] 同上註，頁 116。

[72] 蔡孝乾，〈五年來的臺灣〉，《臺灣民報》號 67（大正 14 年 8 月 26 日），頁 13。

講演會之所以能收到具體成效，是三股力量的結合，此一運動除以文化協會為主體外，尚有東京臺灣青年會為主的留學生團體和臺灣本島的各地青年團體。當時文化講演是以文協各支部的讀報社為據點，彼此相互奧援相得益彰。如 1924 年末，蔡培火、陳逢源 2 人的全省巡迴文化講演，由南部至中部到北部，使文化協會本身活動之推展產生了莫大之助益，新竹支部的成立，可說是在文化講演的影響下誕生的。在文化協會用心經營下，當時除東部和離島澎湖外，幾乎都有文化協會文化講演的足跡，影響力之大不言而喻。[73]

此外，以東京臺灣留學生為主體的「東京臺灣青年會」，亦發起暑假歸臺巡迴演說，一共舉辦 4 次。這些留日臺灣菁英，之所以如此做，其目的除學有所成回饋鄉里外，主要還是基於喚起民族意識，推動文化發達之用意。[74]臺灣青年會演說團於 1923 年 7 月 21 日展開為期兩週的文化講演，講演者有謝春木、郭國基、吳三連、呂靈石、陳金連、林仲輝、張聘等 9 位，巡迴地點計有臺北、彰化、和美、豐原、臺中、霧峰、員林、臺南等 8 個地方，共舉辦 12 場講演會，或以臺語或日語演說，聽眾達 2、3 千人之譜。[75]

經過第 1 回巡迴講演的成功，臺灣青年會於 1924 年再次組團，巡迴各地講演，這次規模更大，時間從 7 月 19 日至 8 月 20 日止，歷時 1 個月。講演地方計基隆、臺北、豐原、臺中、彰化、草屯、南投、埔里、名間、集集、竹山、鹿港、員林、花壇、嘉義、臺南等 16 處，舉辦 18 場，主要講演者有呂靈石、謝春木、連震東、溫成龍、蘇惟梁、蘇惟焜、莊垂勝、陳滿盈等，均為留日大學生。[76]

---

[73] 林柏維，《臺灣文化協會滄桑》，同註 2，頁 116-119。

[74] 臺灣青年會一幹事，〈東京留學生文化演說團歸臺〉，《臺灣》第 4 年第 7 號（大正 12 年 7 月），頁 94-95。

[75] 〈文化講演日記〉，《臺灣》第 4 年第 8 號（大正 12 年 8 月），頁 89-97。

[76] 〈東京留學生歸臺文化講演〉，《臺灣民報》卷 2 號 13，頁 8。

第 1、2 回的巡迴講演大都集中於都會地區，1925 年起第 3 回巡迴演講，東京臺灣青年會再度組團時，決定以偏遠地區為講演重點。這次主講者有蘇惟梁、陳金能、許胡、賴遠輝、謝日照、林九龍、吳恭、林寶誕、陳后生、吳春霖、翁鐘賜等，時間為 1925 年 7 月 30 日起於臺北、基隆、新竹、竹南、苗栗、梧棲、霧峰、大甲、南屯、二林、屏東、臺南、鹽水等地巡迴講演。[77]

經過前三輪的巡迴講演成功，及至 1926 年夏，可說是東京臺灣留學生回臺講演的高峯期，除原有的「東京臺灣青年會」外，又加入「中央大學中臺同鄉會」之巡迴講演，本島也有彰化留日學生團體的「磺溪會」。真是集島內外雄辯之士，為傳播新知啟蒙思想，在臺灣展開第 4 回巡迴講演，他們不畏辛勞到各地演說，盡了身為臺灣文化人最大之努力。[78]

坦白說，雖然總督府三令五申要求林獻堂、蔣渭水保證文化協會不是結社，不作政治運動。但文化協會仍很巧妙的利用文化講演的機會，大量取材於政治、經濟不平等的史事來影射總督府對臺灣之壓迫，而聰明的臺灣人也心領神會的知曉其所指何事，大家心照不宣，效果反而甚佳。[79]

總計從 1923 年至 1926 年，這 4 年間文化講演次數最多的是臺北州，共 251 次，其次為臺中州的 202 次及臺南州的 195 次。有意思的是，遭到解散次數最多者亦為臺北州，此與臺北州言論較激烈有關，由此也可看出臺北對於文化講演與傳播最為賣力，當時臺北州辦過文化講演的地方計有臺北、基隆、松山、侯硐（平溪）、士林、

[77] 〈文化講演將回臺講演〉，《臺灣民報》號 59，頁 10。
[78] 〈臺灣青年會講演日程〉，《臺灣民報》號 115，頁 6。
[79] 林柏維，《臺灣文化協會滄桑》，同註 2，頁 125。

瑞芳、頭圍、羅東、鶯歌、汐止、宜蘭、和尚洲（蘆洲）、三星、雙溪等 14 個地方，範圍分佈尚稱平均。[80]

（六）文化劇運動與「美臺團」

　　所謂文化劇（也稱文化戲），是與臺灣原有舊戲對立的新戲之一種，由於所演劇情大都含有諷刺社會或激發民族意識的作用，所以文協會員所排演的多屬此類戲劇，因為是文化協會的人主辦的，故稱之為「文化戲」。[81]當時幾個較主要的文化劇團有彰化的「鼎新社」、草屯的「炎峰青年演劇團」和臺北的「星光演劇研究會」與新竹之「新光社」等。[82]這些劇團受到中國文明戲運動和日本明治開化時期政治劇之新演劇的影響，而欲改革臺灣傳統如四平、亂彈、傀儡戲、京戲、布袋戲等之舊戲。[83]

　　戲劇是人生的縮寫，也是文化的傳達，其功用除娛樂欣賞外，更重要的是它有社會教育的作用。文化協會與當時的新劇團密切配合，積極鼓吹新劇運動，其目的即欲藉此來改善社會風俗，促進文化的進步，更深層之用心是喚醒民眾。在這些新劇團中，除臺北「星光演劇研究會」與文化協會無關外，其餘均與文化協會有關，只不過文化協會本身並未真正主動去推動，而是任由會員去結合發展，或是由支部去從旁協助。[84]

---

[80] 臺灣總督府警務局，《臺灣總督府警察沿革誌：第二編──領臺以後治安狀況（中卷）》，同註 22，頁 151-152。

[81] 葉榮鐘、吳三連、蔡培火等著，《臺灣民族運動史》，同註 8，頁 317。

[82] 楊渡，〈日據時期臺灣新劇活動年表（1923-1936）〉，楊渡，《日據時期臺灣新劇運動（1923-1936）》（臺北：時報版，1994 年 8 月初版），頁 161-175。

[83] 呂訴上，《臺灣電影戲劇史》（臺北：銀華出版部，民國 50 年 9 月出版），頁 293。

[84] 林柏維，《臺灣文化協會滄桑》，同註 2，頁 135。

　　自 1925 年至 1927 年，可說是文化劇最興盛的時期，全島各重要城市幾乎都有劇團組織，如霧峰「一新會」、韓石泉及黃金火的「臺南文化劇團」、「麗明演劇協會」、北港「民生社」等，它們用通俗臺語表演，頗能契合民眾之親切感，故影響很大。但因其腳本常有諷刺社會，非難政治甚且激發民族意識之用心，所以也常遭總督府當局的刁難，兼以資金不足、演員水準參差不齊，因此於文協分裂後，文化劇亦逐步走向沒落。[85]

　　基本上，文化協會為教育民眾，啟迪思想，可謂煞費苦心。知識水準在中上層的民眾，可施以講習會或文化講演啟蒙之，但對於基層目不識丁的廣大農民或勞動者而言，以他們的知識對如此的運動內涵，了解畢竟有限。故以啟蒙目的而言，這是不夠徹底的，對文協言，也有未達到效果之遺憾。基於此，文協領導幹部之一的蔡培火很早就注意此一問題，他積極提倡以電影來宣傳，以達到啟發大眾的效果。[86]

　　1925 年，蔡培火先獨資成立文化協會活動寫真團（即文化協會電影隊），其後又集資若干，於 1926 年 3 月，藉第 7 回臺灣議會請願團到東京之機會，購得美國製放映機及宣傳用影片，開始進行組織「美臺團」。[87] 美臺團，是就文化協會會員中「訓練具有教育經驗之青年三人，一人專管機器，二人另任辯士（演講人），說明影片，俾觀眾易於理解」。[88] 初以郭戊己、盧丙丁、陳新春 3 人擔任辯士，後以各地反映甚佳，一傳四方，招請邀約應之不暇，乃再緊急購買機器一具，影片十數卷，聘鍾自遠、盧丙丁、林秋梧 3 人為美臺團

---

[85]　《臺灣民報》號 142（昭和 2 年 1 月 30 日），頁 8。
[86]　林柏維，《臺灣文化協會滄桑》，同註 2，頁 136。
[87]　〈餘錄〉，《臺灣民報》號 85（大正 14 年 12 月 27 日），頁 16。
[88]　葉榮鐘、吳三連、蔡培火等著，《臺灣民族運動史》，同註 8，頁 318。

第 2 隊辯士。[89]為振奮人心及宣傳美臺團，蔡培火還特地作了一首團歌，激勵士氣到處傳唱。[90]

文協之電影隊「美臺團」，自 1926 年 4 月於臺南「大舞臺」首映後，開始展開島內巡迴宣傳，第 1 隊以臺中州、臺北州為主要範圍，第 2 隊以臺南州和臺中州為中心。[91]當時美臺團所放電影有《北極的怪獸》、《試探愛情》、《犬馬救主》、《無人島探》、《紅的十字架》、《北極動物之生態》、《母子愛情》、《丹麥之合作事業》、《武勇》、《北極探險》、《母與其子》、《丹麥之農耕情況》等。[92]文化協會之電影宣傳，當時獲得相當熱烈的回響，每回開映，觀看電影者可謂滿坑滿谷，將放映場所擠的水洩不通，為滿足沒有看到的人，甚至一再加映。由於「當時在本島村落地方電影是沒有或少見的，再加上說明者投合人心之諷刺，每回皆得到多數的觀覽者，收到豫期之上的效果」。文協分裂後，美臺團仍繼續巡迴演出，但卻處處受制於左派的阻撓，最後無疾而終。[93]

六、文化協會的影響

二〇年代文化協會的啟蒙運動，影響最大的為臺灣青年，它鼓動了青年的求知慾，普遍造成了留學海外學生的增加，當時主要留學的國家為中國與日本。這些留學海外的臺灣青年，除了汲取新知外，主要是將世界最新思潮，透過文協這個管道傳回臺灣，使得島

---

[89]　〈文協活動寫真第二隊將開演〉，《臺灣民報》號 124（大正 15 年 9 月 26 日），頁 7。

[90]　同註 88。

[91]　〈文協電影隊豫定行程〉，《臺灣民報》號 103（大正 15 年 5 月 2 日），頁 6。

[92]　〈嘉義文協影戲盛況〉，《臺灣民報》號 132（大正 15 年 11 月 21 日），頁 8。

[93]　葉榮鐘、吳三連、蔡培火等著，《臺灣民族運動史》，同註 8，頁 319。

內外青年互相聯絡彼此提攜，兩股青年力量進而集結合流。當時在文協影響下的青年團體如雨後春筍般的成立，如翁澤生與蔣渭水商議後，於 1923 年 8 月 12 日所成立的「臺北青年會」。[94]

該會由蔣渭水提出「在文化協會的指導下組織青年團體並且於全島各主要地方組織青年會」，與會者計有蔣渭水、連溫卿、王敏川、蔣渭川、許天送、翁澤生、洪朝宗、鄭石蛋、黃新發、陳金龍、鄭祖謀、黃春暉、廖樹藤、童琴、簡明宗、張暮年、劉興泉、許秋容、蘇碧輝、王祖派等。時臺北青年會已選好青年會事務所於港町二丁目（今臺北西寧北路、南京西路口附近），以林野為常任幹事，會員亦徵得 170 餘名，正準備於 8 月 12 日舉行創立大會時，臺北州警察課突以該會為一宣傳共產主義及無政府主義的團體而予以解散。[95]

「臺北青年會」被禁止結社後，蔣渭水、王敏川、連溫卿等文協幹部仍不死心，1923 年 8 月 20 日於楊朝華宅又秘密成立「臺北青年體育會」，選出常任幹事楊朝華，幹事鄭石蛋、陳世煌、童琴等人。該會主旨雖是獎勵體育，但從事政治、經濟、文化運動才是其真正目的，然因舉行的活動常遭取締，兼以經費短絀，撐至 1926 年仍不得不關閉。[96]又臺北青年體育會遭禁止前，翁澤生、鄭石蛋、楊朝華等人仍取法青年會宗旨，以「會員間的親睦切磋為目的」，於 1923 年 9 月 25 日在淡水河上另外成立「臺北青年讀書會」。眾推舉許天送為常任委員，鄭石蛋、潘欽德、林佛樹、楊朝華為委員。[97]

---

[94] 臺灣總督府警務局，《臺灣總督府警察沿革誌：第二編——領臺以後治安狀況（中卷）》，同註 22，頁 185-187。

[95] 黃文雄，〈臺北青年會・讀書會・體育會〉，《臺北文物》卷 3 期 2（民國 43 年 8 月），頁 137-139。

[96] 臺灣總督府警務局，《臺灣總督府警察沿革誌：第二編——領臺以後治安狀況（中卷）》，同註 22，頁 187-188。

[97] 同上註，頁 188。

　　讀書會成立後，會員即常在文化講座內發表各人研究心得，如 1925 年 9 月 3、4 日，該會主辦講演會，由連溫卿主持，翁澤生講〈讀書會之過去現在和將來〉、吳清波講〈除四害〉、王敏川講〈為真理的奮鬥〉均為各人讀書研究所得。[98]1926 年後，因參與讀書會的成員日趨激烈，如蘇麗亨、潘欽德、連溫卿、張我軍、王萬得、鄭明祿、高兩貴、潘欽信等，大都為信仰社會、共產主義的青年，故讀書會最後淪為文協的左派團體。[99]

　　基本上，二○年代的青年團體大多受到文協的影響，且其影響是全島性的。當然在這些眾多的青年團體中，直接受影響最巨的是青年學生，當時隨著文協的發展，參加的學生逐漸增加。他們的愛國民族意識高漲，對現行之教育體制不滿，尤以對日本在臺灣所推行的差別歧視教育待遇更是憤憤不平，因此學潮之爆發遂不可免。二○年代最著名之學潮莫過於兩次的「臺北師範事件」，此事件使得總督府當局將矛頭指向蔣渭水及文協，並強迫學生退出文化協會，由於此一事件，使得創立僅數月的文化協會不但聲勢大受打擊，會員人數也大為銳減。[100]

　　此期間，蔣渭水及文協為達成文化啟蒙臺灣民眾之目的，可謂煞費苦心，用心良苦。1926 年 6 月，為傳播新知，普及書籍，蔣渭水特地在臺北創辦了一家新式書店，即「文化書局」，地點就在他所辦的大安醫院旁（太平町三丁目，今延平北路），該書局主要以販賣中日文新書為主，尤以專賣中國五四運動以來的白話文書籍。[101]不僅如此，當時文化書局為推動啟蒙運動，促進民族之覺醒，還特別

---

[98]　《臺灣民報》號 71（大正 14 年 9 月 20 日），頁 5。

[99]　林柏維，《臺灣文化協會滄桑》，同註 2，頁 154。

[100]　林熊祥主修、黃旺成纂修，《臺灣省通志稿（卷 9──革命抗日篇）》（臺北：臺灣省文獻委員會，民國 43 年 12 月），頁 140-141。

[101]　〈文化書局出現〉，《臺灣民報》號 108（大正 15 年 6 月 6 日），頁 7-8。

注重平民教育與農工書籍的引進與販賣。此外，因為蔣渭水是孫中山的崇拜者，書店裡更少不了諸多有關孫中山行誼思想的書籍。[102]總之，文化書局雖然標榜中日文新書之販賣，實際上是以中文書籍為主，且其書籍特別偏重孫中山的思想傳遞，關切中國的國民革命，呼應五四之後的新文化運動，期使臺灣的新文化運動不致於和中國的新文化脫節。文化書局的規模雖不大，但在日本高壓統治氛圍下的臺灣，蔣渭水有這樣的遠見與勇氣，其動機和努力仍值得吾人敬佩。[103]

說到文化協會之影響，基本上，其影響是深入且全面性的，如對新文學運動之影響。臺灣近代新文學運動，可說是在文化協會已營造好的環境之下萌芽、成長，甚至成了新文化運動和抗日民族運動的生力軍。例如文化協會之機關報《臺灣民報》，即提供臺灣人吐露心聲的最佳園地，孕育培養出相當多優秀的臺灣新文學作家。[104]而就思想啟蒙的層次言，文協也帶給臺灣社會各階層意識之覺醒，如農民工人意識之抬頭，及自我權益的爭取。惜因為意識之分歧、執行手段激烈緩急的認知差異，不僅造成社會的分化，也埋下文化協會分裂之伏筆。

七、反文化協會運動

文化協會在宗旨上雖揭示是一個強調文化向上運動之團體，目的僅在促進臺灣民眾的文化啟蒙運動。但日本總督府，實際上一眼

---

[102] 《臺灣民報》號 113，頁 16。黃煌雄，《蔣渭水傳——臺灣的先知先覺者》，同註 6，頁 36-37。

[103] 林柏維，《臺灣文化協會滄桑》，同註 2，頁 165。

[104] 同上註，頁 172。

即看穿這是以文化運動為包裝，實際上乃從事文化、社會、思想等層面的民族抗日運動團體。然為顧及臺灣人民觀感，及便於殖民統治，因此對文化協會，於法既不能阻止其成立，只有在行動上百般刁難，時時監視取締其活動，想方設法來對付之。[105]初期尚採取懷柔彈壓，後期則直接用破壞分化的手段，蓋總督府已認定「文化協會之幹部自林獻堂以下十餘人，民族自決之信念堅定，絕無轉變方向之餘地」。[106]對於民族意念十分堅強者應予以嚴重打擊，對大多數其他會員則以「善導的方法」，如此可避免因過度取締所發生之反效果，以及引來民眾對文協側目的熱潮。[107]

　　分化文協，日本統治當局做法十分細膩，1927 年 4 月總督府警察局局長本山文平在起草〈文化協會對策〉即言：「就破壞文化協會之手段而言，如採取由外施壓之法，反將從其內部鞏固團結，寧可使其會內釀成內鬨，而使自然歸於潰裂，乃為良策」。[108]總督府不僅寄望於文化協會內部分裂，更慫恿臺灣士紳辜顯榮、林熊徵、李延禧、林子瑾、許廷光等所謂「有力人士」，於 1923 年 7 月 18 日成立「臺灣公益會」與之對抗。[109]該會於 1923 年 11 月 8 日，在臺北鐵路飯店舉行創立大會，會章標榜「本會以圖文化之向上（發達）及增進島民共同之福利為目的」。[110]眾推辜顯榮為會長，林熊徵為副會長，公益會可說是不折不扣之「御用團體」，它除了附和總督府所宣

---

[105] 同上註，頁 193-197。

[106] 臺灣總督府警務局，《臺灣總督府警察沿革誌：第二編──領臺以後治安狀況（中卷）》，同註 22，頁 178。

[107] 林柏維，《臺灣文化協會滄桑》，同註 2，頁 197。

[108] 轉引自若林正丈，〈臺灣總督府秘密文書「文化協會對策」〉，《臺灣近現代史研究》創刊號（1978 年 4 月），頁 164。

[109] 〈臺灣瑣言〉，《臺灣》第 4 年第 8 號（大正 12 年 8 月），頁 79。

[110] 臺灣總督府警務局，《臺灣總督府警察沿革誌：第二編──領臺以後治安狀況（中卷）》，同註 22，頁 179-180。

傳的官民協力一致，為國家謀幸福之口號外，肯定臺灣改隸以來，日本在臺灣之「新政」。只軟弱無力的要求順應時勢推進，希望撤廢日臺人之差別，如此亦可鞏固日本對臺灣之統治；另曾於 1924 年舉行的「有力者大會」，以反對臺灣議會設置請願運動為主要訴求，該會因背離民意，作為似乎不如預期。[111]

不但如此，公益會的出現，反而激發了文化協會之團結，如針對公益會發起的「有力者大會」，文化協會為反制之，刻意於 1924 年 7 月 3 日於臺北、臺中、臺南三地舉行「無力者大會」，對御用士紳辜顯榮給予最嚴厲之批判。[112]文化協會所發起的無力者大會，極為成功，全島同胞給予熱烈支持，予「有力者大會」致命之打擊。總之，總督府處心積慮的利用公益會和「有力者大會」之召開以制衡文化協會，其結果反而適得其反，它不僅使臺灣民眾團結一致，也助長了文化協會之聲勢，而公益會經此一擊，終至一蹶不振歸於自然消滅。[113]

八、政治運動中的左右之爭

1927 年，臺灣文化協會領導人蔣渭水在《臺灣民報》提出「同胞須團結，團結真有力」為臺灣民族運動的口號，並向全島同胞呼籲：「團結是我們唯一的利器，是我們求幸福脫苦難的門徑。團結之力量如此之絕大，而本來持有團結之本能的人類——吾們四百萬同胞，竟不能利用這個團結之力來求幸福，真是我們臺灣人之恥辱

---

[111] 同上註。

[112] 同上註，頁 181。

[113] 林柏維，《臺灣文化協會滄桑》，同註 2，頁 209-210。

呀！」[114]蔣渭水這番苦口婆心的話，其實已點出臺灣民族運動不團結的事實，甚至也預告了文化協會分裂的可能性。

果不其然，就在蔣渭水發表這篇文章 1927 年 1 月 2 日的隔天 1 月 3 日，臺灣文化協會正式宣告分裂。臺灣民族抗日運動的「統一戰線時期」結束，另一階段的「戰線分裂時代」開始。分裂後的「新文協」與由原先舊文協所重組的「臺灣民眾黨」分道揚鑣，雖然兩者仍以反日抗日為主要對象，但彼此也互相攻訐，勢同水火。兄弟鬩牆之爭，分散了臺灣近代民族抗日運動的力量，這不能不說是臺灣人不團結的最大恥辱。[115]

九、分裂的因素

基本上，臺灣文化協會的成立，是臺灣近代文化史上的一種啟蒙運動。雖然它植基於反日的基礎上，但更大的底蘊是喚醒臺灣人，如何在思想上、行動上、觀念上做一個迎頭趕上世界潮流的現代人。而要如何做個現代人，文協的啟蒙者從海外引進了各種學說思潮，以作為啟蒙臺民的指導原則。

尤其當時方興未艾的蘇俄共產主義革命建立了蘇維埃政權，更鼓舞了許多青年對於社會主義的嚮往，這股沛然莫之能禦的大潮，不僅影響了五四運動以後的中國，也影響到日本統治下的臺灣。因著啟蒙方法的各異，民族抗日運動思想的紛歧，世界革命思潮的不同，臺灣文化協會這個啟蒙運動團體，隱然已伏下分裂之因子。

---

[114] 蔣渭水，〈今年之口號「同胞須團結，團結真有力」〉，《臺灣民報》號 138（昭和 2 年 1 月 2 日），頁 12。

[115] 林柏維，《臺灣文化協會滄桑》，同註 2，頁 215。

　　即以當時文協內部的思想傾向而言，已分成好幾派，蔡培火、林獻堂、陳逢源等，代表民族主義派，主張維持文協傳統，以文化啟蒙的合法運動來達成民族自決的目標。而蔣渭水一派則是強調「全民主義派」，要求師法國民黨的革命運動，標榜解放運動、民族運動、階級運動並行，團結臺灣人與世界弱小民族和無產階級相互提攜，和帝國主義展開強烈鬥爭，以求得殖民地民族之解放，最終完成臺灣民族獨立之目標。

　　另外一派則以連溫卿、王敏川為首的社會主義派，呼籲效法俄國革命，團結農工以反抗帝國主義之侵略；並以無產階級為主體，聯合其他小商人、小資產等階級，與統治者和資本家展開尖銳的階級鬥爭，推行階級運動，爭取臺灣的民族解放，以達成階級解放之目標。[116]

　　一般而言，全民主義派或民族主義派，均主張以民族自決主義為思想中心，所以大家都將蔣渭水、蔡培火等舊幹部一派劃為右派，而以連溫卿、王敏川等社會主義者歸為左派，也有人稱右派為漸進派、穩健派，左派為急進派或激進派。[117]總之，因著啟蒙思想的歧異及抗日民族解放運動路線的不同，1920 年代臺灣思想啟蒙運動的火車頭——文化協會，終因成員思想的左右之爭，而分裂成民族主義派與社會主義派兩大派系，前者成立了臺灣第一個政黨「臺灣民眾黨」，後者則創立了更激進的「臺灣共產黨」。

　　除此內緣因素外，二〇年代初，國民黨「聯俄容共」政策的施行，北伐事業的勢如破竹進展，1925 年「五卅慘案」及「沙基事件」的發生，也使世人認為中國革命的成功，是國共合作與工人深具革

---

[116] 山崎繁樹、野上矯介，《臺灣史》（臺北：武陵出版社，1998 年 2 月 2 版），頁 351-356。

[117] 唐澤信夫，《黎明の臺灣》（臺北：新高堂書店，昭和 2 年 9 月），頁 31-32。

命性而導致共產革命的成功之結果。中國國民革命的發展，必然對臺灣知識份子產生莫大的影響，當時不少在大陸的臺灣留學生，均將中國革命成功的經驗帶回臺灣，如文協改組之際，上海大學派學生翁澤生、莊春火、王萬得、潘欽信、蔡孝乾、洪朝宗、蔡火旺、周天啟、莊泗川等即扮演了重要的角色。[118]

　　而以三民主義信徒自居的蔣渭水也對中國情勢的發展高度關切，對孫中山「聯俄容共」政策亦深表贊同。其所經營的「文化書局」，更是大量引進有關中國革命的書籍，並與連溫卿、王敏川等合作，欲擴大民族運動為團結各階級之運動。[119]

　　另一外緣因素為受日本社會運動思潮的影響，時在東京的臺灣留學生，原本信仰吉野作造的民本主義思潮，並以推動成立臺灣議會為臺灣政治解放的手段和目標。但二○年代中期，日本國內正流行極左翼運動的「福本主義」，排斥山川均一派的社會民主主義，臺灣留學生亦受福本主義的影響而改變歷來主張，返臺後，對文協向來之觀念形態感到極度不滿。[120]

　　至於島內社會發展的情勢，也使的社會運動呈現紛雜的情況，彼時各種運動團體在文協的影響下紛紛成立，它們均採取激烈手段與統治當局對抗。如無產青年會標榜階級運動，農民組合強調農民解放運動，工人團體漸趨結成，連婦女運動也漸次發聲。這些跡象皆顯示，隨著文化運動的擴展，各種不同的主張與要求已漸成形，它們對文協仍矜持著文化運動範疇已日感不奈，滋生不滿，而要求文協要進一步走向實際行動。[121]

---

[118] 臺灣總督府警務局，《臺灣總督府警察沿革誌：第二編──領臺以後治安狀況（中卷）》，同註22，頁244。

[119] 黃煌雄，《蔣渭水傳──臺灣的先知先覺者》，同註6，頁36-38。

[120] 謝春木（南光），《臺灣人の要求》，同註23，頁50-53。

[121] 同上註，頁38。

　　然文協內部仍有一批老成持重的穩健份子，希望繼續走啟蒙運動的路向，強調仍宜以文化運動為主體，期能建設更紮實的新文化，喚醒更普遍的民族覺醒。在此氛圍下，隨著島內民族運動已有思想傾向分歧的事實，兼以中國情勢之啟發及日本勞動總同盟的分裂，無形中鼓舞了文協內部激進派之青壯份子，他們打著左派旗幟，嚴屬的向右派民族主義者進行鬥爭，文協的左右之爭白熱化，終於導致文協的正式分裂。[122]

十、結論──分裂的導火線與結束

　　1926 年 5 月 16 日，文協在霧峰林獻堂宅召開理事會，討論政治結社問題，由於對結社問題的綱領、方針、組織等，會員眾說紛紜，莫衷一是，最後議決由各人自立方案。是年 7 月底，《臺灣民報》總會於臺北召開，文協重要幹部大都出席，會中連溫卿、王敏川提出組「臺灣平民黨」案，及蔣渭水的「臺灣自治會」案，雙方討論極為激烈，終至無結果不歡而散。[123]會議期間，舊幹部雖仍掌控會務，但新幹部則全力組織各地支部工作，大會選出 30 名臨時中央委員及補缺委員 11 名，然蔣渭水與蔡培火等，以大會幾乎由連、王派主導，旋及宣佈辭退，絕不接受，林獻堂也表示跟進。[124]此次臨時文協總會，可謂民族自決主義派和社會主義派的正式交鋒與決裂，而文協也由連溫卿派所完全掌握，至此，向來以從事民族主義之文化啟蒙運動的文協，轉換為階級鬥爭的團體。[125]

---

[122] 林柏維，《臺灣文化協會滄桑》，同註 2，頁 221-222。

[123] 謝春木（南光），《臺灣人的要求》，同註 23，頁 55。

[124] 《臺灣民報》號 141（昭和 2 年 1 月 23 日），頁 7-8。

[125] 林柏維，《臺灣文化協會滄桑》，同註 2，頁 232。

　　1927 年文協的改組，在臺灣民族、文化運動史上，是左右分流的轉變年代，如同中國大陸國民黨內共產主義與三民主義的分裂一樣，文協內部左派以階段鬥爭為立足點，而民眾黨則訴求於民族的解放運動。文協右派是林獻堂、蔡培火、蔣渭水等舊文協份子，左派則為連溫卿、王敏川及無產階級激進青年一派的所謂新文協份子，其左右之爭所彰顯的，即為共產主義與民族主義、階級鬥爭和民族運動的分流。[126]

　　臨時總會後的新文協，擬定了新綱領與新政策，對蔣渭水、蔡培火等舊幹部派展開鬥爭到底的決心，這也使得舊幹部派萌生退會的念頭，終於在 1927 年 7 月 10 日成立了「臺灣民眾黨」。[127]10 月 1 日所有舊幹部派更聯名向文協中央委員會送出退會書，至此與文協完全脫離關係。[128]

---

[126] 同上註，頁 235。

[127] 黃煌雄，《蔣渭水傳──臺灣的先知先覺者》，同註 6，頁 91。

[128] 臺灣總督府警務局，《臺灣總督府警察沿革誌：第二編──領臺以後治安狀況（中卷）》，同註 22，頁 216。〈文協舊幹部脫離關係〉，《臺灣民報》號 176（昭和 2 年 10 月 2 日），頁 4。

第三章　臺灣第一個本土政黨
──臺灣民眾黨

一、前言──組黨經緯

臺灣民眾黨的成立，基本上是建立在臺灣文化協會左右兩派之爭的基礎上，緣於文協臨時總會民族主義派失勢後，逼使右派的舊幹部派重新思考政治結社的必要性。[1]1927 年 2 月 10-11 日兩天，遂有在霧峰林獻堂處邀集林幼春、蔡年亨、林呈祿、蔡培火、蔣渭水等舊幹部，共同商議組織政治結社，此即「臺灣自治會」的由來。其綱領主張在政治上實施自治主義；在經濟上主張臺灣人全體之利益，尤特以合法的手段擁護無產階級之利益。[2]唯此簡要綱領甫一披露，竟遭統治當局以該案「明示殖民地自治主義，違反本島統治的根本精神」為由而禁止，「臺灣自治會」尚未成立即胎死腹中。[3]

事後，蔣渭水不服，擬改名為「臺灣同盟會」，仍被臺北州警務部警告且禁止其活動。1927 年 5 月 3 日，蔣渭水、蔡培火、謝春木再會於林獻堂處，名稱改為「解放協會」，綱領改訂為「期實現臺灣人全體之政治的、經濟的、社會的解放」，刻意刪除「促進

---

[1] 林柏維，《臺灣文化協會滄桑》（臺北：臺原出版社出版，1993 年 6 月 1 版），頁 246。

[2] 〈臺灣自治會將出現〉，《臺灣民報》號 146（昭和 2 年 2 月 27 日），頁 6。

[3] 臺灣總督府警務局，《臺灣總督府警察沿革誌：中卷──社會運動篇》（臺北：臺灣總督府警務局，昭和 14 年 7 月），頁 412。

臺灣自治之實現」字眼，以免引起日警找麻煩。[4] 8 日文協舊幹部再度集會，針對名稱問題討論，最後通過了由葉榮鐘提議更改的「臺政革新會」。[5]

　　5 月 29 日，「臺政革新會」依既定計畫於臺中舉行正式成立大會，出席者 69 人，由蔡培火報告成立經過。會中王鍾麟提議將革新會改名為「臺灣民黨」，此案得到蔣渭水的支持獲得大會通過。「臺灣民黨」隨即宣佈誕生，入黨人數 186 人，會中選舉臨時委員 48 人，並推蔡式穀、蔡培火、蔣渭水、邱德金 4 人為臨時中央常務委員，會後並發表〈臺灣民黨宣言書〉。[6] 然「臺灣民黨」由蔡培火向當局提出申請時，仍被當局依〈治安警察法〉命令禁止結社。[7]

　　在組黨過程倍受刁難之際，蔣渭水等人並不氣餒，6 月 7 日，再由謝春木前往警務局交涉，並改名為「臺灣民眾黨」，以求政治結社的順利組成。[8] 6 月 17 日，組織政治結社磋商會於臺中市舉行，出席者有蔡培火、蔣渭水、邱德金、黃旺成、王鍾麟、謝春木、黃三朋、陳宗惠、鄭石為、藍振德、彭華英、陳逢源、陳瓊玖、莊垂勝、葉榮鐘、呂季園、廖進平、王錐、吳淮水、陳炘、李應章、林伯廷、洪元煌等人。[9]

---

[4]　黃煌雄，《蔣渭水傳——臺灣的先知先覺者》（臺北：前衛版，1992 年 12 月初版），頁 95。

[5]　葉榮鐘、吳三連、蔡培火等著，《臺灣民族運動史》（臺北：自立版，民國 71 年 2 月初版），頁 363。

[6]　〈臺灣唯一的政治結社——臺灣民黨〉，《臺灣民報》號 161（昭和 2 年 6 月 12 日），頁 4-8。

[7]　臺灣總督府警務局，《臺灣總督府警察沿革誌：中卷——社會運動篇》，同註 3，頁 424。

[8]　〈新計劃組織「臺灣民眾黨」〉，《臺灣民報》號 165（昭和 2 年 7 月 10 日），頁 4。

[9]　臺灣總督府警務局，《臺灣總督府警察沿革誌：中卷——社會運動篇》，同註 3，頁 426。

二、民眾黨的宣言綱領與抗日政策

　　7月10日，臺灣民眾黨在千辛萬苦下，終於在臺中市聚英樓舉行創黨大會，黨員有165人，出席者62人，決議暫以籌備委員為臨時委員，同時發表〈臺灣民眾黨宣言〉。[10]該宣言強調「臺灣政治改革上，政治結社的必要性係我同志年來的主張。我等昔日參加臺灣民黨之組織其理由在此。該黨不幸被認為民族主義的團體，而遭禁止，實屬遺憾。但是臺灣的社會必須有政治結社之原因，今日依然存在，是故非再組織新結社不可，乃係當然的歸結。此即我等計畫創本黨之原因。本黨之目的在於提高臺灣人民之政治的地位，安固其經濟的基礎，改善其社會的生活。」[11]言簡意賅的道出其成立所遭遇的一波三折，及創黨之目的。

　　臺灣民眾黨的綱領則為：「本黨以確立民本政治，建設合理的經濟組織及改除社會制度之缺陷為綱領」。[12]9月16日，臺灣民眾黨選出中央委員和中央常務委員，正式展開臺灣總督府當局所指斥的「民族主義」運動，而文協也正式完全分裂。新文協與臺灣民眾黨也自此在臺灣的民族抗日運動上，分道揚鑣各自發展，甚至相互對立彼此攻訐。[13]

　　臺灣民眾黨成立後，旋即由政策推衍出其抗日鬥爭戰術，它常定時或不定時舉辦演講活動或民眾大會，藉此將其政策與具體的政治現象連結起來，廣向民眾宣傳其政策及綱領，由此將民眾導入抗

---

[10] 簡炯仁，《臺灣民眾黨》（臺北：稻鄉版，民國80年12月初版），頁68。

[11] 謝春木（南光），《臺灣人の要求》（臺北：臺灣新民報社，昭和6年1月），頁89-90。

[12] 〈臺灣民眾黨綱領及政策〉，葉榮鐘、吳三連、蔡培火等著，《臺灣民族運動史》，同註5，頁366。

[13] 林柏維，《臺灣文化協會滄桑》，同註1，頁251。

日鬥爭的民族運動行列中。[14]另外，它亦為民喉舌，將民眾的要求，藉電報、建議書、請願書、聲明書等方式，隨時向有關方面提出，以表達民意。此外，利用問題的個別性質，將各有關團體引入抗日鬥爭圈內；且在群眾裡頭善於組織各種團體，再透過這些團體，灌輸宣導民眾黨的政治主張和主義。[15]

　　基本上，民眾黨的這種機動性抗日策略頗為奏效，雖然民眾黨的大聲疾呼，當政者依然我行我素。但民眾黨不時的揭發日帝暴政，使臺灣民眾明白當前之政治，而促其自覺，然後再將民眾導入自求解放的民族運動內，使臺灣民族運動日益茁壯。而民眾黨藉其不斷揭發日帝陰謀，使當局知所收斂，不致太虐民以逞，這些均為民眾黨存在之意義及貢獻。[16]

　　民眾黨除了政策性的抗日活動外，另外亦積極推動地方自治改革運動，要求「州市街庄自治機關之民選及付與決議權，其選舉法須採普通選舉制。」[17]為促其要求實行一民主普選之議會的目標能夠實現，民眾黨的領袖彭華英、蔡式穀、謝南光等，曾於 1928 年 2 月 13 日訪問上山總督，陳述改革議會方案。其中再次強調「議員為民選普選」、「不論日人臺人，議員數根據人口比例選舉之」、「議會須為議決機關」、「議會之名稱為州市街庄會，議員之名稱為州市街庄會議員」，唯上山總督未予理會。[18]

---

[14]　簡炯仁，《臺灣民眾黨》，同註 10，頁 120。

[15]　林國章，《民族主義與臺灣抗日運動（1895-1945）》（臺北：海峽學術出版社，2004 年 6 月出版），頁 220-225。

[16]　〈臺灣民眾黨向石塚總督建議書〉，《臺灣民報》號 279-282。

[17]　〈關於臺灣現行的州市街庄制改革的大綱〉，《臺灣民報》號 193。

[18]　〈假裝的民意機關──非根本改造不可〉，《臺灣民報》號 187（昭和 2 年 12 月 18 日）。吳密察、吳瑞雲編，《臺灣民報社論》（臺北：稻鄉版，民國 81 年），頁 489-490。

　　然民眾黨並不氣餒，1928 年 8 月 14 日，再以經過 3,475 名連署的建議書呈與川村總督。[19]1930 年 6 月，更以 10,364 人連署之建議書，提出於石塚總督。[20]民眾黨深知輿論的力量，並透過《臺灣新民報》為其議員民選、普選作宣傳。為此，《臺灣新民報》還於是年底舉行了一次「臺灣州市議員模擬選舉投票」，共 5 州 7 市，分別選舉州議員和市議員，選票印在民報上，用郵寄方式投票。[21]經過兩個月的宣傳和籌備，於 1931 年 1 月 17 日在《臺灣新民報》上公佈當選名單。[22]

　　由於民眾黨的鼓吹與臺灣知識份子對自治、民選議員的強烈要求，同時也鑒於世界民權潮流之所趨，緩和臺人永不退卻的爭民權、求自治的浪潮，日本政府乃作有限度的開放。[23]1935 年 4 月 1 日殖民當局公布「臺灣地方自治制度改正案」，宣布於同年底開放地方議會一半的議員名額給臺灣人民投票選舉。[24]日本政府改頒自治色彩較濃的臺灣州制、臺灣市制及臺灣街庄制，有條件的賦予臺灣人若干自治權。新制規定州設州會、市設市會、街庄設協議會，且上述議員一半由民選產生，只是選舉權與被選舉權有資格受限，須年滿 25 歲、男性、以及繳納市、街、庄稅，年額須 5 圓以上者方可。[25]為此，在 1935 年 11 月 22 日，臺灣舉行有史以來的第一次投票，選舉第 1 屆市議會員及街庄協議會員（名額半為官選半為直接民選）。[26]

19　葉榮鐘、吳三連、蔡培火等著，《臺灣民族運動史》，同註 5，頁 381。

20　〈地方自治完成運動／民眾黨提出建議書〉，《臺灣民報》號 319（昭和 5 年 6 月 28 日），頁 2。

21　《臺灣新民報》第 338 號（昭和 5 年 11 月 8 日）。

22　《臺灣新民報》第 347 號（昭和 6 年 1 月 17 日）。

23　鄭牧心，《臺灣議會政治 40 年》（臺北：自立版，民國 80 年 11 月 1 版 2 刷），頁 46。

24　葉榮鐘、吳三連、蔡培火等著，《臺灣民族運動史》，同註 5，頁 483。

25　李筱峰，《臺灣戰後初期的民意代表》（臺北：自立版，民國 82 年 3 月修訂版 1 刷），頁 11。

26　《臺灣日日新報》（昭和 10 年 11 月 24 日）。

　　1936 年 11 月 20 日又舉辦第 1 屆州會議員總選舉（名額半為官選半為間接民選），[27]至此，臺灣勉強產生真正民選的民意代表，民眾黨的部分政治訴求，算是達成。這場臺灣近代史上第 1 回選舉投票結果，當選的臺灣人比例並不多，對推動議會政治或改革地方自治的作用皆不大。[28]較重大意義反倒是選舉前的民主教育，透過競選的激烈宣傳，民主已深化於民間，所以說，在日治後期，臺灣人早已知道選舉為何物了。[29]此後，迄於大戰前，臺灣民眾又經歷了幾次選舉。另外，對於川村總督離任前，俄然解除官有地讓售之禁令，民眾黨亦表達強烈抗議。[30]

　　蔣渭水有「臺灣孫中山」之稱，其畢生尊崇孫中山，其政治思想也深受孫中山的影響，因此其所領導的民眾黨與孫中山的國民黨關係頗為密切。[31]1929 年 6 月 1 日，孫中山舉行奉安祭典，民眾黨特派謝春木、王鍾麟 2 人為代表，赴京參加。而蔣渭水也親率民眾黨本部及支部，在全島各地召開孫中山追悼會。[32]日本的干涉國民革命，破壞中國統一及由總督府發起的「始政紀念日」活動及鴉片政策和對待「霧社事件」中的殘暴手段，臺灣民眾黨也都表明堅決反對的立場與態度。[33]

---

[27] 黃昭堂著、黃英哲譯，《臺灣總督府》（臺北：前衛版，1994 年 4 月出版），頁 156。

[28] 陳柔縉，《臺灣西方文明初體驗》（臺北：麥田出版，2005 年 7 月初版），頁 172-177。

[29] 楊肇嘉，〈臺灣人第一次選舉投票〉，《楊肇嘉回憶錄》（下）（臺北：三民版，民國 56 年 2 月初版），頁 304-311。

[30] 臺灣總督府警務局，《臺灣總督府警察沿革誌：中卷──社會運動篇》，同註 3，頁 462-463。

[31] 黃煌雄，《蔣渭水傳──臺灣的先知先覺者》，同註 4，頁 206-220。

[32] 奚敏芳，〈孫中山在臺灣〉，收入林慶彰、陳仕華主編，《近代中國知識分子在臺灣》（2）（臺北：萬卷樓出版，民國 91 年 10 月初版），頁 25。黃煌雄，《蔣渭水傳──臺灣的先知先覺者》，同上註，頁 210。黃嘉樹，《第三隻眼看臺灣》（臺北：大秦出版社出版，民國 85 年 6 月修訂再版），頁 29。

[33] 林國章，《民族主義與臺灣抗日運動（1895-1945）》，同註 15，頁 220-225。

三、扎根基層——工友總聯盟之成立

　　臺灣民眾黨雖成立於臺中，但其總部卻設在臺北，因為當時臺北已成為臺灣政治、經濟及學術思想的中心，較其他地方能接觸到時勢的要求，而探知社會進步的取向。時勢要求的實質、民眾希望的興革，使民眾黨不致於為傳統所羈絆而老化。[34]所以，自民眾黨成立後，即認清時勢的要求，先後確定其「對階級問題的態度」及其「與農工團體的關係」，以穩健有力的步伐，併行「民族運動」與「階級運動」，以遂行其「扶助農工」的既定政策。[35]這當中最有成績的，即為民眾黨於 1928 年 2 月 2 日，根據「扶助農工團體之發達」的指導原則，決議創設「臺灣工友總聯盟」。

　　工友總聯盟於 1928 年 2 月 19 日正式成立於臺北蓬萊閣，計參加團體 29 個，會員總數 6,367 人，總部位於臺北市日新町 2 之 1 號。[36]該聯盟之目的為：「要求增加工資和減少工作時間，以謀聯盟的工人及店員之利益與幸福及其生活向上。因為向來只限同地方的工人而團結，然而這些小團體，在運動進行中間，若與雇主發生糾紛時，實力脆弱，以致不免生出挫折與失敗。因此各地的工會覺醒起來，組織總聯盟，為勞工運動極可喜的事，實為臺灣勞動運動史上的一大記錄。」[37]

　　工友總聯盟係由民眾黨一手造成的，該聯盟延聘蔣渭水、謝春木、蔡式穀、王鍾麟、洪元煌、蔡炳煌、王受祿等為顧問。[38]但更

---

[34] 簡炯仁，《臺灣民眾黨》，同註 10，頁 73。

[35] 臺灣總督府警務局，《臺灣總督府警察沿革誌：中卷——社會運動篇》，同註 3，頁 222。

[36] 翁佳音譯註，《臺灣社會運動史——勞工運動、右派運動》（臺北：稻鄉版，民國 81 年 2 月初版），頁 72。

[37] 《臺灣民報》號 197。

[38] 簡炯仁，《臺灣民眾黨》，同註 10，頁 153。

確切的講，該聯盟實由蔣渭水一人所主導，他提出了「同胞須團結、團結真有力」的口號，隱現了他「以農工階級為中心勢力的全民運動」。[39]唯因民眾黨自始即以農工階級利益為出發點，並致力於其解放，因此，工友總聯盟的茁壯成長，使得黨內資產階級或保守知識份子屢表不滿。[40]工人運動係受全民運動所控制、所調節，本是理所當然；可是，工友總聯盟一經成立並培養其實力後，轉而積極影響民眾黨，並為其階級解放運動之主導，進而，節制甚至統制全民運動。此演變趨勢後來反而左右了民眾黨，成為分裂民眾黨的潛在因子。[41]

　　工友總聯盟自成立後，發展頗為神速，至 1929 年初，加盟團體已達 41 個，僅臺北州一地言，加盟「工友會」的即有：臺北印刷從業員組合、臺北木工工大會、臺北石工工大會、臺北塗工工大會、臺北秤茶套紙工大會、三峽木工工大會、松山自由勞動者同盟、臺北箱工工大會、臺北店員會、臺北洋服工大會、臺北砂利船友會、臺北基建架工大會、桃園木工工大會、臺北自由勞動者同盟、臺北褙箱工大會、臺北土木工友會、臺北金銀細工工大會、臺北製餅工大會、臺北鉛鐵銅工大會、蘭陽農民協會、瑞芳農民協會、桃園農民協會、基隆勞動青年會、臺北勞動青年會、艋舺勞動青年會、文山勞動青年會、臺北魚類小賣人協會、蘭陽總工大會、基隆船炭工大會、基隆運送從業員會、基隆木石工大會、基隆洋服工大會、基隆店員會、基隆行商自治協會、基隆土水工大會、基隆砂炭船友會、汐止總工大會等 37 個團體，會員總數達 11,446 人。[42]

39　蔣渭水，〈今年之口號「同胞須團結，團結真有力」〉，《臺灣民報》號 138（昭和 2 年 1 月 2 日），頁 12。

40　謝春木（南光），《臺灣人的要求》，同註 11，頁 92。

41　簡炯仁，《臺灣民眾黨》，同註 10，頁 187-191。

42　臺灣總督府警務局，《臺灣總督府警察沿革誌：中卷——社會運動篇》，同註

　　鑒於過去運動之經驗，為確立將來鬥爭之方針，1930 年 2 月 2 日，工友總聯盟於臺北市太平町民眾講座召開第 3 次代表大會。最後大會通過促進全島產業別之組織、日臺人工資差別之撤廢、女工分娩前後各給 8 週間休業、獲得言論、出版、結社之自由、促成即時實施普選的自治制等重要決議。接著工友總聯盟又提出幾項重要訴求：減低地租戶稅、給與失業者工作、確立 8 小時工作制並立即實施、制定最低工資法、確立罷工權及男女工資平等、撤廢惡法工人免稅等等。[43]至此，工友總聯盟對資本家的鬥爭可謂更形白熱化了。唯隔年工友總聯盟真正的主導者蔣渭水的病逝，及臺灣民眾黨的被迫解散，該聯盟最後亦遭瓦解。

四、民眾黨的內訌與解散

　　基本上，臺灣民眾黨成立伊始，即存在著蔣渭水與蔡培火兩派的鬥爭，原因為蔡培火一派主張溫和的民族自決，專注於啟發島民思想，以殖民地自決為其目標。而蔣渭水派因受中國革命運動的影響，主張團結臺灣人，聯合民族運動及階級運動，與世界諸弱小民族及無產者合作相互提攜，和帝國主義鬥爭，以期實現殖民地的自求解放。兩派如此南轅北轍的訴求，同處於民眾黨內，分裂已屬不可免。[44]

　　就在民眾黨成立大會上，因蔣渭水的參加問題，蔣、蔡 2 人已引起了激烈的衝突，成了日後民眾黨時起內訌的主因，所幸因林獻堂的

　　3，頁 1248。

[43] 臺灣總督府警務局，《臺灣總督府警察沿革誌：中卷──社會運動篇》，同上註，頁 1251-1252。《臺灣民報》號 299。

[44] 林柏維，《臺灣文化協會滄桑》（臺北：臺原出版社出版，1993 年 6 月 1 版），同註 1，頁 216-217。

威信，雙方尚能維持表面的和諧。[45]然黨內妥協的態度，一方面助長了蔣派的氣勢；另一方則使蔡派態度轉趨消極。到了「工友總聯盟」成立後，因蔣渭水控制著工友總聯盟，在民眾黨內勢力更加膨脹，而民眾黨的領導權亦逐漸落入蔣派手中，相對的，蔡派的牽制力日益削弱。而黨內訌之結果，終於演變成彭華英辭職，地方自治聯盟跨黨，兩派最終攤牌的不幸結果。[46]蔡培火一派於 1930 年 8 月 17 日假臺中市成立了「臺灣地方自治聯盟」，自此完全脫離臺灣民眾黨。[47]

臺灣地方自治聯盟成立後，民眾黨內部不少蔡派人員跨黨參加，對此日益嚴重事態，民眾黨於 1930 年 9 月 4 日在高雄召開第 12 次中執會討論，決定給予跨黨份子兩週緩衝期決定。但事情並未好轉，不得已乃在 10 月 1 日的中常會上，決定開除蔡培火、陳逢源、洪元煌等 16 名跨黨份子，其後，重量級的林獻堂也憤而退黨。[48]

蔡派的退出民眾黨，對蔣渭水刺激頗深，覺得有必要改組民眾黨，但蔣渭水的改組提案，雖通過於民眾黨，卻受制於陳旺成、韓石泉等地方支部。他們主張維持原案，否則將清算改組的民眾黨，甚至不排除重組勞農黨。至此，民眾黨內部又形成地方與中央對抗的兩股勢力，該兩股勢力在該黨的第 4、5 次大會上又展開一番激戰。[49]

1931 年 2 月 18 日，臺灣民眾黨在臺北本部召開該黨重要的第 4、5 次全島黨員大會，蔣、陳二派在此大會上展開唇槍舌劍。基本上，雙方對戰的焦點，仍鎖在蔣渭水主張民眾黨的運動，不單只是

[45] 臺灣總督府警務局，《臺灣總督府警察沿革誌：中卷——社會運動篇》，同註 3，頁 457。

[46] 簡炯仁，《臺灣民眾黨》，同註 10，頁 178。

[47] 葉榮鐘、吳三連、蔡培火等著，《臺灣民族運動史》，同註 5，頁 449。

[48] 《臺灣民報》號 343。林國章，《民族主義與臺灣抗日運動（1895-1945）》，同註 15，頁 227。臺灣總督府警務局，《臺灣總督府警察沿革誌：中卷——社會運動篇》，同註 3，頁 487。

[49] 簡炯仁，《臺灣民眾黨》，同註 10，頁 198。

為資產階級獲得政權，而是為廣大的工農群眾無產階級及受壓迫的階級獲得政黨才是；而韓石泉、陳旺成則反對蔣渭水的激進主張，甚至要將民眾黨變成無產的黨，渠等仍舊強調先民族革命、全民運動，再來談階級運動。[50]

就在雙方激辯之時，大批日警出現，以「政治結社臺灣民眾黨，依治安警察法第八條第二項之規定，本日起即由臺灣總督府勒令禁止之」，而予以解散。同日被逮捕的重要幹部有蔣渭水、許胡、陳其昌、廖進平、楊慶珍、盧丙丁、林火木、梁加升、白成枝、楊元丁、張晴川、黃江連、陳天順、蔡少庭、李友三、黃傳福等 16 人，該黨全島 20 個支部亦全遭解散。[51]至此，結束了臺灣民眾黨因改組所引發的意見衝突，而臺灣史上第一個光輝苦鬥的政黨，也在此悲壯的走入歷史，臺灣的民族運動逐漸進入尾聲。

五、結論——民眾黨之歷史意義

臺灣民眾黨成立雖不滿 4 載即遭解散，但它的存在，實有其特殊的歷史意義在，它代表著臺灣知識份子的心聲和臺灣人的願望，欲團結全島島民與日本當局抗爭，激發臺灣人的民族意識，為臺灣民族運動提出明確方向。尤其在揭發統治當局暴政弊端上，更時時給予打擊，因而招致總督當局之忌恨，最後予以解散。[52]

然無論如何，臺灣民眾黨在臺灣民族運動史上，仍具有深遠意義，研究民眾黨史的簡炯仁以為：它係一具有現代化的政黨，有嚴密的組織及進步的觀念；其次，在訓練民眾上，它是一個有思想、

---

[50] 《臺灣民報》號 352。
[51] 同上註。
[52] 簡炯仁，《臺灣民眾黨》，同註 10，頁 233。

有組織的政治團體，予臺灣同胞政治教育上貢獻良多，最後，它為臺灣民族運動提出了一個正確的方向。[53]

　　蔣渭水晚期的階級鬥爭激烈主張，其目的乃在更有效的發揮民族運動的實效，蔣渭水始終堅信，只有以農工階級為基礎的民族運動，才是殖民地自求解放的正確方向。這點訴求命中日帝要害，才遭致取締命運；而其主張雖為個人帶來毀譽參半的評價，但卻提示臺灣民族運動真正的方向。[54]

---

[53] 同上註，頁 234-237。
[54] 林國章，《民族主義與臺灣抗日運動（1895-1945）》，同註 15，頁 226。

第四章　首揭臺獨大纛的政黨
──臺灣共產黨

一、前言──成立前之背景

　　第 1 次世界大戰後，民族主義意識高漲，留日臺灣學生亦紛紛投入政治運動，成立了「臺灣青年會」，發行《臺灣青年》雜誌。[1]其後當社會主義盛行於日本之際，臺灣青年會不少學生亦均受其影響，主要人物如許乃昌、楊貴、楊雲萍、商滿生、高天成、林朝宗等，這些人皆為以後臺灣社會主義和共產主義的先驅人物。[2]

　　另外，20 世紀初期，社會主義思潮開始傳入日本，蘇聯「十月革命」後，馬列主義更風靡東洋，也影響到臺灣留日學生。彭華英為最早接受社會主義思潮的臺灣留日學生，他曾參加「日本社會主義同盟」，並曾在《臺灣青年》發表討論社會主義的文章。他特別和朝鮮及中國左翼份子關係密切，在日警監視下，後來前往上海繼續推行共產主義活動。[3]

　　彭華英在上海與從甫自臺灣去上海的蔡惠如合作，兩人在學生群眾中極力發展臺灣人的民族主義運動，並於 1923 年 10 月，在上

---

[1] 葉榮鐘、吳三連、蔡培火等著，《臺灣民族運動史》（臺北：自立版，民國 71 年 2 月初版），頁 88。

[2] 臺灣總督府警務局（鷲巢敦哉主編），《臺灣總督府警察沿革誌：中卷──臺灣社會運動史》（臺北：臺灣總督府警務局，昭和 14 年 7 月），頁 37-38。林梵，《楊逵畫像》（臺北：筆架山出版社，1978 年），頁 76。

[3] 連溫卿，〈過去臺灣之社會運動〉，《臺灣民報》號 138（1927 年 1 月 2 日）。盧修一，《日據時代臺灣共產黨史（1928-1932）》（臺北：前衛版，1990 年 5 月出版），頁 32。

海成立「上海臺灣青年會」，此會以後在臺灣的共產運動中扮演了重要角色。[4]除彭華英外，許乃昌與謝廉清 2 人，曾在 1924 年由鮑羅廷保送至莫斯科受訓，東返後開始在臺灣發展共產主義運動。[5]時中共大本營的上海大學，更是聚集不少以後的臺共要角，如蔡孝乾、謝雪紅、林木順等臺灣人就讀。[6]為整合在上海的臺灣左翼青年力量，彭華英和蔡孝乾組成了「上海臺灣學生聯合會」。[7]此會成了當時上海臺灣左翼青年學生的最大組織，有不少左翼臺灣人紛紛加入，對於在中國發展臺灣共產主義運動又向前邁進一步。[8]

1926 年，謝雪紅與林木順經中共推薦，遠赴莫斯科留學，入「東方共產主義勞動大學」就讀。[9]1927 年底，接受第三國際指令，在日共指導下，積極發展臺灣的共產主義運動。但返回上海後，因國共關係生變，上海已不能久留，在與臺北赴滬的翁澤生取得聯繫後，連袂悄然回臺。[10]1927 年底，他們組成「臺灣讀書會」，參加者都是臺灣學生聯合會的左傾份子，包括江水得、陳粗皮、陳美玉、張茂良、劉守鴻、楊金泉、林松水等人，他們開始研究共產主義。1928

---

[4] 《臺灣民報》號 15（1924 年 1 月 1 日）。林熊祥主修、黃旺成纂修，《臺灣省通志稿（卷九——革命抗日篇）》（臺北：臺灣省文獻委員會，民國 43 年 12 月），頁 100。

[5] 王健民，《中國共產黨史稿》增訂再版（香港：中文圖書供應社，1975 年），第 2 冊，頁 81-82。楊子烈，《張國燾夫人回憶錄》（香港：自聯出版社，1970 年），頁 155-156。

[6] 陳芳明，《謝雪紅評傳——落土不凋的雨夜花》（臺北：前衛版，1991 年 7 月出版），頁 62。

[7] 臺灣總督府警務局（鷲巢敦哉主編），《臺灣總督府警察沿革誌：中卷——臺灣社會運動史》，同註 2，頁 86-87。

[8] 盧修一，《日據時代臺灣共產黨史（1928-1932）》，同註 3，頁 38。

[9] 〈謝雪紅〉，許雪姬總策畫，《臺灣歷史辭典》（臺北：遠流版，2004 年 5 月 1 版），頁 1299。

[10] 林江，〈回憶父親翁澤生烈士〉，《臺聲》1985 年第 1 期（北京：1985 年 1 月），頁 15-17。

年更發行《屋內刊》刊物，以會員及同情者為發送對象，讀書會逐漸推展活動，及謝、林、翁等 3 名臺共的組黨者，為未來臺共的建黨奠定堅實的基礎。[11]

　　至於「北京臺灣青年會」在謝廉清、謝文達的努力下，大多數青年會會員也都傾向共產主義。[12]「廣東臺灣革命青年團」亦團結一批臺灣左傾學生，如林文騰、張深切、郭德金等，這些青春飛揚的左傾青年，以後在臺灣共產主義運動中也都扮演了舉足輕重的角色。[13]換言之，在臺灣共產黨未正式成立前，在日本與中國的臺灣留學生，因受日共及中共之影響，早已心向共產主義，甚至已開始從事共產主義活動，他們為未來的臺共，不僅儲備了優秀的人才；更帶來了建黨的理論基礎。[14]

二、臺灣的共產主義運動

　　其實在臺共建黨前，臺灣島內早已彌漫著共產主義的氣息，1921年，彭華英首先在《臺灣青年》發表社會主義文章。[15]同年文化協會成立時，臺灣已有研究馬克思主義的讀書會。[16]文協成立後，會員與留學日本、中國的臺灣學生時有聯繫，而臺灣留學生亦透過文協，將共產主義思潮帶回臺灣，進而影響臺灣青年。如連溫卿在彭

---

[11]　臺灣總督府警務局（鷲巢敦哉主編），《臺灣總督府警察沿革誌：中卷──臺灣社會運動史》，同註 2，頁 87。

[12]　楊碧川，《日據時代臺灣人反抗史》（臺北：稻鄉版，民國 77 年 11 月初版），頁 92-93。

[13]　林國章，《民族主義與臺灣抗日運動（1895-1945）》（臺北：海峽學術出版社，2004 年 6 月出版），頁 195-196。

[14]　簡炯仁，《臺灣共產主義運動史》（臺北：前衛版，1997 年 1 月初版），頁 49-52。

[15]　彭華英，〈社會主義之概說〉，《臺灣青年》2 卷 4 期（1921 年 5 月），頁 50-57。

[16]　盧修一，《日據時代臺灣共產黨史（1928-1932）》，同註 3，頁 41。

華英、謝文達影響下，思想逐漸傾向社會主義。[17]蔣渭水因崇拜孫中山，很關切中國革命發展情形，在孫中山晚年「聯俄容共」政策刺激下，亦對共產主義發生興趣，而透過這些臺灣菁英份子的關係，使得共產主義在臺灣知識份子中發揮了甚大的影響力。[18]

　　1923年7月，連溫卿、謝文達、蔣渭水、石煥長、蔡式穀在臺中成立了「社會問題研究會」，後因總督府禁止而胎死腹中。[19]翁澤生欲成立「臺北青年會」，也遭到總督府的制止，只能組織「臺灣青年體育會」及「臺北青年讀書會」繼續展開活動。[20]此二會常進行有關社會問題的研究活動、討論各種思潮，為推展共產主義做準備工作，逐漸成為一「無產青年」的團體。[21]

　　「無產青年」團體在1924年至1925年間，因靈魂人物之一的連溫卿醉心於日本山川均的共產主義，曾一度大為宣傳「山川主義」。[22]1925年開始籌備列寧紀念會，5月又準備舉辦勞動節示威遊行，遭日警取締未果，譴責日人慶祝「始政紀念日」。[23]1926年底「臺

---

[17] 臺灣總督府警務局（鷲巢敦哉主編），《臺灣總督府警察沿革誌：中卷——臺灣社會運動史》，同註2，頁183-184。《臺灣民報》號15（1924年1月1日）。

[18] 黃煌雄，《蔣渭水傳——臺灣的先知先覺者》（臺北：前衛版，1992年12月初版），頁36-38。黃師樵，〈蔣渭水及其政治運動〉，《臺北文物》3卷1期（民國43年5月），頁81。

[19] 臺灣總督府警務局（鷲巢敦哉主編），《臺灣總督府警察沿革誌：中卷——臺灣社會運動史》，同註2，頁184。

[20] 黃文雄，〈臺北青年會・讀書會・體育會〉，《臺北文物》3卷2期（民國43年8月），頁137-138。

[21] 林柏維，《臺灣文化協會滄桑》（臺北：臺原出版社，1993年6月1版），頁151-154。

[22] 簡炯仁，《臺灣共產主義運動史》（臺北：前衛版，1997年1月初版），同註14，頁49。王詩琅譯註，《臺灣社會運動史》（臺北：稻鄉版，民國77年5月初版），頁322。

[23] 臺灣總督府警務局（鷲巢敦哉主編），《臺灣總督府警察沿革誌：中卷——臺灣社會運動史》，同註2，頁189-190、884-886。《臺灣民報》號113（1926年6月11日）。

灣黑色青年聯盟」成立，眾多無產青年加入此組織，其中以王萬得、
洪朝宗、王詩琅、蔡孝乾為主。1927 年，此聯盟遭逮捕解散，時共
產主義方興，黑色聯盟會員因而轉向臺共。[24]

　　1927 年文協發生分裂後，左右派各自轉向，以文協舊幹部為主
的右翼成立了「臺灣民眾黨」，左翼勢力則投入日漸激烈的工農運
動，為以後的臺灣共產黨先行鋪路。[25]當時在新文協內部，有一部
分信仰無產階級運動青年，他們逐漸不滿連溫卿所領導的新文協，
僅侷限於民族主義的啟蒙運動，因此在臨時大會中修改了文協的活
動方向，使文協蛻變成一無產階級的文化組織。[26]

　　改組後的新文協常鼓動工人向資本家鬥爭，爭取權益，並積極
介入無產階級鬥爭的活動。而與此同時，農民組合的馬克思主義化，
簡吉與趙港的宣揚階級鬥爭的必要性，呼籲農民對資本主義和地主
展開強烈鬥爭，將農民運動帶到最高潮。易言之，文協與農組的左
傾，可說構成臺共發展史上最具關鍵性的一頁。[27]

三、臺灣共產黨之成立及其政治主張

　　1927 年底，謝雪紅與林木順結束了莫斯科的訓練課程，攜帶第
三國際要渠發展臺灣共產主義運動及服從日共領導的指令，返回上
海，同時也與中共黨員翁澤生取得聯繫，積極籌備在上海組織臺共
事宜。[28]1928 年 3 月初，謝、林、翁組成建黨籌備委員會，先行作

---

[24] 史明，《臺灣人四百年史》（美國聖荷西：蓬島文化公司，1980 年），頁 530-537。
宮川次郎，《臺灣社會運動》（臺北：臺灣實業社營業所，1929 年），頁 128-129。
[25] 林柏維，《臺灣文化協會滄桑》，同註 21，頁 235-251。
[26] 王詩琅譯註，《臺灣社會運動史》，同註 22，頁 436-438。
[27] 盧修一，《日據時代臺灣共產黨史（1928-1932）》，同註 3，頁 44-45。《臺灣
民報》號 189（1928 年 1 月 1 日），頁 14。
[28] 若林正丈著‧臺灣史日文史料典籍研讀會譯，《臺灣抗日運動史研究》（臺北：

業提出大會討論的綱領及各項決議草案。[29]4 月 13 日，在中共代表彭榮建議下，先行召開「臺灣共產主義者積極分子大會」作為臺共建黨的籌備會議，該次會議參加者有彭榮、林木順、謝雪紅、翁澤生、陳來旺、林日高、潘欽信及張茂良、劉守鴻、楊金泉等。15 日，臺灣共產黨在上海法租界一家照相館 2 樓正式成立，參加者除中共代表彭榮和朝鮮代表呂運亨外，臺灣人為謝雪紅、林木順、翁澤生、潘欽信、陳來旺、林日高、張茂良等人。[30]

　　大會審查通過〈政治大綱〉和〈組織大綱〉，並選出 5 位中央委員及 2 位候補中央委員。中央委員是林木順、林日高、莊春火、洪朝宗、蔡孝乾；候選委員為謝雪紅和翁澤生。[31]臺共的革命路線涉及的是臺灣殖民地解放的策略，它並不是中國和日本共產革命的一部分，惟在黨的上層指導方面，臺共是受第三國際指揮的。[32]故臺共在〈組織大綱〉中即言：「臺灣共產黨是以第三國際的支部日本共產黨之下的一個民族支部而組織成的，因此必須遵守日本共產黨執行委員會的指令。此即臺灣共產黨將透過日本共產黨去履行它作為世界無產階級革命一支隊的任務」。[33]因此，臺共係依靠日共協助，在第三國際指揮下，組成日共的一個民族支部。

　　在政治方針上，臺共提出相當前進的主張，打倒總督專制政治和日本帝國主義，臺灣人民獨立萬歲，建立臺灣共和國；廢除壓制工農

　　　播種者出版，2007 年 3 月初版），頁 320-321。
[29]　盧修一，《日據時代臺灣共產黨史（1928-1932）》，同註 3，頁 57。
[30]　臺灣總督府警務局（鷲巢敦哉主編），《臺灣總督府警察沿革誌：中卷——臺灣社會運動史》，同註 2，頁 589-590。
[31]　同上註，頁 592。
[32]　同上註，頁 595。若林正丈著，臺灣史日文史料典籍研讀會譯，《臺灣抗日運動史研究》，同註 28，頁 328。
[33]　臺灣總督府警務局（鷲巢敦哉主編），《臺灣總督府警察沿革誌：中卷——臺灣社會運動史》，同註 2，頁 595。

惡法、土地歸與貧農、爭取罷工、集會、言論、出版等自由等。[34]臺共成立後，旋即派遣工作同志進入左翼工會，建立黨的領導地位，以便儘速成立臺灣總工會，作為統一戰線的基層組織。[35]

　　在農民運動上，臺共強調民主革命的主要社會成分是農民革命的實現，也就是要消滅封建勢力，解決土地問題。換句話說，在民主革命的階段中，應該將封建地主的土地充公並分配給農民。事實上，臺共最終的目標是要求土地的國有化，即土地屬於蘇維埃農民所有，作法是完全廢除土地私有制，達到土地社會化之目標。[36]在青年運動上，宜重整青年組織，準備全島性的聯盟，發展學生運動，擴大與中國、日本各地青年運動之聯繫。此外並成立「赤色救援會」，隨時支援島內的社會運動。[37]

四、結論——臺灣共產黨之內訌和瓦解

　　整體而言，臺共成立伊始，即存在著兩個對立陣營：一派是以翁澤生為首的多數派；另一派則以謝雪紅、林木順為代表，包括來自東京的陳來旺，為日共指定的領導人。簡言之，存在於臺共內部，有中共派與日共派兩股敵對勢力，隨著臺共的發展，兩派較勁亦隨之升高。[38]

　　先是上海臺灣讀書會左翼臺灣學生遭到日警逮捕，張茂良、楊金泉、林松水、劉守鴻、謝雪紅被捕，對臺共打擊甚大。[39]其後，謝雪紅獲釋返臺，在臺中重整臺共旗鼓，加入文協與農組，尋找幹

---

[34]　〈一九二八年臺共政治大綱〉，同上註，頁 601-613。

[35]　〈勞動運動對策提綱〉，同上註，頁 620-621。

[36]　〈農民問題重要性〉，同上註，頁 623。

[37]　〈青年運動提綱〉，同上註，頁 635-636。

[38]　盧修一，《日據時代臺灣共產黨史（1928-1932）》，同註 3，頁 69。

[39]　陳芳明，《謝雪紅評傳——落土不凋的雨夜花》，同註 6，頁 97。

部並與黨員恢復聯繫。[40]1928 年 11 月，謝雪紅召集林日高、莊春火等人在臺北御成町李國獻宅舉行島內第 1 次臺共中央會議，推林日高為臺共書記長，然黨的大權實際掌握在謝手中。[41]

在這次會議上，達成如下的決議：以日本共產黨的指令為基礎，謝雪紅擔任中央委員，在上海讀書會因恐懼而逃跑的蔡孝乾、洪朝宗、潘欽信、謝玉葉等，以「機會主義者」開除黨籍，為了掩護黨的活動，決定在臺北開設「國際書局」。[42]開除蔡孝乾等人，對謝雪紅以後影響極大，因為這些人都是「上大派」翁澤生的人馬，這引起後來翁、謝的權力鬥爭，翁澤生後來利用島內的臺籍中共黨員向謝雪紅奪權，便是以此開除事件為張本。[43]

1929 年元月，謝雪紅與楊克培在蔣渭水的幫助下，於臺北大稻埕太平町二丁目開設「國際書店」，1930 年又遷往京町三丁目，藉機販售左派刊物及宣揚左派思想，以為共產黨人活動的前哨站，它實際上成了臺共的中心點。[44]在文化運動方面，謝雪紅以國際書局為中心，結合郭德金、周合源、王敏川、賴和、陳煥圭等人組成「臺灣戰線社」。[45]這個組織發行《臺灣戰線》，希望透過文學的形式來喚醒臺灣人的反抗意識，此雜誌基本上是要建立馬克思主義的理論，從而使無產階級的革命理論與革命運動合流。[46]

---

[40] 黃師樵，《臺灣共產黨秘史》（新竹：1933 年），頁 26、45、52。

[41] 臺灣總督府警務局（鷲巢敦哉主編），《臺灣總督府警察沿革誌：中卷——臺灣社會運動史》，同註 2，頁 668-669。

[42] 盧修一，《日據時代臺灣共產黨史（1928-1932）》，同註 3，頁 91。

[43] 陳芳明，《謝雪紅評傳——落土不凋的雨夜花》，同註 6，頁 162-166。

[44] 黃師樵，《臺灣共產黨秘史》，同註 40，頁 17。

[45] 臺灣總督府警務局（鷲巢敦哉主編），《臺灣總督府警察沿革誌：中卷——臺灣社會運動史》，同註 2，頁 292。

[46] 陳芳明，《謝雪紅評傳——落土不凋的雨夜花》，同註 6，頁 186。

　　《臺灣戰線》月刊發行於 1930 年 8 月，共出 4 期即遭總督府查禁。是年 12 月，謝又發行《新臺灣戰線》亦遭查禁。在言論屢遭封鎖的情況下，謝雪紅認為應該聯合其他的左翼刊物，聯手向總督府爭取言論自由。1930 年 10 月 25 日，「臺灣戰線社」的謝雪紅、郭德金、陳煥圭；「伍人報社」的周合源、江森旺；「洪水報社」的黃白成枝等，在臺北舉行「臺灣言論出版自由獲得懇談會」，時臺灣所有的左翼運動菁英都參加了這場集會。會中，謝擔任主席，她指控日本當局的橫暴壓迫。因此，她建議應該設立「臺灣言論出版自由獲得聯盟」，此組織結合了臺灣文化協會、工友協助會、工友總聯盟、臺北維新會、臺灣農民組合、彰化總工會等團體的支持，聲勢浩大。[47]

　　當然在日警嚴密監視下，謝雪紅領導新的中央委員會為了生存隱蔽起來，而利用文協和農組來強化黨的影響力。臺共勢力逐漸滲入農組，終於引起日本起疑，逮捕了農組領袖簡吉、楊春松、陳德興、顏石吉、侯朝宗等人，此大規模的逮捕行動，又是對臺共與左翼運動致命一擊。[48]

　　臺共中央委員會當時由謝雪紅、林日高、莊春火組成，空有領導機關，缺乏堅實組織，也沒幾個黨員。但其後蘇新、蕭來福、莊守、王萬得、吳拱照、劉守鴻等相繼歸隊，文協與農組也有不少成員入黨，使得黨員數目增加，也增進其影響力。[49]1929 年世界經濟蕭條，各地無產階級運動進展快速，這種情勢大大有利於臺共的發展。[50]

[47]　同上註，頁 186-187。

[48]　《臺灣民報》號 239（1929 年 12 月 29 日），頁 2。宮川次郎，《臺灣社會運動》，同註 24，頁 368-371。

[49]　黃師樵，《臺灣共產黨秘史》，同註 40，頁 40-41、49-50、62-63。宮川次郎，《臺灣社會運動》，同上註，頁 332。

[50]　臺灣總督府警務局（鷲巢敦哉主編），《臺灣總督府警察沿革誌：中卷──臺灣社會運動史》，同註 2，頁 670。

　　臺共首先在農組頗有斬獲，後來文協連溫卿派失勢，其臺北支部也被取消，文協的領導權亦逐漸落入臺共之手，而利用讀書會控制青年會組織更是遍及全島。為了確保黨的發展，臺共對於右翼團體如臺灣民眾黨或臺灣地方自治聯盟，更是展開尖銳的批判和鬥爭。[51]

　　但臺共在會員激增，活動日強之際，黨內的紛擾亦同時發難。激進的年輕黨員不滿黨的領導力，對黨中央逐漸不信任，謝雪紅成了眾矢之的。[52]為解決問題，1929 年 10 月，在臺北國際書店，謝雪紅、林日高、莊春火召開中央委員會，以重新調整民族支部的重要職位。[53]會上，謝雪紅顯然還是大權在握，那些年輕激進黨員或剛剛回臺幹部，雖曾在農民與工人運動上扮演過重要角色，但卻沒能選上中央委員，由此顯示她雖然遭遇新進幹部的抨擊，但還能掌控全局。[54]中央委員會後，謝將工人運動的重責交給了王萬得和蘇新，顯然也有安撫黨內反對聲浪的意味在，但謝雪紅的試圖妥協，其實是她失勢的開始，因為王與蘇很快的掌控了臺灣主要工業都市臺北及基隆的工會，並進而駕馭文化協會，控制了全島的赤色工人運動。[55]

　　1930 年 10 月 27 日，謝雪紅與王萬得藉臺北州七星郡松山庄上塔悠張寬裕宅召開「松山會議」，出席者還包括楊克煌、吳拱照、趙港、莊守、蘇新等人。此會重新擬定黨的路線，在會中，謝雪

---

[51] 同上註，頁 753-759。〈臺灣社會運動團體〉，《臺灣民報》號 294（1930 年 1月 1 日），頁 8。

[52] 郭乾輝（郭華倫），《臺共叛亂史》（臺北：內政部調查局，1955 年），頁 39-40。

[53] 臺灣總督府警務局（鷲巢敦哉主編），《臺灣總督府警察沿革誌：中卷——臺灣社會運動史》，同註 2，頁 670。

[54] 盧修一，《日據時代臺灣共產黨史（1928-1932）》，同註 3，頁 94-95。

[55] 蘇新，〈蘇新自傳〉（一），《臺聲》1986 年第 12 期（北京：1986 年 12 月），頁 34。宋冬陽，〈永遠的望鄉人——蘇新的生平與思想初論〉（一、二），《八十年代》半月刊第 2、5 期（1984 年 4 月 15 日、6 月 1 日），頁 57-63、40-43。

紅路線與「上大派」路線有著激烈的爭執，王萬得等年輕激進黨員砲轟黨中央，謝雪紅被削弱了領導權，也伏下日後臺共分裂的因素。[56]

　　由於王萬得不滿意謝的領導，及有「上大派」翁澤生的支持，王萬得試圖掌握臺共領導權，因此在「松山會議」後，王即努力地建立與其他主要黨員間的聯繫。其後陳德興攜回第三國際的指令，王更有了支持，因此他能夠運用合法的手段，迅速地準備黨的改造工作。[57]1930 年 12 月 27 日，王在臺北住所召集蘇新、蕭來福、陳德興等開會，討論黨的改革問題。[58]1931 年 1 月 27 日，蘇新、蕭來福、趙港、陳德興、莊守、吳拱照等又在王萬得宅集會，終於另組「改革同盟」，強烈抨擊謝雪紅，列舉其為黨內機會主義者及各種錯誤，並奪回農組的控制權，謝雪紅幾乎以叛徒反動份子被掃出臺共。[59]「改革同盟」的成立，基本上象徵著臺共「謝雪紅時代」的結束。

　　1931 年 3 月 24 日，已加入臺共的農組大將趙港在臺北上奎府町被日警逮捕，另一首要份子陳德興脫逃。趙港的落網無疑告訴總督府，臺共在島內又復活了，因此，臺灣總督府對臺共展開了全島的大逮捕行動。[60]面對日本巡查風聲鶴唳的搜捕，臺共依舊照常舉

---

[56]　臺灣總督府警務局（鷲巢敦哉主編），《臺灣總督府警察沿革誌：中卷──臺灣社會運動史》，同註 2，頁 672-673。陳芳明，《謝雪紅評傳──落土不凋的雨夜花》，同註 6，頁 176-179。

[57]　蕭彪等，〈翁澤生〉，《中共黨史人物傳》第 27 卷（西安：陝西人民出版社，1986 年），頁 152。盧修一，《日據時代臺灣共產黨史（1928-1932）》，同註 3，頁 110。

[58]　臺灣總督府警務局（鷲巢敦哉主編），《臺灣總督府警察沿革誌：中卷──臺灣社會運動史》，同註 2，頁 676。

[59]　同上註，頁 677-678。

[60]　同上註，頁 734-739。〈臺灣共產黨事件全貌〉，《臺灣日日新報》號外（1933 年 7 月 24 日），頁 2。

行第 2 次臨時大會。是年 4 月 20 日，王萬得與潘欽信在臺北市一秘密地點，召開黨臨時大會籌備委員會，以商討臨時大會事宜。[61]

　　5 月 31 日至 6 月 2 日，以王萬得為首的臺共在臺北八里鄉觀音山麓召開了黨第 2 次的臨時代表大會，代表第三國際的潘欽信報告，改革的主要方針是清除黨內「小資產階級」成分，糾正機會主義者之錯誤，要在農工大眾中吸收黨員，堅固黨的無產階級屬性。[62]大會並決定解散「改革同盟」及開除謝雪紅、楊克煌、楊克培等人，選出新的中央委員潘欽信、蘇新、顏石吉、劉守鴻、王萬得等，象徵臺共內部「激進分子」和第三國際之勝利。[63]

　　6 月 4 日，新選出的臺共常務委員在臺北開會，會中分配黨內職務，分別是執行局：書記長──王萬得、組織部負責人──潘欽信、宣傳煽動部負責人──蘇新。地方負責人：工人運動負責人──蕭來福、農民運動負責人──顏石吉、中部地區負責人──詹以昌、南部地區負責人──劉守鴻、東部地區負責人──盧新發、北部地區──由中央委員會直接領導。[64]

　　自從「改革同盟」成立後，臺共激進的少壯派即積極投入工作，準備成立臺灣礦山工會、運輸工會以及印刷業工會。他們在鐵路部高雄廠建立支部，重組北部地區的礦業工人，同時領導工人從事罷工。如 1931 年 2 月，他們發動臺北膠版印刷工人罷工，此項罷工行動持續月餘，影響深遠，也積極擴展了黨的影響力。臺共臨時大會重新改組後，黨中央面目一新朝氣蓬勃，工作路線也隨之急轉彎，由過去的「關門機會主義」一變而為「開門急進主義」。因此，工農

---

[61]　臺灣總督府警務局（鷲巢敦哉主編），《臺灣總督府警察沿革誌：中卷──臺灣社會運動史》，同註 2，頁 712。

[62]　同上註，頁 714。

[63]　同上註，頁 714-715。

[64]　同上註，頁 715。

運動迅速發展，工人階層普遍建立黨的支部，文協與農組的領導權亦落入其中，這段時期堪稱是臺共的「黃金時代」。[65]

有鑒於臺共活動日漸頻繁，也逐漸引起日警注意，從 1931 年始，展開了對臺共的逮捕行動。是年 6、7 月間，在這波全島的大逮捕中，臺共主要領導人紛紛落網，有謝雪紅、楊克培於 6 月 26 日在臺北被捕。其後王萬得、蕭來福、潘欽信、簡娥、莊春火、顏石吉、莊守、劉守鴻、蘇新等無一倖免，紛紛遭逮。共計這次行動，逮捕了107 名臺共之多，可說整個臺共中央幾乎遭破壞殆盡，元氣大傷。[66]

其後，若干逃脫的臺共幹部仍思重建黨中央，包括蘇新、劉纘周等其他左翼組織成員。[67]但在日警嚴厲逮捕監控下，蘇新等人重被捕獲，重建黨中央的希望為之破滅。[68]劫後餘生的臺共曾以文協和農組為基礎，組織「赤色救援會」，以 10 人為一班，5 班為一隊的形式進行黨的重建，也曾組織農民進行武裝暴動，藉以推翻日本統治。但在日本當局強力掃蕩壓制下，1931 年 9 月後，臺共組織基本上可謂完全覆滅。[69]

平情言之，臺共之覆滅，存在著幾個先天無法解決的問題，除了總督府當局強力掃蕩鎮壓外，臺灣當時社會階級的基礎仍甚薄

---

[65] 黃師樵，《臺灣共產黨秘史》，同註 40，頁 7、42、60-63。《臺灣新民報》號 351（1931 年 2 月 14 日），頁 14、《臺灣新民報》號 352（1931 年 2 月 21 日），頁 13、《臺灣新民報》號 360（1931 年 4 月 18 日），頁 3、《臺灣新民報》號 361（1931 年 4 月 25 日），頁 3。

[66] 臺灣總督府警務局（鷲巢敦哉主編），《臺灣總督府警察沿革誌：中卷——臺灣社會運動史》，同註 2，頁 734-739。

[67] 盧修一，《日據時代臺灣共產黨史（1928-1932）》，同註 3，頁 127。

[68] 蘇新，〈蘇新自傳〉（三），《臺聲》1987 年第 9 期（北京：1987 年 9 月），頁 23。

[69] 臺灣總督府警務局（鷲巢敦哉主編），《臺灣總督府警察沿革誌：中卷——臺灣社會運動史》，同註 2，頁 770-771。盧修一，《日據時代臺灣共產黨史（1928-1932）》，同註 3，頁 139。

弱，農工意識未完全覺醒。兼以指導的第三國際內部派系傾軋指揮失當，臺灣共產主義運動，時常因外力的干預而引起內訌甚至分裂，造成組織上的致命缺點，凡此種種，均是臺共覆滅的因素。[70]

　　總的來說，臺共在臺灣史上，它是一個具有顛覆性但缺乏群眾基礎的政治組織和運動，在其存在的短暫歲月中，並無機會去實現它的目標——臺灣共和國的建立，以及因馬克思主義對臺灣社會、經濟進行全面的改組與重新分配。但它留給臺灣歷史豐富的政治資產，卻頗令人咀嚼再三。[71]

---

[70] 簡炯仁，《臺灣共產主義運動史》（臺北：前衛版，1997 年 1 月初版），同註 14，頁 151-164。

[71] 簡炯仁，《臺灣共產主義運動史》（臺北：前衛版，1997 年 1 月初版），同上註，頁 163-164。盧修一，《日據時代臺灣共產黨史（1928-1932）》，同註 3，頁 198-199。

第五章　深耕臺灣
——記光復初期的國民黨

一、前言

　　從民國 34 年臺灣光復迄今，國民黨在臺灣執政已將屆一甲子，這期間除民國 89 年至 97 年，係由民進黨主政外，其餘半個世紀均由國民黨當權。基本上，國民黨在臺灣能長期執政，在兩蔣時代固然是因為威權統治的緣故；但是李登輝時期與今年（97 年）馬英九的當選，實與國民黨在地方基層的扎根有關。國民黨在臺灣基層的組織工作，早在臺灣光復之初即已開始，此由該黨臺灣省黨部的快速成立和國民黨臺灣「三民主義青年團」的深入民間可見端倪。惜在「228」期間，國民黨「三青團」相當多臺籍菁英折損不少。但整體而言，國民黨的實力仍壯大無比，此由光復初期，臺灣所舉行的各項選舉，國民黨幾獲全勝可見一斑。本文即以光復初期的國民黨，在臺灣的發展經過為題，重點著墨於該黨之政治活動與「三青團」的瓦解始末。

二、國民黨臺灣省黨部的成立

　　民國 34 年 9 月 17-21 日，國民黨第 6 屆中央執行委員會常務委員會舉行第 10 次會議，決議改組臺灣黨部為臺灣省黨部，照甲級省黨部編制。原任該部主任委員王泉笙，委員郭天乙、丘念臺、謝東閔、陳邦基、楊達輝、廖啟祥、楊萬定、陳棟、張兆煥、黃敦涵，

委員兼書記長蕭宜增，均予免職；改派李翼中為臺灣省執行委員會主任委員，丘念臺、謝東閔、郭天乙、張兆煥、林紫貴、劉兼善、徐白光、林炳康、李伯鳴、王蘊玉為執行委員會委員，指定張兆煥兼書記長。[1]臺灣省黨部於 10 月間隨臺灣省行政長官公署，進駐臺北。11 月 11 日，國民黨臺灣省黨部開始對外運作。

國民黨臺灣省黨部，係負責國民黨在臺灣相關工作的黨部組織，35 年 6 月 7 日，國民黨中央黨部任命蔡培火為臺灣省黨部執行委員。[2]蔡辭職後，由 CC 派的李翼中擔任省黨部主任委員，負責相關工作的推動。[3]36 年 7 月 23 日，國民黨臺灣省黨部主任委員李翼中辭職，任命丘念臺繼任。[4]丘於任內頗思有所作為，據其回憶錄《嶺海微飆》言：「在省黨部我以組訓民眾為發展黨務的工作計劃，因為臺灣光復不到兩年，省民對於本國數十年來的社會變化和政府的各項措施，都未盡瞭解，往往由誤會而導致嫌怨。所以必須加強宣導和興利除弊工作，期能收攬民心，促進團結，信賴政府，各盡所能地來貢獻國家。」[5]

但國民黨上級對臺灣的黨務設施，是希望和其他大陸各省同樣保持一致的預定編制形式，此項措施，丘是頗有微言的。丘指出，譬如臺灣省黨部，國民黨的作法是，凡委派主委與書記長，必須閱

---

[1] 李雲漢，《中國國民黨史述》第四編（臺北：中國國民黨中央黨史委員會出版，民國 83 年 11 月初版），頁 15。

[2] 〈蔡培火〉，劉紹唐主編，《民國人物小傳》第六冊（臺北：傳記文學出版社印行，民國 73 年 7 月初版），頁 400。

[3] 〈李翼中〉，許雪姬總策畫，《臺灣歷史辭典》（臺北：行政院文化建設委員會發行，2004 年 5 月 1 版），頁 393。

[4] 戴寶村，〈溝通臺民與政府的半山──丘念臺〉，張炎憲、李筱峰、莊永明等，《臺灣近代名人誌》第五冊（臺北：自立版，民國 79 年 10 月 1 版），頁 80。

[5] 丘念臺述著，《嶺海微飆》（臺北：海峽學術出版社，2002 年 10 月初版），頁 282。

粵人士分任，以為調劑和協；臺灣省府也規定其中有兩位省府委員，必須派任友黨人士。不問環境如何，執行效果如何，都得照樣去做，這顯然是不切實際的。丘以為，就拿臺灣的閩粵派系來說，經過50年的日人統治，在最後10餘年中，大家都用日語交際，閩粵派系早已分不出來。臺灣光復後，若再強分閩粵鴻溝，反而自造派系，不如選派能說標準國語和能說日語的人來主持黨務，更為有利。

又拿友黨人士來說，當時的臺灣，連國民黨都還在新立基礎，青年黨和民社黨何以能夠跟著發展，實因中央規定兩名省府委員配與民、青兩黨的關係，於是他們就利用公營事業和軍警憲機構來盡力發展了。[6]又幸而臺省國代、立、監委的選舉，中央批准我的請求，沒有依照各省按黨派分別提名的辦法，任其自由競選；否則，臺省選出的中央民意代表就沒有今日的純潔了。

為發展國民黨的外圍組織，丘原先想用「臺灣政治協進會」命名，或「臺灣協進會」、「東寧協進會」（東寧是臺灣在鄭成功時代的名稱），後來和前主任委員李翼中商定用「東寧學會」名稱。「東寧學會」以臺中為試辦地區，在市黨部的輔導下，曾開過幾次座談會，

6　同上註。丘所言不假，民社黨大老謝漢儒曾有如下回憶，「青年黨的夏濤聲和沈雲龍即為省府委員，沈並負責主編《臺灣月刊》，充分發揮在輿論的影響力；李萬居的《公論報》朱文伯則任新竹縣長」，「國民政府特命陳儀為臺灣行政長官，其長官公署轄下設有『宣傳委員會』機構，負責報章雜誌的審查登記，是其重要業務之一，主持此機構的主管，是青年黨籍的夏濤聲先生。自國民黨、民社黨、青年黨三黨共同制憲，並宣佈共同行憲後，經過三黨協議，民、青兩黨全面參加各省市的民意機構──參議會。三黨規定的比例是八：一：一，也就是國民黨在各省市的參議員中，其名額佔十分之八，民、青兩黨各佔十分之一。」（又如謝漢儒利用省府顧問身份之便，於民國42年在臺北市許昌街青年會成立「中國民主社會主義研究會」來發展組織。配合張君勱先生和張發奎將軍等海外民主人士，最近在海外搞得如火如荼的第三勢力，將來研究會是第三勢力設在臺灣的機構，背後有民社黨的八常委及民主人士暗中支持，謝為反對國民黨要扶正徐傅霖取代張君勱為主席的急先鋒，更為國民黨高層所忌。謝漢儒，《關鍵年代的歷史見證──臺灣省參議會與我》（臺北：唐山出版社出版，1998年元月初版），頁7、12、143、147。

頗能吸引各界青年，開會時自由發表意見，範圍幾乎無所不包。後因批評時政，「東寧學會」遭國民黨當局嚴重警告，臺灣省黨部發展外圍組織計劃，遂因此停止，丘念臺說，此為他在擔任黨務工作期間，所受到最大之打擊。[7]

37 年 9 月，三民主義青年團奉命和國民黨合併，臺灣省黨部改組。[8]但黨團合併後，臺灣省黨部不僅沒有擴大，反而縮小；經費節減了一半，人員也由 76 名減為 46 名，包括黨團兩方合計，換句話說，兩方人員都要裁減三分之二以上。丘說，外圍活動既受打擊，而內部人員經費又遭削減；友黨方面，卻有軍政機關給予庇護，獲得自由發展的方便。在此情況下，往後的臺灣黨務，以我的能力自感無法開展，不宜再戀棧而應該讓賢了。因之，決定向上級請辭省主委職務，雖蒙慰勉挽留，但我仍堅辭下去，遷延了兩三個月，才獲批准。而有鑒於當時內外局勢危殆，臺灣黨務工作至值重視，所以丘向中央黨部薦請蔣經國主持臺省黨務。[9]

37 年 12 月 30 日，國民黨中央常務委員會於第 174 次會議決議，以蔣經國為臺灣省黨部主任委員。然以戡亂情勢逆轉，蔣經國隨侍蔣中正左右，並未到省黨部就職。38 年 4 月 18 日，因蔣經國不能赴臺就任，國民黨中央又委派陳誠兼任臺灣省黨部主委。[10]5 月，陳誠正式兼任臺灣省黨部主任委員一職，由是得以掌控臺灣黨、政、軍大權於一身，鞏固國民黨在臺灣的統治基盤。[11]39 年國民黨進行改造，臺

---

[7] 同註 5，頁 284-285。

[8] 王良卿，《三民主義青年團與中國國民黨關係研究（1938-1949）》（臺北：近代中國出版社出版，民國 87 年 7 月初版），頁 357。

[9] 丘念臺，《嶺海微飆》，同註 5，頁 285-286。

[10] 李永熾監修，薛化元主編，《臺灣歷史年表：終戰篇 I（1945-1965）》（臺北：財團法人張榮發基金會國家政策資料研究中心，1990 年），頁 82。

[11] 薛化元，〈戰後十年臺灣的政治初探（1945-1955）——以國府在臺統治基盤的建立為中心〉，張炎憲、陳美蓉等編，《二二八事件研究論文集》（臺北：

灣省黨部改造委員會由倪文亞擔任主任委員，由於省黨部負責臺灣各項省級選舉的人事安排，並主導國民黨與臺灣省政府、臺灣省議會的相關運作，因此，在體制上省黨部與臺灣基層互動較中央黨部密切，是國民黨權力結構在臺灣運作的體制內重要機制。而隨著臺灣精省工作的展開，省黨部在國民黨內的角色與功能也進入了新的階段。

　　國民黨中央黨部移駐臺北之初，首於 38 年 12 月 22 日舉行在臺中央委員談話會，僉以黨國危難之際，中樞不可一日無人主持，應懇請總裁即日復行總統職權。時「代總統」李宗仁滯美不歸，國政無人主持，三軍缺乏統帥，國人無不憂心如焚。39 年 2 月 13 日，國民黨中央非常委員會委員居正、于右任、何應欽、閻錫山、吳忠信、張群、吳鐵城、朱家驊、陳立夫等聯名致電李宗仁，請其於 2 月 24 日立法院第 5 會期開會前返臺，否則即請蔣總裁復職。[12]

　　然李宗仁仍想在美遙領國事不願回臺，為此，國民黨中央執行委員會秘書處即於 39 年 2 月 23 日的 226 次中常會提出方案，決議提請總裁復行總統職權案，經國民黨中常會決定通過，請總裁復行視事，繼續行使總統職權，以挽此危疑震撼之局，而慰我全國軍民之望。[13]2 月 28 日，蔣邀集已在臺北之中央委員，在臺北賓館舉行談話會，徵詢各委員對當前局勢之意見。各委員一致敦請蔣總裁即

財團法人吳三連臺灣史料基金會出版，1998 年 2 月 1 版），頁 19。蔣中正於 37 年 12 月 30 日任命蔣經國為中國國民黨臺灣省黨部主任委員，然而，蔣經國並未到任。中國國民黨臺灣省黨部於 38 年 1 月 18 日促蔣經國早日到職，蔣經國仍然沒想到任。4 月 9 日，蔣經國辭卸臺灣省黨部主任委員一職，因此，中國國民黨中常會通過由陳誠兼任臺灣省黨部主任委員的人事案。4 月 18 日，中國國民黨中央組織部將此人事案電達臺灣省黨部。5 月 1 日，陳誠正式兼任臺灣省黨部主任委員，黨、政、軍、特大權集於一身。陳錦昌，《蔣中正遷臺記》（臺北：向陽文化出版，2005 年 12 月初版），頁 96。

12 李雲漢，《中國國民黨史述》第四編，同註 1，頁 38。

13 《中國國民黨第六屆中央執行委員會常務委員會會議紀錄彙編》，轉引自李雲漢，《中國國民黨史述》第四編，同上註，頁 40-41。

日依中央常務委員會第 226 次會議之決議，復總統職。[14]3 月 1 日，
國民黨蔣總裁在各界殷切期盼下，在臺北宣布復行總統職權。蔣總
統復職後，政府人事隨之調整。3 月 6 日，中央常務委員會舉行臨
時會議，通過總裁交議案，行政院院長閻錫山同志辭職照准，推陳
誠同志為行政院院長。[15]

　　至於國民黨高層最重要的中央常務委員會議，也於民國 39 年 1
月 5 日，在臺北市中山南路 11 號舉行中央常務委員會第 222 次會
議，是為中常會在臺北正式開會之始。同月 26 日，第 224 次中央常
務委員會議，開始由蔣總裁親自主持，中央非常委員會亦恢復在臺
開會，黨務運作遂告恢復正常。[16]

三、政黨活動──中央民意代表的產生

　　抗戰勝利，國府接收臺灣後，即著手實施地方自治，民國 34 年
12 月 26 日，〈臺灣省各級民意機關成立方案〉公佈。依照此方案，
各級民意機關先後由下而上程序陸續完成。先成立村里民大會，由
村里民大會選舉縣市參議員，成立縣市參議會；再由縣市參議員選
舉省參議員，成立省參議會，因此省、縣市參議員皆由間接選舉產
生。而在村里民大會成立前，還要先行辦理公民宣誓登記，以及公
職候選人檢覈。經過公民宣誓及公職候選人檢定後，全省各縣市的
區鄉鎮代表及縣轄市的市民代表便於 35 年 2、3 月間陸續選舉產生，
投票採無記名單記式，總共選出全臺區鄉鎮民代表 7,078 人，其中
臺北市選出 368 人。[17]

---

[14]　同上註，頁 41。
[15]　《中央日報》（39 年 3 月 7 日）。
[16]　李雲漢，《中國國民黨史述》第四編，同註 1，頁 36。
[17]　《臺灣民政》第一輯（臺北：臺灣省行政長官公署民政處，民國 35 年 5 月

　　區鄉鎮民代表產生後，接著是由各區鄉鎮民代表及職業團體，選舉各縣市參議員。各縣市參議員選出後，即依法由縣市長召集第1次會議，選舉正副議長，正式成立縣市參議會。臺北市於35年3月15日，共選出26名區域參議員，4月15日正式成立市參議會，並選出周延壽為議長；林金鑾為副議長。[18]各縣市參議會成立後，旋即於是年4月15日選舉省參議員，臺灣省依各縣市人口比例，共可選出30名省參議員。由於3黨協商，民、青兩黨各遴選3個名額，共為36名，後來又增加原住民1個名額，實際參議員共37名。[19]臺北市當時省參議員名額僅分配1名，但有11人候選，選舉人數則有26人，最後當選省參議員者為黃朝琴和王添燈2人；候補參議員則是蔣渭川與陳旺成2人。[20]30名省參議員選出後，經半個月籌備，於該年5月1日上午，在臺北市南海路新會所舉行成立大會，同日下午選出正副議長，分別由國民黨籍的黃朝琴當選議長；青年黨籍的李萬居當選副議長。[21]

　　另外，在國府接收臺灣後，中央各級民意機關，勢必要有屬於臺灣省的中央民意代表來參與。戰後初期，全國尚未行憲，國民參政會是最高民意機構。制憲期間和行憲以後，最高民意機關則為制憲國民大會；及第1屆國民大會代表、立法委員與監察委員。[22]

　　出版），頁140-144。

[18]　《臺灣省民意機關之建立》（臺北：臺灣省行政長官公署民政處編印，民國35年11月出版），頁44-45。

[19]　謝漢儒，《關鍵年代的歷史見證——臺灣省參議會與我》，同註6，頁370。

[20]　李筱峰，《臺灣戰後初期的民意代表》（臺北：自立版，民國82年3月修訂版），頁26。

[21]　鄭牧心，《臺灣議會政治40年》（臺北：自立版，民國76年10月1版），頁67-68。

[22]　李筱峰，《臺灣戰後初期的民意代表》，同註20，頁28。

　　臺灣光復之初，國民參政會已召開 4 屆，臺灣依國民參政會組織條例第 4 條規定，可以補選 8 名參政員參加第 4 屆國民參政會。又照規定，已經成立省參議會的省份，以省參議員為選舉人，選出國民參政員。民國 35 年臺灣省依行政院指示，辦理國民參政員補選，8 月 16 日由省參議員選出林忠、林宗賢、林獻堂、林茂生、羅萬俥、杜聰明、吳鴻森、陳逸松 8 人為國民參政員。[23]

　　而抗戰勝利後，政府舉行政治協商會議，決定戰後還政於民，實行憲政，並定於 35 年 5 月 5 日召集國民大會，後因國內政黨紛擾未解，復決定延至是年 11 月 12 日召開，其後為等待中共及民盟提交國大出席名單，又展延 3 日，於 11 月 15 日正式揭幕。[24]根據政協通過 8 項協議中，其中一項是「臺灣、東北等地新增各該區域及職業代表共一百五十名」。此 150 名中，臺灣分配 17 名，選舉方式由省參議會召開全體參議員臨時會議正式選出，又是間接選舉，當時臺省一般民間代表，多不以為然。[25]35 年 10 月 31 日，省參議會 29 名參議員（1 人缺席）在行政長官陳儀監選下，順利選出顏欽賢、黃國書等 17 名制憲國大代表，代表臺北市區當選者為國民黨籍的連震東，得票 22 票；候補則為廖文毅，得票是 7 票。[26]

　　制憲國民大會制定通過憲法後，36 年元旦，國府正式公佈中華民國憲法，同年 3 月 31 日，公佈〈國民大會代表選舉罷免法〉，作為選舉正式國大代表的法源依據。在此法源下，臺灣省 8 縣 9 市，應選出 17 名區域代表，另增 2 名婦女保障名額及地方性職業婦女團

---

[23] 同上註，頁 30-31。

[24] 劉紹唐主編，《民國大事日誌》第二冊（臺北：傳記文學出版社印行，民國 68 年 3 月再版），頁 755。

[25] 《民報》（35 年 10 月 15、16 日）。

[26] 《民報》（35 年 10 月 30 日）。

體配額 8 名（含農會、工會各 3 名、婦女會 2 名），共計 27 名。[27]36
年 8 月中，國民大會代表臺灣省選舉事務所成立，繼而各縣市亦陸
續成立各縣市的選舉事務所。11 月 21-23 日，各地舉行投票選舉。
24 日起陸續揭曉選舉結果，國大代表選舉，臺北市候選人有 3 名，
最後由黃及時以 52,750 票當選。[28]

〈立法委員選舉罷免法〉與〈國大代表選罷法〉同時公佈（36
年 3 月 31 日），其選舉方式與國大代表同為直接普選。惟其區域名
額，則按省（直轄市）人口比例分配，臺省應選出立委 8 名（其中
包括婦女 1 名）。全臺為一選區，不分縣市；職業團體立委名額，則
由全國性選舉事務所依法分配，臺省屬於全國性南區。至於候選人
登記，其有黨籍之黨員，須經政黨提名，無黨籍者，須有 3,000 名
以上選舉人之簽署，始得登記為候選人。[29]

臺灣此次候選人共 14 人，投票日期原訂於 36 年 12 月 21-23 日舉
行，嗣以各黨提名候選人名單未能如期提出，乃決定延期 1 個月，於
37 年 1 月 21-23 日舉行。選舉結果由劉明朝、羅萬俥、黃國書、蔡培
火、郭天乙、林慎、鄭品聰、謝娥（女）等 8 人當選。[30]

依據憲法，行憲後的監察委員，由各省市議會選舉，每省 5 人。
在各省市議會未正式成立前，首屆監察委員依憲法實施之準備程序規
定，由各省市現有之參議會選舉之。當時臺灣省監察委員候選人計 8
位，37 年 1 月 10 日，由 30 名臺灣省參議會員選舉產生，結果陳慶
華、陳嵐峰、丘念臺、陳江山、李緞（女）等 5 人當選。[31]當然在各

---

[27] 李筱峰，《臺灣戰後初期的民意代表》，同註 20，頁 38。

[28] 同上註，頁 39。

[29] 同上註，頁 40-41。

[30] 《高雄市志——民政篇卷中》（高雄：高雄市文獻委員會編印，民國 49 年 2
月出版），頁 197。

[31] 《公論報》（民國 37 年 1 月 11 日）。

級民意代表選舉中，也發生如省參議會議長，黃朝琴壓迫林獻堂當選
議長之事。[32]及國民參政員選舉廖文毅 13 票中，因其中 1 票的「廖」
字弄髒；與 12 票楊肇嘉，因其中 1 票的「肇」字多加一劃之問題，
而發生爭議，結果最高國防委員會，審議廖文毅和楊肇嘉的這兩票無
效。[33]原本 13 票已可當選的廖文毅變成 12 票，不得不與同票的林茂
生、杜聰明、吳鴻森、陳逸松共 5 人抽籤決定而落選，而楊肇嘉得票
變成 11 票落選。楊肇嘉即言：「想不到就因為那時一票處理上的錯誤，
竟埋下了影響廖文毅以後出走異國的主要因素，而使我們的政府為廖
文毅在國外所唱的『臺灣獨立』運動多多少少的麻煩了十數年。」[34]而
立委因婦女保障名額只有一位，使得第七高票的林慎因之落選，而比
她少 15,000 票的鄭品聰和比她少 64,000 票的何景寮，反而被宣布當
選，亦引起疑義。[35]最後林慎呈文中央，請求對於臺省選票准予不分
性別合併計算，中央選舉總所核定，准予林慎當選，而排名第 9 原被
省選所公佈當選的何景寮，則改列為候補第 1 名。[36]

四、黨外有團——三民主義青年團

　　三民主義青年團，簡稱「三青團」，是抗戰中期國民黨內逐漸壯
大的新興派系。抗戰爆發後，為解除國民黨內派系傾軋內鬥的問題，

[32] 黃朝琴遺著，王紹齋校訂，〈黃朝琴回憶錄〉（十二），《中外雜誌》第 33 卷
3 期（民國 72 年 3 月），頁 106-109。丘念臺則說是其勸林獻堂禮讓黃朝琴。
「民 35 年夏，因公私環境關係，勸止獻老勿競選省參議會議長，推讓與後
進少壯黃朝琴君」。丘念臺，〈追懷獻堂先生〉，《林獻堂先生紀念集》卷3—
追思錄（臺北：文海出版社影印版，民國 63 年 12 月出版），頁 469。

[33] 《民報》（35 年 9 月 1 日晨刊）。

[34] 楊肇嘉，《楊肇嘉回憶錄》（臺北：三民版，民國 59 年 7 月 3 版），頁 359。

[35] 《公論報》（37 年 1 月 30 日）。

[36] 《高雄市志——民政篇卷中》，同註30，頁 198。

以及為了團結全國各黨派，吸引青年向心、扭轉國民黨形象，奉蔣介石指示成立的。[37]民國 27 年 3 月，國民黨在武漢召開臨時全國代表大會，會中決定停止黨內一切派系活動，解散包括「CC 派」、「復興社」在內的所有小組織，設立「三民主義青年團」。[38]「三青團」於是年 7 月 9 日在武昌正式成立，是當時國民黨內的重要組織，由蔣中正擔任團長，陳誠擔任書記長。[39]民國 35 年，「三青團」在盧山召開第 2 次全國代表大會，蔣經國取得了第 2 處處長之位，從此掌握了組織訓練之權，[40]而「三青團」的聲勢，至此也達到最高峰。

至於「三青團」與臺灣之淵源，最早可追溯到民國 31 年，「三青團」在李友邦領導的臺灣義勇隊內，成立「三青團」中央直屬臺灣區團部，戰後再改稱「三青團」臺灣支團部，由李友邦擔任幹部長。[41]民國 34 年 9 月 5 日，日治時期臺灣農民組合中堅份子，因為日警的通緝而逃亡大陸參加抗戰的張士德，以國民黨上校軍官的身份，回臺籌劃成立國民黨「三青團」臺灣區團。很快的，10 月 1 日，全臺 5 個分團籌備處均告成立，當時臺灣各地的菁英份子加入者頗多，且擔任重要幹部。如臺北的陳逸松、嘉義的陳復志、臺南的吳新榮等人。由於「三青團」的幹部都是地方的領導階層，因此 228 事件發生後，多數被捲入此一事件，造成相當嚴重的損失，最後終遭解散。[42]

---

[37] 康澤，〈三民主義青年團成立的經過〉，《文史資料選輯》（全國）第四〇輯（北京：1980 年 11 月），頁 197。

[38] 康澤遺稿，姚孔行提供，〈康澤自述（五）〉，《傳記文學》第 68 卷第 1 期（民國 85 年 1 月），頁 101。

[39] 王良卿，《三民主義青年團與中國國民黨關係研究（1938-1949）》，同註 8，頁 43。

[40] 蔡省三、曹雲霞，《蔣經國系史話》（香港：七十年代雜誌社，1979 年），頁 181。

[41] 李筱峰，〈半山中的孤臣孽子──李友邦〉，張炎憲、李筱峰、莊永明等，《臺灣近代名人誌》第五冊，同註 4，頁 289。

[42] 《臺灣新報》（34 年 10 月 2 日）。

　　「三青團」臺灣區團能快速成長壯大，幹部洪石柱功不可沒，在其奔走下，吸納不少原左派人士加團。洪原為新文協中常委，抗戰期間擔任臺灣義勇隊訓練組長，後轉任「三青團」臺灣第 2 科科長（負責組織訓練），曾一度接替陳逸松為臺北分團主任。34 年 11 月 27 日與連溫卿共同主持「新竹事件」追悼會，並組成「革命先烈事蹟調查會」，促成新文協成員再度聚集。同年 12 月間，洪石柱率領科員助理巡迴全省，指導各地的入團訓練工作。而昔日新文協的重要成員，如林碧梧、林糊、高兩貴等，也因洪石柱關係而加入「三青團」。[43]

　　此外，「三青團」成員尚有一特點，即吸收不少具有中國經驗的臺灣人，即所謂的「半山」成為「三青團」之主幹。如嘉義分團主任陳復志、基隆分團主任李清波與李友邦等，都是由於他們具有中國經驗的臺灣人，熟知中國的語言與情勢，因此擁有參政上的優勢，他們的加入，壯大了「三青團」的聲勢。由於眾多臺灣人的加入，「三青團」已轉化為臺灣人的政治團體，為當時匯聚臺灣左翼抗日菁英的團體。[44]

　　有關臺灣地方政治菁英參與「三青團」之經緯，「三青團」主要幹部陳逸松說到：「戰後最早來臺發展組織的是『三民主義青年團中央直屬臺灣區團』（簡稱青年團或三青團）。當時新文協與農組等臺灣左翼勢力，在體會到無法重組原有組織後，大多選擇加入三青團，主要原因是人脈相通理念相近。該團先遣人員張士德（原名張克敏）

---

[43] 何義麟，〈臺灣省政治建設協會與二二八事件〉，張炎憲、陳美蓉等編，《二二八事件研究論文集》（臺北：財團法人吳三連臺灣史料基金會，1998 年 2 月 1 版），頁 183。

[44] 真相研究小組召集人張炎憲；李旺臺、楊振隆總策劃，《二二八事件責任歸屬研究報告》（臺北：財團法人二二八事件紀念基金會出版，2006 年 2 月 1 版），頁 390-392。

為農組成員，34 年 9 月 1 日返臺後，隨即在臺北成立三青團臺灣區團籌備處。（為防止國軍到來之前日人可能有的破壞行為，要求陳逸松將青年組織起來以保護國家財產的安全，在張士德的命令下，陳逸松受命籌組『三民主義青年團臺灣區團』）。[45]換言之，「人脈相通」與「理念相近」，是當時諸多臺灣政治菁英加入「三青團」的主因。

　　除此之外，臺灣人在戰後沒有政治結社之自由，也是使眾多臺灣政治菁英選擇加入「三青團」的另一原因。對此，臺南士紳吳新榮有段深刻的回憶，吳新榮說，臺灣光復之初，島內紛組政治團體，如臺北的「臺灣政治同盟」；臺南的「新青年會」、「還中會」等等不一而足，他亦想組織一個「青年同志會」，但在張士德的告知下：「國內一貫的作風就是『黨外無黨，團外無團』，而且他的使命就是要組織『三民主義青年團』，……所以再來存在的團體或將要組織的團體，一切都要解除或吸收納入『三民主義青年團』」。[46]吳新榮說：「他雖然對「三民主義青年團」未有充分的認識，但深刻地感覺張士德向所接觸的臺灣人灌輸「黨外無黨、團外無團」的觀念，表示臺灣人若想自行成立其他組織，政府一定不會同意，依中國本土情況，加入組織非黨即團。基於民族血性與熱誠，「三青團」的籌組工作在全省各地受到熱烈響應，順利組成。」[47]從吳新榮的回憶，表露了那一代臺灣知識份子，戰後初時，對祖國充滿了無條件接納的情思。

　　舊臺共蘇新則以為臺灣知識份子是因為對「三青團」了解不清，才糊裡糊塗的參加。蘇新說：「臺灣人民，當初都以為臺灣真正解放

---

[45]　林忠勝撰述，《陳逸松回憶錄》（臺北：前衛版，1994 年 6 月出版），頁 300。

[46]　吳新榮，《吳新榮回憶錄》（臺北：前衛版，1989 年 7 月出版），頁 190。

[47]　〈李曉芳先生訪問紀錄〉，《口述歷史》第 3 期（臺北：中央研究院近代史研究所，1992 年 2 月），頁 17。

了，政治運動可以自由了，於是各地成立了許多大大小小的團體，如：『三民主義青年團』……甚至誤認『三青團』為真正三民主義的青年組織，而許多青年都加入了它。他們的目標是模糊地標榜：協助新臺灣的建設，促進臺灣地方自治的實現，擔負起過渡時期地方治安的維持，三民主義的研究和對一般群眾的民主思想的啟蒙教育等等」。[48]

　　總之，臺灣人因長期對中國的隔閡，光復後，歡迎祖國的心情是非常的熱烈，但對祖國的瞭解卻是何等的貧乏？對國民黨的瞭解，臺灣人民只看到了它的招牌——孫中山的三民主義的黨，便張開雙臂接受了。由是，「三青團」的籌備工作，在各地受到青年們的熱烈支持。吳新榮在 34 年 9 月 22 日的日記即說到：「三民主義青年團中央直屬臺灣區團，臺北分團的組織籌備處的牌匾一旦立起，各地的青年陸續前來參加，其熱心愛做大事之面貌可使人感激。」[49]

　　當然，在那一段無政府狀態的期間，「三青團」臺灣區團各地分團的組織，曾在國府軍隊、接收官員抵達之前的政治真空時期，有效發揮了維護治安的功能。[50]然而「三青團」結合本土力量，發展組織，顯然不為陳儀所喜。陳儀來臺後，即趁機欲解散之，後經臺灣省黨部主委李翼中所勸阻，並建議電告中央團部，速派幹員主持。[51]於是，「三青團」中央團部，乃派李友邦為臺灣區團主任，佘陽為書記，整頓在臺團務。[52]「三青團」在臺因與陳儀及國民黨臺

---

[48]　莊嘉農，《憤怒的臺灣》（臺北：前衛版，1991 年 6 月出版），頁 111-112。

[49]　蘇新，《未歸的臺共鬥魂——蘇新自傳與文集》（臺北：時報版，1993 年 4 月初版），頁 242。

[50]　吳濁流，《無花果》（臺北：前衛版，1988 年 8 月初版），頁 160。

[51]　李翼中，〈帽簷述事〉，收錄於中央研究院近代史研究所編，《二二八事件資料選輯（二）》（臺北：中央研究院近代研究所，1992 年 5 月初版），頁 401。

[52]　陳翠蓮，《派系鬥爭與權謀政治——二二八悲劇的另一面相》（臺北：時報版，1995 年 2 月初版），頁 230-231。

灣省黨部不合，彼此矛盾鬥爭異常激烈。[53]（舉例言，與省黨部之衝突，如臺灣省黨部在全省各縣市成立縣市黨部組織，吸收當地士紳菁英加入，但由於三青團早已搶先一步在各地發展組織，使得『大部分的進步份子和熱血青年都走到青年團來，……而形成同一主義下的兩大派別之畸型現象』）。這種惡性競爭及接收日產糾紛的宿怨，使得雙方鬧得不可開交。

　　基本上，「三青團」在臺能快速成長，係得力於負責人張士德及陳逸松，此二人在日治時期都具有左翼運動色彩；透過其豐厚的人脈關係，使得日治時期的「農民組合」、「工友會」、「文化協會」人士紛紛加入「三青團」，包括簡吉、張信義、莊孟侯、蘇新、李曉芳等人，都在這種情況下入團。[54]其後在李友邦帶領下，「三青團」的左翼色彩並未減輕，甚至多位日治時期的舊臺共份子也在團中，如臺北分團的組織部長林日高、團員潘欽信、蕭來福、王萬得等，都是舊臺共份子。[55]由「三青團」的發展及吸收的人脈特性看來，光復初期的「三青團」，實際上已成為一個以「進步份子」和「左翼人士」為主體的團體。因此左翼色彩，使得該團在 228 事件後，遭到徹底剷除與整頓的主因。[56]

　　當時，「三青團」人事組織，大致為臺灣區團發起人：張士德；主任：李友邦。臺北分團主任──陳逸松、劉明、王添灯。成員包括：黃啟瑞（青年股長）、林日高（組織股長）、謝娥（婦女股長）、蘇新、王萬得、潘欽信（以上為舊臺共）。基隆分團主任：李清波。新竹分團主任：郭紹宗，成員有陳旺成等人。臺中分團主任：張信

---

[53]　同上註。

[54]　〈李曉芳先生訪問紀錄〉，同註47，頁 17。

[55]　李筱峰，〈半山中的孤臣孽子──李友邦〉，同註41，頁 280-282。

[56]　陳翠蓮，《派系鬥爭與權謀政治──二二八悲劇的另一面相》，同註 52，頁 244-245。

義，成員有林碧梧、陳海成（以上為舊文協）、石錫勳、林糊、莊守
（舊臺共）、陳崁（黑色青年）、楊逵（農民組合）、葉榮鐘、林培英
（霧峰林家）、鍾逸人、賴通堯、楊啟東、呂赫若等人。另外，林連
宗、何赤城、巫永福、林朝業等人為區隊長。

　　嘉義分團主任：陳復志；成員有劉傳來、李曉芳、王甘棠、許
世賢、張振通、許傳等人。臺南分團主任：莊孟侯；成員有曾溪水
（臺灣義勇隊）、林義成（新豐區長）、歐滋英（歐清石之子）、吳新
榮（佳里區隊長）等人。高雄分團主任：王清佐；成員包括簡吉（舊
臺共）、楊金虎、吳海水等人。花蓮分團主任：鄭品聰；成員有許錫
謙、馬有岳等人。臺東分團主任：謝真。[57]

　　「三青團」臺灣區團於 228 期間，遭到當局致命打擊，最後難
逃被解散的命運，諸多重要幹部被殺被捕，為 228 期間犧牲最慘重
的政治團體。之所以如此，為官方一口咬定，在 228 事件期間，「三
青團」在各地的活動，是成為地方上取代官方、甚至對抗軍隊的主
力。[58] 楊亮功、何漢文的〈二二八事件調查報告〉即將「三青團」
列為參加事變的主要份子之一，並指該團在光復後於各縣市成立的
分團成員複雜，「故此次事變發生後，各縣市青年團負責人參加者甚
多，……嘉義青年團籌備主任陳復志、臺南青年團負責人或經逮捕
或已逃脫，故全省之青年團組織已形解體」。[59]

　　由於「三青團」在各地分團有不少前「文化協會」、「農民組合」
人士，這些進步份子、活躍人士、甚至左翼色彩的成員，紛紛在事
件爆發、擴大蔓延後投入這股洪流。例如「三青團」臺北分團主任

---

[57] 同上註，頁 248-250。

[58] 同上註，頁 268。

[59] 楊亮功、何漢文，〈二二八事件調查報告及善後辦法建議案〉，收錄於陳興唐
主編，吳克泰、周青解說，《臺灣「二・二八」事件檔案史料》（上卷）（臺
北：人間版，1992 年 2 月初版），頁 282。

王添灯、嘉義分團主任陳復志、臺南分團主任莊孟侯、高雄分團主任王清佐、屏東分團的葉秋木、花蓮分團的許錫謙、馬有岳等人，都在事件中活躍於各地，在「228」「處委會」各縣市分會中扮演靈魂人物的角色。[60]基本上，「三青團」人士出面組織「處委會」各地分會，代替已經癱瘓的地方軍警機關，維護地方治安，有其一定之貢獻。3 月 17 日，「三青團」中央幹事會第 2 處長蔣經國隨國防部長白崇禧來臺宣慰，楊亮功指出，蔣經國來臺的名義是視察團務，實際上是「真正的調查人」。18 日下午，蔣經國在「三青團」臺灣支團部召集留臺中央幹部學校同學會，並召集「三青團」臺灣區團部及臺北分團幹部訓話，指示臺灣青年應多與祖國接觸、增進情感，19 日離臺返京。[61]

　　但 3 月 26 日，監察委員何漢文呈函蔣介石，建議臺灣事變善後處理辦法中即提出：「臺灣三民主義青年團份子複雜，各地負責人此次參加暴動者甚多，應予徹底改組，並加嚴格訓練」。[62]3 月 29 日，憲兵司令部司令張鎮呈蔣介石情報稱：「臺灣區團部主任李友邦窩藏共黨首要」，並指李友邦原係「奸匪自新份子」，為本次事變「幕後操縱人物之一」，「此次叛亂行動，青年團居領導地位」。[63]蔣批示查明李友邦來歷，「如未逮，應即逮捕，解京法辦」，而李友邦其實早

60　陳翠蓮，《派系鬥爭與權謀政治──二二八悲劇的另一面相》，同註 52，頁 268-269。

61　《和平日報》（36 年 3 月 20 日），收錄於林德龍輯註，《二二八官方機密史料》（臺北：自立晚報出版部，1992 年 2 月初版），頁 165。

62　〈何漢文呈蔣主席三月二十六日函〉，〈大溪檔案──臺灣二二八事件〉，中央研究院近代史研究所編，《二二八事件資料選輯》（二），（臺北：編者印行，民國 81 年出版），頁 228。

63　〈張鎮呈蔣主席三月二十九日報告〉，〈大溪檔案──臺灣二二八事件〉，中央研究院近代史研究所編，《二二八事件資料選輯》（二），（臺北：編者印行，民國 81 年出版），頁 231。

在 3 月 10 日已被捕，後經陳誠營救始獲釋，然已拘押逾 3 個月之久。[64]總之，「三青團」在 228 期間，因不反對武力抗爭，對陳儀採取不合作態度，也伏下其最終多位領導幹部被殺（包括臺北分團主任：王添灯、嘉義分團主任：陳復志、臺南分團主任：莊孟侯、高雄分團主任：王清佐等人，及民國 41 年「三青團」臺灣分團主任李友邦，可說是此事件後，被誅殺最慘重的派系）及遭到解散之命運。[65]經此事變，臺灣「全省之青年組織已形解體」。[66]

　　平情而言，「三青團」的解體，早就有跡可尋。光復之初，接收不久，臺灣各地「三青團」組織早已和政府機關及軍隊警察時有摩擦，228 事件爆發蔓延後，各地分團中不少所謂進步份子，甚至帶有左翼色彩的成員，紛紛投入這股洪流。有的說法甚至指出，「三青團」在事件中，相對於以陳儀為代表的政府，是「站在武力反抗一方的主角」。無論如何，「三青團」此時確已成為地方上取代官方威權，甚至對抗軍隊的主力。3 月 8 日，國府增援部隊抵達後，臺灣局勢急轉直下，「三青團」淪為誅殺最為慘重的派系，包括多名分團主任（如王添灯等）均在事後被殺、被捕、被刑求。究其實際，應與「三青團」深染所謂進步、左翼色彩、事件中挑戰官方舉止甚烈，加上派系交相攀誣構陷有關。[67]

---

[64] 〈嚴秀峰女士訪問紀錄〉，《口述歷史》第 4 期（臺北：中央研究院近代史研究所，1993 年 2 月），頁 119-121。

[65] 陳翠蓮，《派系鬥爭與權謀政治——二二八悲劇的另一面相》，同註 52，頁 279-280。

[66] 〈楊亮功、何漢文致于右任報告〉（36 年 4 月 16 日），《民國檔案》1988 年第 4 期（南京：1988 年 11 月），頁 76。

[67] 王良卿《三民主義青年團與中國國民黨關係研究（1938-1949）》，同註 8，頁 344-345。又在事件中，三青團以其半朝半野的政治地位，以其成員眾多，以其領導人物之激進；更以其接近民間，相比於其他政團，著實成了陳儀政權的最大反對派。姑不論三青團與共黨的關係為何，在當時國共內戰的格局下，任何形式的叛逆，都足以觸動國民黨政權的恐共情結。更何況陳儀主政

五、結論──國民黨在臺統治基盤的確立

　　基本上，在過去半個多世紀，國民黨之所以能統治臺灣如此久的時間，實與國民黨於光復初期即深耕臺灣，有著密切的關係。當時國民黨的做法有三：首先是迅速在臺成立省黨部及各地方黨部，深入基層，服務民眾，爭取臺灣人的支持與加入；其次則針對系出同門的國民黨臺灣區「三青團」，以參與228事件為由，給予無情的掃蕩與鎮壓。如此一來，既是配合國民黨的取消「黨外有團」政策，也重新樹立黨的威望。尤其在大陸國共內戰，國府漸趨不利之際，臺灣幾乎已成為國民黨最後播遷之地，自然更不能容許有任何的挑戰和閃失。

　　於是國民黨在臺灣，一方面要打擊「三青團」，以樹立黨的領導威信，且透過肅清「三青團」，將具有左翼思想的臺灣菁英，甚至有共產黨嫌疑份子排擠在外；再方面拉攏臺灣地方菁英，參與各項中央或地方選舉，以確保國民黨在臺灣的政治優勢。其後，在國府遷臺後，由蔣發動，從上至下，雷厲風行，推動國民黨的改造運動，大刀闊斧的整頓國民黨過去沉疴，以爭取知識份子的認同。而蔣介石也藉由改造運動，重新奪回黨機器，進而鞏固其在臺之威權統治。後來，土地改革的成功，國民黨統治的合法性，進一步得到確立，從而奠定其長期統治的基盤。揆其成功之因，光復初期國民黨的深耕臺灣，實頗具關鍵性。

之初就為接收日產之爭而有意取締三青團，而三青團來臺後又因與省黨部爭奪地盤之故，與黨部和中統結怨。平日又因地方事故，得罪治安機構。是故事變後三青團成了陳儀、軍統、黨部、中統乃至憲警諸方面聯手打擊的對象。孫萬國，〈半山與二二八初探〉，見張炎憲、陳美蓉等編，《二二八事件研究論文集》，同註43，頁251。

第六章　記光復初期中共在臺之地下組織
──「臺灣省工作委員會」

一、前言

　　相對於大陸的中共解放區與地下黨在國府統治區的全盤滲透，平情而言，經過日本 50 年統治的臺灣，是中共比較無從著力的地區。雖然在日治時期，臺灣已有共產黨組織，但經過三〇年代的「全島大掃蕩」後，臺共力量幾乎全面崩解。光復後，舊臺共勢力雖有捲土重來的跡象，但力量仍甚薄弱。為配合共產黨將來的解放戰爭，臺灣也是中共關注的據點，因此在光復初期，中共隨即遴選有「長征」經驗的蔡孝乾潛往臺灣，在中共華東局的領導下，欲結合舊臺共力量，積極拓展對臺工作，臺灣省工作委員會（簡稱「臺灣省工委會」或「省工委會」）即在此背景下秘密成立。

　　「省工委會」成立後，立刻透過各種管道，全面滲透臺灣各個階層，工運、學運、原住民族是它們發展的重點，而且也取得不錯的成績。228 期間，「省工委會」亦思有所行動，然終在國府遷臺後，因基隆「鍾浩東事件」而遭破獲，此事堪稱是國府遷臺之初，最大、最成功的查緝共諜事件。如今，「保密防諜」的時代已逝，國人對那久遠年代的人與事，更是模糊不清。本文之作，係針對光復初期，中共在臺最大地下組織「省工委會」，作一簡介；兼亦敘述中共與228 事件的關係，並評論其在事件中扮演之角色為何？

二、臺灣省工作委員會

　　所謂「省工委會」，係指光復初期，中共在臺灣的地下組織，領導人為蔡孝乾。蔡為彰化人，早在日治時期即加入共黨組織。民國17年曾任臺共中央委員兼宣傳鼓動部長；21年進入中共江西蘇區，任反帝總同盟主任；23年隨紅軍長征西竄，於24年抵達陝北蘇區；25年任「蘇維埃中央政府」內務部長；26年調任8路軍總政治部敵軍工作部部長。戰後，民國34年9月，蔡從延安出發，於同年12月底抵江蘇，由中共華東局書記張鼎丞、組織部長曾山等協助，洽調來臺幹部。35年4月首批幹部張志忠等由滬至臺，開始在臺北展開活動。同年7月，蔡孝乾始來臺領導組織，並迅速結合舊臺共重要幹部廖瑞發，委其為「工委會」臺北支部書記，並成立中共外圍組織「新民主自治同盟」。[1]

　　時中共中央及華東局，對臺共產組織之建立與幹部之選派，極為審慎周密。即以「省工委會」蔡孝乾而言，考慮到蔡已離臺18年，對臺情形已甚隔閡，為恐暴露身份，儘量避免與親友接觸，而是從舊臺共的關係中，先行設法聯絡，以作為發展工作之橋樑。此外，以上海「臺灣同鄉會」理事長李偉光，為對臺工作之交通聯絡站負責人；在臺北開設「大安印刷所」，專門提供文宣之用；而以基隆的「三榮行」為據點，專責交通聯絡機關；至於臺北則設「建昌行」和「華盛行」以為掩護工作之基地。臺灣「省工委會」的組織發展頗為迅速，以黨員而言，228事件時，僅有黨員70餘人，但到了民

---

[1]　〈臺灣省工作委員會等人案〉，李宣鋒等主編，《臺灣地區戒嚴時期五○年代政治案件史料彙編──個案資料》（二）（南投：臺灣省文獻委員會發行，民國八十七年六月出版），頁56。

國 37 年 6 月，中共在香港召開「香港會議」時，已有黨員約 400 人，至 39 年「省工委會」組織遭破獲時，全臺黨員已增加到 900 餘人。

　　當時「省工委會」在臺發展策略有七：（1）「緊密團結工人、農民、革命知識份子」，以「反美帝反國民黨官僚，實行民主自治為總領」，號召「全省各階級人士（包括外省人與原住民族同胞），組織廣泛的愛國愛鄉民主自治統一戰線」。先展開「不合作運動」與「反抗運動」，最後實行「武裝起義」，配合「人民解放軍解放臺灣」。（2）嚴密黨的組織：秘密原則，秘密紀律的徹底遵守，與工作技術上的講求改進，使組織更加嚴密，且必須同時注意新幹部之培養。（3）堅持城市與鄉鎮並重的工作方針：將工人和農民結合起來，並注意沿海漁民工作。（4）加強原住民族工作：動員原住民族同胞，與臺灣同胞聯合共同鬥爭。（5）展開外省同胞工作：爭取外省人士，站到反蔣的愛國統一戰線上。（6）進行統一戰線工作：對全省工商業者、地主，以及「半山」，「靠山」與上層人物，均須予以爭取團結。（7）滲入敵軍工作：對「反動軍隊」，多方設法予以爭取與瓦解。

　　至於在具體的活動方面，也作了通盤縝密的步驟，如對敵軍進行調查工作，爭取敵軍工作，鼓勵逃跑或投降。展開職工運動，在臺灣作工人運動，其著手辦法，是調查中心的產業部門，建立和工人的關係，找出工人的共同要求，以利爭取。進行工人的步驟，主要是確立群眾的威信，團結一部份工友，組織各種公開合法的群眾團體，進而再爭取工會的領導權，而實際加以控制。至於領導工人的鬥爭方式，第一要反映大多數群眾的要求，第二為與大多數群眾的利益相結合，第三要注意群眾的情緒，善於進攻和退卻。鬥爭勝利後，要總結經驗，提高幹部教育群眾，千萬要避免因勝利而沖昏頭腦，小心敵人的反攻。

　　此外，儘可能建立「臺灣人民武裝力量」，配合解放軍解放臺灣。而要建立「人民武裝」，必須先展開「人民游擊」戰爭，在戰爭中壯大自己，變劣勢為優勢，最後消滅敵人，爭取勝利。而建立武裝的步驟，為建立武裝小組，創造小型根據地，配合地下黨組織工作，以越村越鄉的方式，由點而面的發展，其任務是以武裝開展群眾的宣傳和組織工作。另外，對原住民族工作亦至關重要，對原住民族的基本政策是「加強原住民族工作，動員原住民族同胞，與臺灣同胞聯合共同鬥爭」。在此原則下，「省工委會」也制定對原住民族的基本政策：（1）發起原住民族的自治自衛運動，完成其民族解放。（2）指出原住民族的自治與自衛，必須與臺灣人民反國民黨、反美帝的鬥爭，密切配合。而具體做法為爭取原住民族頭目、鄉長、村長等。

　　除此之外，更要發揮統一戰線的工作，以「臺人治臺」的政治口號，號召臺灣人民，並藉此團結爭取臺灣社會各階層人士，從而改造之。應去除排外心理，團結外省人，使其同情，並進而支持臺灣的解放工作，務必使黨成為臺灣進步份子的核心，並於無形中發揮控制與領導作用。此外，尚有完整的配合解放軍作戰計劃。最後則強調，在解放軍登陸以前，應積蓄力量，以待時機。且黨的組織，應採取「鞏固的發展」策略，健全組織生活，強化黨的核心，加強思想教育，嚴格執行秘密工作。黨要走群眾路線，並須由下而上的發展，求質而不求量，並應從工作耐心中培養臺灣地方幹部，為求保密，禁止對外使用「黨」的名義發言。由此觀之，「省工委會」在中共的指示下，其對臺滲透和工作，如同在大陸一般，是有其整套巨細靡遺、具體可行的辦法。[2]

2　同上註，頁 56-61。

　　蔡孝乾返臺之初，在中共華東局的協助下建立組織，並與舊臺共謝雪紅等人聯絡，不過在 228 事件發生時，並未發揮效用。民國 38 年 8 月「省工委會」發行的地下刊物《光明報》在基隆中學被發現，使「省工委會」在基隆中學、成功中學、臺大法學院、臺大醫學院等各個支部相繼被破獲。39 年 5 月，國防部總政治部主任蔣經國正式對外宣布，由中共臺籍黨員蔡孝乾所領導的秘密組織「省工委會」，在情治單位監控偵查後偵破。這是政府遷臺以來，對於中共潛入臺灣進行顛覆活動，最大規模的破獲行動。由於蔡孝乾被逮捕後與情治單位密切配合，因此潛伏在臺灣島內的中共特務，幾遭一網打盡。經此一事件，中共在臺灣的活動力量，受到相當嚴重的打擊。

　　另一支力量為民國 35 年，中共派張志忠來臺，執行新的任務，即向民意機構與知識份子以及地方有力人士的上層社會中發展組織。此外，也組織「臺灣義勇軍」、「臺灣共產主義青年團」、「臺灣工作團」等不同名稱的組織，挑起民間對政府的反感與怨恨。228 事件後的 3 月 8 日，中共《解放日報》發表關於臺灣事變的報導，並給予臺灣共產黨人明確的行動指示。而臺共事實上也行動了起來，謝雪紅即為一例，她成為臺中地區的領導人物，幫忙組織「處理委員會」，要求臺灣人自治。唯中共派到臺灣推動黨務的幹部間，未能密切聯繫合作，也從來沒有和民間組織建立起鞏固的聯繫，所以在事變中，中共並無多大的影響力，也不可能指揮城市中的暴亂行動。

三、「省工委會」的群眾運動

　　基本上，當時「省工委會」對臺灣的群眾運動，是相當全面且深入基層的，主要包括學運、工運和農運等層面。在學運方面，主

張必須團結外省籍學生參加行動，以補本省籍學生政治警覺之不足。在工運方面，力倡應團結外省工人，以改善生活訴求的經濟鬥爭，在鬥爭中提高本省人的政治警覺。在農運方面，強調應通過「減租減息運動」，開展農村工作，在發展過程中，須注意減少中小地主之打擊，並積極爭取團結之。蓋以中小地主在「反國民黨」鬥爭中，為統一戰線構成的一部份。[3]

至於具體的手段，工運重點擺在「以發動生活鬥爭為主，將工作重點置於有重大戰略意義的資源工廠礦場」。而工作方法是從調查研究入手，向主要產業部門（如電力、鋼鐵、造船、製糖、兵工、石油、肥料、造紙等工業）的工人建立關係，以期「突破一點，推動全局」。接著，確立在群眾中的威信，也是相當重要的一環。團結工友，組織各種各樣公開合法的職工團體，進而爭取工會領導權，找出大多數工人群眾共同迫切的要求與利益，領導其鬥爭。換言之，即通過民主方式展開群眾運動。[4]

在此工作方針指導下，「省工委會」迅即在臺北區建立了「郵電職工總支部」，下轄兩個支部。其後在國府敗退來臺期間的民國38年底，「省工委會」的組織已遍及全省各階層、各鄉鎮。總計有17個「市（區）工委會」及205個支部，近10個基地。另有3個全省性的「工委」專做學運、工運與原住民運動。這段期間，「郵電職工總支部」，也發展為直屬「省工委會」的「臺灣郵電職工工作委員會」，內轄5個支部；另外，臺北區也組織了轄有8個支部的「臺北市工人工作委員會」，而其他地區的工運，也在各地區委會的領導下擴大展開。[5]

---

[3]　同上註，頁 58-59。

[4]　同上註，頁 57。

[5]　藍博洲，《尋訪被湮滅的臺灣史與臺灣人》（臺北：時報版，1994 年 12 月初版），頁 100。

　　此外，還有「臺灣省學生工委會」、「基隆市工委會」、「臺灣省山地工委會」、「臺灣省郵電職工工委會」、「蘭陽地區工委會」、「臺北市工委會」、「北峰地區工委會」等組織，這些機構也都在「省工委會」的領導之下。其時，「省工委會」的人事編制，陳澤民為副書記兼組織部長，領導臺南、高雄、屏東等地區工作；洪幼樵任委員兼宣傳部長，負責臺中、南投等地區工作（後交由張伯哲領導）；張志忠則任委員兼武裝部長，領導海山、桃園、新竹等地區工作（後交由陳福星領導）。[6]

　　茲舉民國 34-38 年間，「省工委會」在臺灣發動的幾次重大的群眾運動為例說明之。以工運言，民國 35 年 9 月，計梅真、錢靜芝奉中共華東局之命，任教臺灣省郵務工會國語補習班。36 年夏，計、錢二氏由「省工委會」負責人蔡孝乾領導，分別建立臺灣郵政管理局、臺北郵局、臺灣省電信管理局，及婦女等 4 個支部，總稱郵電總支部。38 年 7 月間，針對郵電局外省與本省員工差別待遇之事，發起改班與提高待遇運動，這是戰後的首次工潮。39 年 1 月 29 日，蔡孝乾被捕後，供出「省工委會」所屬支部名單，同年 2 月 5 日，計梅真被捕，國防部保密局根據線索，擴大偵辦，共逮捕 35 人，是為「臺灣省工委會郵電總支部案」。[7]

　　另外，「省工委會」在鐵路局部分亦頗有斬獲，「省工委會」臺北市委員吳思漢、李水井等人，自 36 年起，即以火車司機、司爐以及鐵路局員工與工會會員為對象，先後在鐵路局成立鐵路局支部、鐵路局臺北機場支部、臺北機務段第 1 支部、臺北機務段第 2 支部。分別由李生財、張添丁、林德旺、許欽宗擔任書記，並成立讀書會，

6　同註 1，頁 56。
7　〈臺灣省工委會郵電總支部計梅真等人案〉，李宣鋒等主編，《臺灣地區戒嚴時期五〇年代政治案件史料彙編——個案資料》（二），同註 1，頁 96-99。

閱讀左派書籍。39 年 5 月 10 日，吳思漢、李水井被捕後，供出線索，保密局循供，先後逮捕 25 人。[8]

　　總計，「省工委會」從光復後到五○年代，所發動的「工運事件」層出不窮。除計梅真、錢靜芝被捕處決的「郵務工會案」與吳思漢、李水井、李生財、林德旺的臺北機務段的「鐵路局事件」外；尚有臺南郵電局員工吳麗水事件；高雄義合興鐵工廠李份、劉特慎事件；傅慶華的松山第 6 機廠支部事件、竹東水泥廠工人事件、苗栗油廠工人事件、臺北市司機工會事件等。上述諸多工運事件，均發生於五○年代，其理由千篇一律皆是組「讀書會」為匪宣傳，煽動暴動，企圖與匪內應等。[9]但由國府情治機關透露，這些工會組織遍及南北各地，吸收群眾亦不在少數，戰鬥力強，可見「省工委會」在臺灣工運基層扎根之深。

　　至於對原住民族的工作，在 228 事件時，「省工委會」亦展現了初步的成果。36 年 228 事件爆發時，在臺北新店烏來的原住民，原本決定下山支援由「省工委會」所策動，黨人李中志和學生領導郭琇琮等指揮的青年學生武裝行動，後不克發難。在埔里，由謝雪紅領導的「二七部隊」也取得部份霧社青年的支持。在嘉義，阿里山鄒族同胞，在鄉長高一生與湯守仁的組織領導下，實際參與攻打紅毛埤軍火庫和嘉義機場的戰役，並與「省工委會」張志忠領導的「民主聯軍」有聯繫。[10]

　　時張志忠最得力的助手，是日治時代臺灣農民組合的領袖簡吉，臺灣光復後，簡吉曾任「三青團」高雄分團書記。其後，經昔

8　〈安全局機密文件〉，《歷年辦理匪案彙編》第一輯（1991 年）。

9　見《臺灣地區戒嚴時期五○年代政治案件史料彙編——個案資料》〈目錄〉，李宣鋒等主編，《臺灣地區戒嚴時期五○年代政治案件史料彙編——個案資料》（一），同註 1，頁 8-23。

10　藍博洲，《尋訪被湮滅的臺灣史與臺灣人》，同註 5，頁 78。

日農組舊識蔡孝乾而結識張志忠，並協助其建立嘉義、臺南地區的群眾組織。228事件發生時，簡吉又幫助張志忠籌組「民主聯軍」，準備進行武裝鬥爭。38年10月，簡吉出任「省工委會」山地書記，建立了「山地工作委員會」，積極發展組織，並吸收林瑞昌、湯守仁、高澤照等入黨。[11]

林瑞昌於38年夏，由「山地工作委員會」委員陳顯富邀，與湯守仁、高一生、高澤照、簡吉等，聚會於臺北市川端町月華園，商議組織「高砂族自治會」（後改稱「蓬萊民族解放委員會」）。林任主席，負責政治方面工作，湯負責軍事方面，且向原住民宣傳共產主義，並掌握山地青年，切實展開山地工作。[12]

林瑞昌後來在白色恐怖時代，因受中共地下黨「山地工作委員會」組織的牽連而遭處決，其侄林昭明則於37年夏，於其叔林瑞昌處認識簡吉、林立、卓中民等人，並由卓等施以政治教育。38年5月，林昭明與趙巨德、高建勝3人，於臺北另組「臺灣蓬萊民族自救鬥爭青年同盟」，對外發表宣言，以民族「自覺」、「自治」、「自衛」相標榜，並致力於實現「臺灣解放」與「蓬萊民族自治」為目標。其後，該組織曾吸收山地學生曾金水與廖義溪等人入盟，林昭明後因「蓬萊民族自救鬥爭青年同盟」亂案被處15年徒刑。後來與原住民有關的案子，尚有張明顯、許石柱、劉水龍等之「臺灣省蓬萊民族解放委員會」案。[13]

[11] 〈山地工作委員會簡吉等人案〉，李宣鋒等主編，《臺灣地區戒嚴時期五〇年代政治案件史料彙編——個案資料》（二），同註1，頁317。

[12] 〈高山族湯守仁等人案〉，李宣鋒等主編，《臺灣地區戒嚴時期五〇年代政治案件史料彙編——個案資料》（三），同註1，頁217。

[13] 〈臺灣「蓬萊民族自救鬥爭青年同盟」林昭明等人案〉，李宣鋒等主編，《臺灣地區戒嚴時期五〇年代政治案件史料彙編——個案資料》（四），同註1，頁113。

　　總的說來，228 事件後，「省工委會」對原住民族工作，是取得了突破性的進展。據國府官方資料顯示，自 37 年 5 月「香港會議」至 38 年底期間，「省工委會」陸續成立了一個全省性的「山地工作委員會」，下轄四個支部，以及兩個由原住民主持的外圍組織——「蓬萊民族解放委員會」和「蓬萊民族鬥爭青年同盟」，在原漢聯盟的運動原則下，在臺灣山地實踐「新民主主義革命」的理想。[14]

　　而在學運方面，首先是郭琇琮於民國 34 年 10 月初，於臺北市中山堂正式成立「臺灣學生聯盟」，此為戰後臺灣第一個自發性的學生組織，而原來各校的學生組織，則改為該聯盟的支部。[15]「臺灣學生聯盟」組員有陳炳基、雷燦南、吳克泰、葉紀東等，學生大多來自臺大、延平學院、法商學院、師範學院以及各中等學校高級生。由於該聯盟在日本「澀谷事件」與中國的「沈崇事件」中，積極參與反美示威，已遭國府當局注意。228 事件期間，該聯盟主張以激進的武裝鬥爭來對抗國民黨，3 月 4 日，該聯盟開始行動。

　　先是學生在延平學院討論李中志所策劃的「作戰計畫」，決定將動員來的學生編成三個大隊。其中，第 1 大隊於建中集合，由陳炳基帶隊；第 2 大隊在師範學院集結，郭琇琮任指揮；第 3 大隊在臺大整隊，由李中志負責，李亦兼此次行動之總指揮，副總指揮是郭琇琮。至於各校負責人：臺大是楊建基；師範學院委陳金木；法商學院為陳炳基；延平學院係葉紀東。總部設於「省工委會」臺北市書記廖瑞發家中，準備於隔天 3 月 5 日，聯合烏來的原住民同胞發動武裝攻擊。然行動當天，烏來那邊的原住民青年卻遲遲沒有下山，於是學生乃決定自行發動起義，但在缺乏武器又無訓練的情況下，只做短暫攻擊即作鳥獸散。[16]

---

[14] 藍博洲，《尋訪被湮滅的臺灣史與臺灣人》，同註 5，頁 79。
[15] 同上註，頁 117。
[16] 藍博洲，《沉屍、流亡、二二八》（臺北：時報版，民國 80 年 6 月初版），頁 28。

　　事後，在國府武力鎮壓下，學生不得不分頭逃亡，有些被殺，有些南下參加謝雪紅的「二七部隊」繼續鬥爭。而倖存下來的「臺灣學生聯盟」在白色恐怖時代，仍持續反國府的抗爭，他們大部分被中共地下黨所收編。學運領袖吳克泰即言：「他們在二‧二八事件中看到中共地下黨員的獻身和犧牲，認識到中國共產黨，因此在白色恐怖中，紛紛有人加入了中國共產黨的地下組織，有一部分地下黨員轉入山區堅持游擊戰爭。」[17]

　　當然，228 事件仍帶給臺灣學運沉重的打擊，學運主要領導人郭琇琮、吳克泰、陳炳基、葉紀東等，最後都潛入地下，俟機而動。民國 36 年暑假，留學大陸的「臺灣同學會」回臺巡迴講演，又給沉寂許久的學運帶來活力，所以到了 37 年的春天，臺灣的學運又逐步熱絡起來。38 年春，「學生愛國民主運動」也因為在臺大和師範學院發生的「四‧六事件」，而達到戰後臺灣學運的最高潮。[18]

　　時「臺灣升學內地大學公費生演講團」在各地學校的演講十分成功，臺灣學生對國民黨外的另一個共產中國逐漸了解，且嚮往之，故起而響應其號召。如民國 37 年春，臺灣的師範學院，也曾掀起一場響應內地要求提高公費待遇的「反飢餓」鬥爭。另外，38 年元月，臺大「麥浪歌詠隊」也利用寒假作環島旅行公演，透過歌聲唱出他們對於民主自由的渴望和對光明前途的憧憬。[19]當時，除「麥浪歌詠隊」外，臺大還有許多原屬「學生聯盟」的學生，在郭琇琮領導下，積極參與各項秘密讀書會的學習活動，也在社會上辦夜校教育工人，希望學生能透過學習與群眾打成一片，而完成自我改造與社

---

[17]　藍博洲，《尋訪被湮滅的臺灣史與臺灣人》，同註 5，頁 146。

[18]　同上註，頁 148-150。

[19]　藍博洲，《麥浪歌詠隊──追憶一九四九年四六事件（臺大部份）》（臺中：星辰出版社出版，2001 年 4 月初版），頁 17-40。

會改造的理想。此外，通過臺大與師院兩校學生的社團活動，也給228 事件後沉寂已久的臺灣社會，注入一股新生朝氣，此氛圍終於在民國 38 年，又掀起了臺灣學運另一波高潮。[20]

　　時掀起學運高潮事件的導火線，是當年 3 月 19 日，因有臺大、師院兩名學生被警員毆打，導致學生遊行示威，喊出「反對法西斯迫害，我們要民主」、「反對內戰，我們要和平」的訴求而走上街頭，學運抗爭急遽上升。29 日，臺北市大、中學校學生聯合會，在臺大操場舉行盛大的營火晚會，宣布「臺灣學生聯盟」正式成立。臺大、師院以及建中、成功、北一女等校學生均熱烈參加；遠在中南部的臺南工學院與臺中農學院也派代表赴會。當晚的大會決定以「爭取生存權利」、「反飢餓和反迫害」、「要求民主自由」等口號相號召，戰後臺灣終於出現了規模空前、跨校性的、全省性的、組織性的學生聯盟。[21]

　　「臺灣學生聯盟」的成立，震驚國府當局，咸認為此學生聯盟，應有中共地下黨在幕後操縱，為徹底摧毀學運，當局決定採取鎮壓手段對付。陳誠並且下令清查「首謀份子」，開出「黑名單」準備逮捕行動，白色恐怖再次籠罩臺北的大學區。[22]是年 4 月 5 日，相關單位開始進行逮捕行動，首先對師範學院新選出的學生自治會主席周慎源下手，但周被抓後卻機警的逃走，消息傳出後，引起學生的同情與眾怒，一場臺灣有史以來最激進的「四‧六」學生運動終於爆發。[23]

[20] 藍博洲，《尋訪被湮滅的臺灣史與臺灣人》，同註 5，頁 154-156。

[21] 藍博洲，《天未亮──追憶一九四九年四六事件（師院部分）》（臺中：星辰出版社出版，2000 年 4 月初版），頁 18-19。

[22] 邱國禎，〈陳誠藉「四六事件」壓制學運〉，邱國禎，《近代臺灣慘史檔案》（臺北：前衛版，2007 年 6 月初版），頁 109-110。

[23] 藍博洲，《天未亮──追憶一九四九年四六事件（師院部分）》，同註 21，頁

「四・六事件」發生後，陳誠下令師院學生停課，聽候整頓，所有學生一律重新登記。4 月 7 日，陳誠批准師院代院長謝東閔辭職，委劉真代理師範學院院長。4 月 8 日，臺大、師院兩校學生組織「四・六事件」營救委員會，並繼續罷課行動，然當局不為所動。4 月 10 日，陳誠向師院教授提出說明：「整頓學風實非得已，希望學生迅速辦理登記，早日復課」。[24]4 月 29 日，師範學院重新復課，「四・六事件」終告落幕，然伴隨著國共兩黨在臺鬥爭形勢的演變，臺灣的學生運動也完全潛入地下。

39 年 6 月，「韓戰」爆發後，國府在臺局面逐漸轉危為安，但一場醞釀已久的島內整肅活動也隨之而起。戰後臺灣學生運動的主要領袖，郭琇琮、許強、鍾浩東等知識菁英，都在這場肅清中為信仰而犧牲。至於被槍決的學生，如游英、葉城松、黃弘毅、林秋興、陳金木等，更為青春的理想而紛紛倒臥在馬場町的血泊中，成為五○年代白色恐怖的冤魂。[25]

當然，導致中共在臺組織「省工委會」的破獲，導火線是基隆中學的「鍾浩東事件」。鍾浩東於 35 年 7 月間，經詹世平介紹，參加共產黨。並利用其職務身份與社會關係，藉「臺灣愛國青年會」、「新民主同志會」等外圍組織名義，開始吸收青年參加共產黨。36 年 9 月，鍾成立基隆中學支部，並接受臺灣「省工委會」蔡孝乾的領導，受蔡之命，將內地來臺之中共地下黨員，安置於該校任職。38 年 5 月，基隆中學校長鍾浩東成立「基隆市工作委員會」，鍾任書記，李蒼降、藍明谷為工委，組員尚有張奕明、鍾國員等。下轄汐止支部、婦女支部等，秘密展開工作，積極建立基層組織，並派

26-33。
[24]　《新生報》（39 年 4 月 10 日）。
[25]　藍博洲，《尋訪被湮滅的臺灣史與臺灣人》，同註 5，頁 164-165。

員蒐集情報與進行「兵運」工作，發行地下刊物《光明報》以擴大宣傳。鍾於38年8月被捕，是為「基隆市工作委員會事件」，或稱「鍾浩東案」、「光明報事件」。[26]

此案偵破影響非常之大，因此案而循線捕獲臺灣「省工委會」之秘密組織，並經由嚴密偵查，於38年10月31日，在高雄市逮捕「省工委會」副秘書長陳澤民。又透過陳之線索，於隔年1月29日，在臺北市將「省工委會」領導人蔡孝乾捕獲。根據蔡的供詞，又拘捕了洪幼樵、張志忠等重要地下黨員，並循供查，陸續將中共在臺組織予以瓦解。故調查局宣稱，此案之破，實為摧毀中共在臺全面組織之嚆矢，影響所及，當可想見。[27]

有關因中共地下黨牽扯的案件，在五〇年代可說不勝枚舉，如民國38年10月5日朱子慧、劉特慎的「高雄地下組織案」；及其後陳福添的「臺中地區工委會案」、施部生、呂煥章之「臺中武裝工作委員會案」、李朋的「蘇聯間諜組織」、「鐵路局地下組織案」、李中志、廖瑞發的「新民主自治同盟案」、廖學銳、陳崑崙、李奕定等之「臺灣民主自治同盟案」、蔡鐵城、張敏之等人涉及的「新民主主義青年團案」、周慎源領導的「臺灣地下工作隊案」等。當然，這其中不乏是有關單位製造的冤案、錯案和假案，形成五〇年代所謂的談共色變，風聲鶴唳的白色恐怖年代。[28]

---

[26] 〈基隆市工作委員會鍾浩東等人案〉，李宣鋒等主編，《臺灣地區戒嚴時期五〇年代政治案件史料彙編——個案資料》（二），同註1，頁3-8。

[27] 同上註，頁8。

[28] 見《臺灣地區戒嚴時期五〇年代政治案件史料彙編——個案資料》〈目錄〉，李宣鋒等主編，《臺灣地區戒嚴時期五〇年代政治案件史料彙編——個案資料》（一），同註1，頁8-23。

四、中共與「228 事件」

　　提到民國 36 年 228 事件爆發的主因，過去國府當局常諉過於是中共在臺之「省工委會」奸黨所煽動、所為。具體的說法，如民國 36 年 3 月 10 日，國府派兵來臺鎮壓不久，蔣介石在中央總理紀念週上對臺灣事件發表談話，內中即指出，臺灣事件起因於「昔被日本徵往南洋一帶作戰之臺胞，其中一部份為共產黨員，乃藉此次專賣局取締攤販，乘機煽惑，造成暴動」。他要求「臺胞深明大義，勿為奸黨所利用，勿為日人所竊笑，冥行盲動，害國自害。」[29]蔣的說法，無疑證實了，將事件原因認定為是遭共產黨煽惑以致之。

　　問題是，當時中共在臺最高組織「省工委會」，真的有這麼大的實力和影響力嗎？有扮演那麼重要的角色地位嗎？答案恐非如此。揆其因有四：其一，當時中共在臺黨員甚少，尚不足有為。據目前在大陸的當時中共地下黨員古瑞雲估計，「當時中共黨員僅約五十人左右，最多不超過一百人，力量微不足道」[30]；而國民黨情治單位也估計，228 前夕，蔡孝乾所招收的中共黨員不過 70 餘人，其所能發生的影響力十分有限。[31]其二，各自為政，協調不易。228 期間，中共「省工委會」武裝部長張志忠，曾以組織「臺灣自治聯軍」為名，要求謝雪紅交出其控制的「二七部隊」遭拒，可見「中共、臺共各擁地下武裝，不相為謀」。[32]

[29] 〈蔣介石在中樞紀念周上的講話〉，收錄於鄧孔昭編，《二二八事件資料集》（臺北：稻鄉版，1991 年 2 月初版），頁 367-368。

[30] 古瑞雲，《臺中的風雷》（臺北：人間版，民國 79 年 9 月初版），頁 50。

[31] 翁佳音，〈安享天年的「省工會主委」蔡孝乾〉，張炎憲、李筱峰、莊永明等，《臺灣近代名人誌》第四冊（臺北：自立版，民國 76 年 12 月初版），頁 280。

[32] 蘇僧、郭建成，《拂去歷史明鏡中的塵埃》（美國加州：美國南華文化事業公司，1986 年 2 月出版），頁 27。

其三，評估錯誤，指揮失當。由於在事變前，蔡孝乾認為臺灣不可能發生群眾自發性武裝暴動，因此在事變期間，中共黨員只能各自臨機應變，憑自己判斷進行活動；尤其最大障礙在於秘密組織以單線聯繫為原則，因此要聯絡正在各自活動的黨員是極為困難的。[33]其實，228事件爆發後，真正在中共領導下，準備要進行武裝鬥爭的，只有臺北地區部份學生部隊。當時中共地下黨指派當過日軍砲兵的李中志為「臺北地區武裝起義總指揮」，於3月4日策劃「作戰計劃」，把動員來的學生編為三個大隊，準備起義行動，此事上文已提及，故不贅述。[34]

然據「二七部隊」幹部周明的看法：「臺北武裝行動失敗的原因在於省工委會事先無準備，部份黨員臨時倉促出師，終於幕後指揮失靈」而一敗塗地。[35]失敗後的蔡孝乾，後來找楊逵辦《人民日報》以發動文宣攻勢，楊以為應辦流動性刊物，並從速下鄉組織工作隊以擴大控制面，然蔡並不接受，蔡主張不能辦報就上山組游擊隊，兩人看法紛歧。[36]由此也可以略窺，中共在臺領導人在事件中難以掌握情勢，策略不明的被動地位。其四，中共與舊臺共份子的磨擦，及傳統士紳的抵制。如蔡孝乾與謝雪紅的不和為眾所周知之事，民國35年底，蔡曾到臺中找謝雪紅，謝曾要求恢復黨籍，「人民協會」集體加入中共，唯蔡不同意。由於謝雪紅與中共在臺「省工委會」最高領導人蔡孝乾，自舊臺共時期就一直存有矛盾，兩人對戰後臺灣情勢評估又有紛歧，因此顯然不受蔡氏指揮領導。[37]

---

[33] 古瑞雲，《臺中的風雷》，同註30，頁50。

[34] 藍博洲，《沉屍‧流亡‧二二八》，同註16，頁84-87。

[35] 古瑞雲，《臺中的風雷》，同註30，頁51。

[36] 楊逵口述，何煦錄音整理，〈二‧二八事件前後〉，收錄於葉芸芸編寫，《證言二‧二八》（臺北：人間版，1990年2月初版），頁15。

[37] 「中共地下黨臺灣工作委員會書記蔡孝乾，曾派林樑材到臺中與謝雪紅連

　　此外，謝雪紅所領導的「作戰本部」雖在事件中發揮了影響力，各武裝隊伍迅速攻克臺中所有黨、政、軍、憲機關，然因謝之舊臺共背景，不為臺中士紳林獻堂等所信賴，臺中「處委會」乃另任吳振武為治安組長，分奪謝之領導權。[38]謝控制臺中局勢後，計劃成立「人民政府」，甚至與嘉義張志忠的「自治聯軍」聯合建立全島性的人民軍，進而成立自治聯合政府，「以既成事實逼迫蔣家王朝承認」。然國府增援太快，謝決定將「二七部隊」撤入山區，最後又在國府軍隊進攻前，以「保存黨的力量」為由，先行遁逃。被拋棄的「二七部隊」在失去領導，彈盡援絕的情況下，終究寡不敵眾，遭到潰敗的命運。[39]

　　坦白說，中共在 228 期間，真正有若干影響力，是在「228 事件處理委員會」（簡稱「處委會」）時期。因為當時舊臺共份子蘇新、潘欽信、蕭來福等，以「處委會」並無中共黨員，必需爭取支持。「所以地下黨及時把王添灯、林日高等人爭取過來，作為黨的代理人」，成為強有力的左派隊伍，爭取中間派，孤立黃朝琴等右翼敵人。蘇

繫，請求支援武器，沒有結果。」葉芸芸・戴國煇，《愛憎二・二八──神話與史學：解開歷史之謎》（臺北：遠流版，1992 年 2 月初版），頁 265。

[38] 3 月 2 日下午，謝雪紅領著群眾，忙於接管各政府機關之時，林獻堂與地方士紳已在市民館開會，研究如何收拾善後。林獻堂對謝雪紅掌握武裝力量顯得憂心不已。曾言：「謝雪紅是共產份子，讓她抓住武力鬥下去，非把地方搞得糜爛不可。」謝雪紅對參加「處委會」一事頗為後悔，認為地方上士紳設計剝奪其軍權，總結為一次與資產階級合作的失敗經驗。而張志忠之所以規勸謝雪紅參加「處委會」，可能考慮到謝並無單獨行事的能力。謝雪紅於 228 期間，雖組「二七部隊」以武裝力量與國府抗爭，但因拒絕與蔡孝乾合作，整合地下黨中、南部武裝力量，事後在「臺盟」內部遭到批判。陳翠蓮，《派系鬥爭與權謀政治──二二八悲劇的另一面相》（臺北：時報版，1995 年 2 月初版），頁 192。葉芸芸，〈二・二八事變中的謝雪紅〉，收錄於葉芸芸編寫，《證言二・二八》，同註 36，頁 38。

[39] 陳翠蓮，《派系鬥爭與權謀政治──二二八悲劇的另一面相》，同上註，頁 192。

新說：王添灯、林日高完全是按照地下黨的方針、指示進行鬥爭的，當時我們始終與地下黨的負責人保持著密切的連繫。

　　當時的關係模式是：蔡前——廖瑞發——蕭友山——潘欽信、蔡子民、蘇新——王添灯、林日高——處委會。我們提出的 32 條要求，完全是根據當時臺灣的具體形勢，是代表臺灣人民的利益的，完全符合黨中央的方針、政策的。當時臺灣地下黨是正確貫徹執行了黨中央的方針的。[40]蘇新認為當時他們訴求的「臺灣地方自治運動」，是向國民黨統治者要求自治，是為了削弱國民黨的統治力量，擴大臺灣人民的政治權利，而不是為了把臺灣從祖國分裂出去。蘇新並舉出 36 年 3 月 8 日延安《解放日報》社論：〈支持臺灣人民的地方自治運動〉，體現了黨中央對臺灣 228 起義的方針政策，來為自己辯護。

　　至於中共在 228 期間的坐大，蘇新認為是「處委會」幫了共產黨。他說：「如果沒有各地『處理委員會』來牽制蔣幫政權，地下黨能夠這樣迅速、這樣大規模地建立武裝，進行這樣廣泛的武裝鬥爭嗎？在沒有一槍一卒的情況下，在短短的一個星期內，能夠組織全省人民起來進行如此英勇的武裝鬥爭，在臺灣革命史上也是沒有的，在祖國大陸，除秋收起義、廣州起義以外，也是罕見的。」而對於共產黨在 228 事件的失敗，蘇新否認不是當時地下黨領導不力，也不是臺灣人民不勇敢，而是中共在臺灣開始建黨還不到一年，形勢比人強，在沒有多少黨員及工人農民也還沒有組織起來，沒有扎根的情況下，失敗自是難免。[41]

---

[40] 蘇新：《未歸的臺共鬥魂——蘇新自傳與文集》（臺北：時報版，1993 年 4 月初版），頁 194-196。

[41] 同上註，頁 196-197。

　　對此，中共華東局於 37 年 5、6 月間，在香港召開臺灣省工作幹部會議時，對 228 事件提出檢討，也坦承在事件中「事先準備不夠，沒有迅速處理老臺共關係，以便在事變中能很好取得聯繫」、「開始時輕敵，後來對敵人力量估計過高，迷戀城市，撤退時無組織，變成一哄而散」、「沒有以我黨名義，公開提出明確方針」。由此大致可以看出，中共在事件中捉襟見肘、施展不開的窘境。[42]

　　由於組織未臻健全，對臺灣戰後情勢估量不夠準確，使得中共在臺「省工委會」在猝發的事件中，只能扮演被動的角色，甚至是依靠黨員個人臨機應變，缺乏全面的計劃與統一的指揮系統。只有舊臺共的謝雪紅稍有作為，但也難免受到士紳階級的抵制，在國府軍隊增援前後匆匆潰散。而中共也只有在《解放日報》發表社論〈臺灣自治運動〉，聲援 228 事件，表示「僅僅為了求自治，就非武裝鬥爭不可，這不僅臺灣的經驗如此，解放區的經驗也是一樣」。[43]揆其實，中共在 228 事件中，雖然未如柯喬治（George. Kerr）所說：「在這次事件的後面，並沒有共產黨起義或組織的證據」。[44]但平情說來，它確實並無多少關鍵性的力量可言。

五、結論

　　基本上，光復初期至五〇年代，中共在臺最大地下組織「省工委會」的破獲，對國、共雙方都有所影響。就中共而言，在「韓戰」

---

[42] 陳翠蓮，《派系鬥爭與權謀政治──二二八悲劇的另一面相》，同註 38，頁 194。

[43] 〈臺灣自治運動〉，收錄於鄧孔昭編：《二二八事件資料集》，同註 29，頁 309-313。

[44] 〈柯喬治呈美國國務院函〉（南京美國大使館 1947 年 3 月 14 日 563 號文附件二）。

尚未爆發，臺灣處於風雨飄搖之際，毛澤東正氣焰高漲的欲「血洗解放」臺灣時，「省工委會」的即時破獲，無疑是斷了中共在臺，強而有力的內應，這多少增加中共犯臺的顧慮。其後，「韓戰」的適時爆發，美國協防臺灣，臺海情勢丕變，中共欲再犯臺的先機已然錯失了。就國府而言，大陸戡亂的失利，相當程度上，是中共潛伏於國府的地下黨發揮作用，陣前起義倒戈所致。也因此，國府敗退至臺灣後，當務之急是掃蕩潛伏於國府內部及臺灣地區的共諜，這當中，「省工委會」案的偵破，可謂是吃足中共地下黨暗虧的國府之一大勝利。因為它不只一舉將中共在臺最重要的地下黨組織全面瓦解肅清；對國府民心士氣之提升，以及臺灣內部的社會安定，都有相當重要的意義和深遠的影響。

第七章　光復後臺灣人初試組黨的先聲
──臺灣省政治建設協會

一、臺灣省政治建設協會的組成

　　臺灣光復初期，臺灣政治菁英以臺灣已脫離日本的殖民統治，壓抑已久的政治熱情再度復燃，紛紛糾合昔日同志，重建原有的組織或另起爐灶籌組新的政治團體，以便達成理想的政治目標。當時的作法分為兩派，一派為戰前的抗日右翼份子，積極投身選舉；另一派是抗日左翼人士，則企圖重建戰前抗日組織，甚至希冀組黨。

　　當時在臺灣的政治人士中，左翼勢力基本上對國府並無好感與信任，早在陳儀來臺前，臺共與農民組合已展開重建組織的工作。民國 34 年 9 月 20 日，謝雪紅在臺中先行成立「人民協會」籌備處，10 月 5 日正式組成「人民協會」。同年 11 月 17 日，「人民協會」臺北支部也在靜修女中跟著成立，並推舉謝雪紅為議長。而農民組合幹部簡吉等，亦積極組織「農民協會」，並分往各地設立分會，唯在陳儀政府壓迫下，民國 35 年 1 月，此二協會均遭解散。[1]

　　右翼勢力則以蔣渭川、廖進平等為核心的民眾黨舊幹部，也企圖恢復黨組織，然遭到國民黨臺灣省黨部主委李翼中的勸阻，同時宣達國民黨中央不准臺灣人組黨的指令。[2]然蔣渭川等仍不氣餒，咸

---

[1]　《臺灣新生報》（35 年 1 月 19 日）。

[2]　李翼中，〈帽簷述事〉，收錄於中央研究院近代史研究所編，《二二八事件資料選輯（二）》，（臺北：中央研究院近代史研究所，1992 年），頁 400。〈廖德雄先生訪問記錄〉，《口述歷史》第 4 期（臺北：中央研究院近代史研究所，1993 年 2 月），頁 60。

認為臺灣人於日治時期已有組黨經驗，今祖國政府來了反而不得組黨，殊讓臺灣人大失所望。為遂組黨之願，在陳儀來臺前後，臺灣的政治菁英決定串聯起來，企圖重組舊組織，並開始籌組全島性的聯合組織。[3]34 年 10 月 30 日，原臺灣革命黨、臺灣民眾黨、臺灣文化協會、臺灣農民組合等團體開會磋商，擬成立一聯合性組織。11 月 1 日，蔣渭川、連溫卿、簡吉、潘欽信、王萬得等在劉啟光帶領下，拜會民政處長周一鶚，除提出施政建言外，也表達臺灣人籌組新政治團體的意願。[4]

　　11 月 4 日，原抗日團體在黃朝生家中召開起草委員會，決定新的政治組織名為「臺灣民眾聯盟」，確定宗旨，且推舉 45 名籌備委員，並呼籲全島抗日志士加盟該組織。[5]當時不僅「臺灣民眾聯盟」積極醞釀成立，各類型的政治團體亦紛紛組成，較著者有「臺灣文化協進會」、「臺灣建設協進會」、「臺灣學生聯盟」等，充分顯現戰後臺灣蓬勃的政治生命力。[6]而陳儀為打壓臺灣人的政治結社，於 11 月 17 日居然公佈了〈臺灣省人民團體組織暫行辦法〉，明定「臺灣省人民團體，暫時停止活動，俟舉辦調查登記後，依據法令及實際情形，加以調整，必要時得解散或重新組織之」。[7]在人民團體組織辦法限制下，「臺灣民眾聯盟」好不容易才透過省黨部及「半山」集團張邦傑的協助下，才勉強獲准成立。[8]

---

[3]　何義麟，〈臺灣省政治建設協會與二二八事件〉，張炎憲、陳美蓉等編，《二二八事件研究論文集》，（臺北：財團法人吳三連臺灣史料基金會出版，1998 年 2 月 1 版），頁 171。

[4]　《民報》（34 年 11 月 2 日）。

[5]　《民報》（34 年 11 月 7 日）。

[6]　何義麟，〈臺灣省政治建設協會與二二八事件〉，張炎憲、陳美蓉等編，《二二八事件研究論文集》，同註 3，頁 172。

[7]　《臺灣省行政長官公署公報》1 卷 1 期（34 年 12 月 1 日）。

[8]　同註 3。

　　關於「臺灣民眾聯盟」成立之經緯，蔣渭川有所解釋：「臺灣民眾同盟籌備中途，有歸自祖國的臺灣革命同盟會張邦傑、呂伯雄等亦皆參加。因張邦傑氏深知國內情形，現任長官公署參議，諸種便利起見，乃以張氏為主體進行籌備。至 35 年 1 月 6 日舉行改組成立大會，名稱改變為臺灣民眾協會，舉張邦傑為主任委員，其他常任委員各擔組長。至 4 月 7 日依官命開臨時全省代表大會，將名稱改為臺灣省建設協會，委員制改作理事制。是時張邦傑已離臺赴滬，是以舉蔣渭川外八名為常務理事，分擔各組組長主任，此乃臺灣省建設會之來由」。[9]

　　民國 35 年 1 月 6 日，籌備多時的「臺灣民眾聯盟」召開第 1 屆全體代表大會正式成立，並通過易名為「臺灣民眾協會」。會中選出 51 名執行委員，以張邦傑為主任委員。[10]該會委員名單囊括了民眾黨、農民組合、新文協、臺共以及工友總聯盟幹部，幾乎是臺灣抗日菁英的總集合。為慶賀民眾協會的成立，《人民導報》更以〈民眾協會與民眾運動〉為題評論道：「臺灣人已經是主人翁，今後臺灣的民眾運動應該是建設性的、自主性的」。[11]諷刺的是，這些期許並未成真。

　　民眾協會成立後，立即向黨政機關呈請備案，未幾即遭當局干涉。民眾協會決定活動方針為：（1）推行三民主義。（2）協力建設新臺灣。（3）擁護蔣主席及陳長官。（4）受臺灣省黨部領導。（5）與三民主義青年團聯絡協力。[12]由於民眾協會暗批執行當局，陳儀亦對該協會有所警戒。1 月 18 日，藉對「臺灣學生聯盟」等 10 餘

9　蔣渭川，〈二二八事件報告書〉，陳芳明編，《蔣渭川和他的時代》（臺北：前衛版，1996 年 3 月初版），頁 150。

10　《民報》（35 年 1 月 8 日）。

11　《人民導報》（35 年 1 月 7 日）。

12　《人民導報》（35 年 1 月 15 日）。

團體宣佈解散之際，也對民眾協會警告「調查明確後再辦理」。[13]由於民眾協會成立後，對陳儀政府採取全面性的批判，與公署對立乃正式浮上檯面。陳儀為報復民眾協會，先是驅逐該會主任委員張邦傑，後是阻撓該會合法立案。[14]具體做法是要求協會修改會章，3月2日該會召開幹部會議，同意遵照指示修改會章。其後，再度奉令更改會名，對此項干涉，該會原本不以為然，最後在丘念臺的規勸下，於3月10日召開的第2次執行監察委員聯席會議上，也通過修正章程、更改會名之決議。[15]4月7日，臺灣民眾協會召開臨時代表大會，會中通過決定更改會名為「臺灣省政治建設協會」，並選出張晴川、蔣渭川、王萬得、呂伯雄、黃朝生、廖進平、李友三、王添灯、張邦傑、陳炘、施江南、潘欽信、陳旺成等人為新的理監事。[16]

二、臺灣省政治建設協會之活動

臺灣省政治建設協會（以下簡稱「政建協會」）成立於民國35年4月7日，其前身為同年1月成立的「臺灣民眾協會」。[17]民眾協

---

[13] 《臺灣新生報》（35年1月19日）。

[14] 何義麟，〈臺灣省政治建設協會與二二八事件〉，張炎憲、陳美蓉等編，《二二八事件研究論文集》，同註3，頁174。

[15] 丘念臺的建議是：「最希望民眾協會一定要遵守政府命令，合法備案，不是固執名義上的變換，或是內容的改革。須知切實為民眾做工，只求實事求是，不要姑託空言，是為至要。」《人民導報》（35年3月9日）。《臺灣新生報》（35年3月11日）。

[16] 《人民導報》（35年4月8日）。

[17] 「『政治建設協會』的前身就是1945年10月成立的『臺灣民眾協會』，是由日據時代『臺灣民眾黨』以及『文化協會』的部份領導成員組成的，主要有王添灯、王萬得、楊元登、黃朝森、蔣渭川、張邦傑等人。該組織後來遭到取締，解散後再組『臺灣省政治建設協會』，基本上受蔣渭川的控制」。——葉芸芸，〈三位臺灣新聞工作者的回憶——訪吳克泰、蔡子民、周青〉，葉芸芸編：《證言二‧二八》（臺北：人間版，1990年），頁101。

會從成立到改組為「政建協會」期間，在臺灣各地已成立了五個分會。首先成立的是臺北分會，於 2 月 10 日成立，李友三任主席，張武曲、周桃源等 19 人為執行委員。[18]其後，基隆、能高（今埔里）、苗栗、及本部直屬的城中區分會亦陸續組成。民眾協會成立之初係標榜「臺灣革命團體」的聯合組織，但隨著各分會的設立，亦逐漸吸納了各地有力之士。[19]

　　改組為「政建協會」後，以「建全本會基層組織」為發展要務。4 月 12 日召開的理監事聯席會議，通過「關於本會應如何擴展組織案」。該案經討論後決議，迅即在全臺各地展開籌組分會之工作。總計在該會存在的 1 年多時間，全省各地成立了 25 個分會（淡水分會在籌備中），遍及基隆、臺北到屏東，聲稱擁有會員萬名。[20]分析民眾協會分會設立地點和幹部成員，基本上，仍是以舊民眾黨幹部為主，所以將政建協會視為臺灣民眾黨的重建亦不為過。當然，政建協會雖以民眾黨成員為核心，但也吸收若干地方自治聯盟幹部、臺共黨員與其他抗日團體成員，兼亦包含不少臺灣地方士紳，這樣的組合，使政建協會逐漸成為代表臺灣社會中間階層的主要團體。[21]

　　由於受制於訓政法規的束縛，政建協會只能是個普通的人民團體，這與臺灣人希望籌組一個自主性的政治團體相去甚遠。依據訓政體制的理念，臺灣只有國民黨與「三青團」；及青年黨與民社黨（唯此二黨當時尚未來臺）是合法的政治團體，其他各種人民團體都必須接受國民黨的領導。

---

[18]　《人民導報》（35 年 2 月 11 日）。

[19]　《人民導報》（35 年 4 月 6 日）。

[20]　《人民導報》（35 年 4 月 13 日）。

[21]　何義麟，〈臺灣省政治建設協會與二二八事件〉，張炎憲、陳美蓉等編，《二二八事件研究論文集》，同註 3，頁 179。

35 年 11 月 28 日，政建協會與另一競爭對手，臺灣省憲政協進會舉辦聯誼會，會中劉啟光說明開會目的，強調兩會皆以本省政治建設為目的之團體，故必須相互聯繫合作，不可發生摩擦對立。會中決定組織聯絡委員會，兩會各派 5 名委員，每月定期開會。[22]36 年 1 月 30 日，兩會之聯絡委員會召開第 3 次會議。委員會由政建協會代表蔣渭川、廖進平、王添灯、黃朝生、呂伯雄；憲協代表劉啟光、游彌堅、林忠、謝東閔、李萬居〈吳金鍊代〉等 10 人組成。會中討論有關促進憲政實施之辦法後，決議在臺北市每週共同舉辦兩次地方自治講座，並聯合向政府要求年內實施縣市長民選。[23]唯這些合作計劃後來並未實現，且聯絡委員會也未再召開。兩會表面上合作，背後其實暗中較勁互相猜忌。「228 事件」後，蔣渭川公開批評憲協的「半山」色彩，使得兩會公開決裂。[24]36 年，政建協會主辦的「憲法推行講演會」，公開成為批判政府的政治集會。

政建協會可視為臺灣人的政治結社，該會前身民眾協會在設立之初，1946 年 2 月 11 日，已向政府當局提出 21 項政治改革意見。內容包括本省最高行政組織應予改正、全國國民大會之本省代表名額及產生方法應速規定、本省人之公務員任用資格應特別規定、要求廢除行政長官公署，撤銷專賣制度、撤廢貿易公司、整飭軍紀、嚴懲貪污、釋出接收之工廠土地、援助在外臺胞、減輕賦稅、解決糧荒、維持鐵路票價等提案。[25]這些建議案形同全面性批判陳儀政府的施政，充分表明該會為臺灣人自主性之政治團體，可說是 228 事件期間，臺人改革案的雛形。[26]

---

[22] 《臺灣新生報》（35 年 11 月 29 日）。

[23] 《臺灣新生報》（35 年 11 月 31 日）。

[24] 陳芳明編，《蔣渭川和他的時代》，同註9，頁 53-54。

[25] 《民報》（35 年 2 月 11 日）。

[26] 何義麟，〈臺灣省政治建設協會與二二八事件〉，張炎憲、陳美蓉等編，《二

在政治主張方面，政建協會以為本省國民大會代表應採用民選，當時國府預定 5 月召開制憲國民大會，針對臺省國民大會代表選舉，民政處擬由行政長官公署推選三倍於法定名額的候選人，呈請中央圈選，這種遴選方式一經發表，立即遭到政建協會的批判。另政建協會也希望政府立即促成行政機關首長民選、地方首長直接民選，新的自治要求運動，以及縣市長民選、公民直選等政治訴求。[27]

憲法公佈後，臺灣社會的政治議題焦點，開始集中於憲法中有關地方自治的問題。此時，政建協會以戰前推動自治運動的方式，在各地舉辦推行憲法的演講會，要求實施縣市長民選。這種政治運動無論是運動的方式，或是自治之理念，皆可謂來自日治時代的經驗。[28]但民國 36 年元旦憲法公佈後，臺灣民政處卻發表「臺灣地方自治三年計劃」，在其條文中規定，臺灣要到 38 年才能實施縣市長民選。此計劃一出，輿論大嘩。政建協會立即通電各界，發表反對聲明。[29]至於縣市長民選何時實施，政建協會也與政府有相當尖銳的對立。36 年 2 月 3 日，政建協會與《民報》社舉辦「憲政推行座談會」，會中強調臺灣是中國最進步之一省，請行政院在臺灣省實施縣市長民選。[30]張晴川甚至認為，推行憲政，不能只是座談而已，

　　二八事件研究論文集》，同註 3，頁 174。

27　《民報》（35 年 12 月 21 日）。

28　何義麟，〈臺灣省政治建設協會與二二八事件〉，張炎憲、陳美蓉等編，《二二八事件研究論文集》，同註 3，頁 190。

29　聲明文中表示：臺灣的戶籍、地籍、警政、交通、衛生、教育等各項自治條件之基礎早已具備，且文化水準既高，地方自治常識與能力亦強。因此，「今日我政府當局只要改革過去之惡劣制度與作風，（中略）似無須一一從頭做起。（中略）倘執政者肯予積極進行，則立可完成地方自治。」《人民導報》（36 年 1 月 21 日）。

30　〈憲政推行座談會記錄〉，《民報》（36 年 2 月 5、6、7 日）。

應採取具體行動。「市民自己選市長，然後請長官任命，此種步驟並不抵觸憲法，亦有必要」。[31]

　　該座談會最後決議，為推動地方自治，組織起草委員會起草〈省自治法〉以供各界參考，對於縣市長民選問題，則發動各團體向中央請願。〈省自治法〉起草委員有呂伯雄、陳逸松、謝娥、許乃昌、陳旺成、蕭友山、王添灯等。[32]縣市長民選是臺人所提出的政治改革項目中，最普遍的要求與共識。

　　政建協會作為爭取自治的代表性團體，該會不但率先反對地方自治3年計劃，且積極鼓吹爭取縣市長民選，並自擬〈省自治法〉，最重要的還是該會在各地所舉辦的「憲政推行講演會」之活動。由蔣渭川、張晴川、廖進平、呂伯雄、廖文奎、廖文毅、白成枝等政建協會領導人，分赴各地分會及中南部地區巡迴演講，講述主題均與憲政民主和自治有關，該會與政府對立之情勢，因這些議題又急遽升高。[33]

　　基本上，臺灣人的自治理念，在日治時代即已有之，這些自治理念與民主政治的思想，對國府治臺構成嚴重的威脅，兼以對陳儀施政的不滿與失望，民國36年前後，逐漸匯聚成要求自治的主流民意。在政建協會主導下，自治的爭論已發展為一股社會運動，而非僅止於單純的批評時政而已。[34]228事件前夕，政建協會曾舉辦集會遊行，形成與政府對抗之勢。是年2月2日，政建協會臺中分會與青年團臺中分團、臺中市黨部共同舉辦「臺灣中部地區行憲座談

---

[31]　同上註。

[32]　同上註。

[33]　何義麟，〈臺灣省政治建設協會與二二八事件〉，張炎憲、陳美蓉等編，《二二八事件研究論文集》，同註3，頁192-193。

[34]　同上註，頁193。

會」，會後發表嚴正聲明，自治 3 年計劃係違憲之舉，政府須於行憲日以前完成省縣市長之選舉。[35]

2 月 26 日，政建協會臺中分會召開理監事會，會中決定 3 月 2 日在臺中戲院舉行「憲法推行大講演會」，旋 228 事件爆發，情況劇變，謝雪紅主導的市民大會在臺中召開，嚴厲抨擊陳儀政府，政建協會臺中分會理事巫永昌、張風謨等，亦先後致詞批評政府施政之弊端，此為後來政建協會被陳儀逮到參與叛亂之把柄，而伏下遭解散命運的導火線。[36]

三、臺灣省政治建設協會之結束

基本上，228 事件發生後，政建協會其實並未參與抗爭活動，只是在此前後，因為陳儀的施政弊端連連，政建協會曾發起多次的講演請願遊行活動；兼以政建協會是個有組織的政治團體，支持群眾又多，使得事件爆發後，陳儀政府很快的聯想到與政建協會有關。[37] 當然，不可否認 228 的抗議活動，是有不少政建協會的支持群眾參與，協會幹部廖進平、呂伯雄亦參與抗議活動，兩人還在現場發表演講。[38]但綜觀整個事件期間，政建協會反而是扮演溝通協調，安撫群眾的角色。事件發生後，政建協會的主要幹部蔣渭川即被陳儀邀請出面撫平亂局，3 月 2 日，蔣渭川、李仁貴、張晴川等與陳儀

---

[35] 《中華日報》（36 年 2 月 4 日）。

[36] 林金莖，〈臺中市暴亂情形綜合報告〉，《二二八事件研究報告》附錄閩臺監察使楊亮功調查報告，附件五，行政院二二八事件研究小組（1992 年）。

[37] 何義麟，〈臺灣省政治建設協會與二二八事件〉，張炎憲、陳美蓉等編，《二二八事件研究論文集》，同註 3，頁 194。

[38] 〈廖德雄先生訪問記錄〉，《口述歷史》第 4 期，同註 2，頁 60。

見面，雙方討論事件之處理辦法，最後決定四項寬大處理原則，蔣
渭川並到電臺廣播，呼籲群眾理性，制止妄動恢復秩序。[39]

　　另外，蔣渭川亦代表政建協會向陳儀提出改組長官公署為省政
府、設立省政改革委員會、起用本省人士等改革 3 原則，獲得陳儀
同意。[40]據此 3 原則，呂伯雄、廖進平等再進而詳擬細則後，遂完
成 9 條的〈臺灣省政改革綱要〉，包括改組長官公署、起用本省人士、
改革經濟措施、撤銷宣傳委員會、撤銷專賣局貿易局等，並以政建
協會名義發表，這份〈改革綱要〉反映了該會自設立以來一貫的政
治改革要求。[41]

　　3 月 6 日，政建協會所提的省政〈改革綱要〉，交給了「228
事件處理委員會」，但未被採用。因為「處委會」已擬定 32 條的
改革要求。[42]且因政建協會大部份成員均已參加各地的「處委會」，
因此，政建協會的省政改革要求，早已納入各地「處委會」的訴
求中。

　　換言之，臺灣人的政治改革要求，並非突如其來的產物，而是
政建協會年餘來改革要求之結果。當「處委會」發表 32 條要求與
10 條處理大綱後，中央派遣軍隊抵臺的消息傳開，政建協會幹部也
覺得大勢不妙。3 月 9 日，蔣渭川、呂伯雄、廖進平、白成枝等緊
急商議，決定發表「臺灣省政治建設協會告同胞書」，表明該會反對
「處委會」所提的 32 條要求。[43]嚴格而言，在 228 事件期間，政建
協會並非主導力量，蔣渭川甚至被陳儀利用來緩和情勢，事後遭到

---

[39] 陳芳明編，《蔣渭川和他的時代》，同註 9，頁 8-22。
[40] 蔣渭川，〈二二八事變始末記〉，陳芳明編，《蔣渭川和他的時代》，同上註，
　　頁 134。
[41] 同上註，頁 103。
[42] 同上註，頁 106。
[43] 同上註，頁 134-135。

臺灣人的不諒解與罵名。然而，在 3 月 14 日，臺灣省警備總司令部仍發佈命令解散該會。[44]

　　基本上，政建協會在 228 事件中主張政治改革，並無推翻政府之意圖，事實上，在主張武力抗爭的臺灣人來看，政建協會反而是一股與政府妥協的反動勢力，或派系鬥爭之工具。[45]然而，這樣的團體仍遭到解散的命運，且在 228 事件中受害至深，主要幹部如黃朝生、廖進平、王添灯、陳炘、施江南等，均在此事件中失蹤或遇害。[46]政建協會勢力被消滅後，國民黨去了最大的心腹大患，其政權才得以順利在臺灣建立威權體制。而在國府的威權統治下，政建協會等之政治菁英，幾乎被剷除殆盡。從此，臺灣政治菁英不是噤若寒蟬，就是馴服於統治當局，這不僅是臺灣社會民主發展之重挫，也是臺灣人「去殖民化」（Decolonization）運動的失敗，而最後被迫走上再殖民地化之路。[47]

---

[44] 《和平日報》（36 年 3 月 18 日）。

[45] 莊嘉農，《憤怒的臺灣》（臺北：前衛版，1991 年 6 月出版），頁 127。

[46] 李筱峰，《二二八消失的臺灣菁英》（臺北：自立晚報社，1990 年），頁 37。

[47] 何義麟，〈臺灣省政治建設協會與二二八事件〉，張炎憲、陳美蓉等編，《二二八事件研究論文集》，同註 3，頁 198。

第八章　廖文毅與「臺灣再解放聯盟」

一、前言

　　戰後臺灣第一代「臺獨教父」西螺望族廖文毅，想必大多數國人現在都已遺忘這號歷史人物。反對臺獨者固然不想提及，支持臺獨者亦不願多說，箇中原因可能是廖文毅於民國 54 年 5 月自日返臺向國府投降，被擁護臺獨者視為背叛臺獨運動，故不願再提起。然平情而言，廖在「228 事件」後，由原本對祖國尚存幻想的「聯省自治派」，到其後組織成立「臺灣再解放聯盟」時的「託管論」主張，迄於後來在日本成立「臺灣共和國臨時政府」並任大統領，積極在海外倡導臺獨運動，其一路走來實有其特殊的歷史意義存在。

　　基本上，「臺灣再解放聯盟」為臺灣戰後第一個在海外的臺獨組織。[1]此團體為廖文毅在香港所成立，該聯盟先是主張臺灣託管論，後來則從事臺獨運動，而該聯盟所訴求之政治主張，其實即為廖的政治見解。特別要提的是，該聯盟成立之時，適值國府勘亂失利之際，大陸淪陷已是時日問題，蔣未雨綢繆的有將國府遷臺之打算。然美國對國府是否有能力守住臺灣已然失去信心，更何況「228 事件」後，臺灣人對國府的印象極壞，為維護美國在西太平洋的戰略利益，美國勢必要保住臺灣。因此，美國當時對臺灣澎湖準備多種政策方案，如扶持孫立人，試圖「倒蔣」以建立一個親美政權。另外，亦不排除與反蔣的其他臺獨團體接觸，「臺灣再解放聯盟」即為美國積極接觸的對象之一。

---

[1]　Claude Geoffroy 著、黃發典譯，《臺灣獨立運動》（臺北：前衛版，1997 年 5 月初版），頁 55。

　　為此，本文即以〈廖文毅與「臺灣再解放聯盟」〉為題，探討這位「臺獨急先鋒」廖文毅之思想轉折，及已被遺忘的「臺灣再解放聯盟」在海外臺獨運動史上的地位。當然也探討美國與該聯盟的關係，因為藉由美國與該聯盟的關係，亦可窺見當時美國之對臺政策。

二、由「祖國派」到「聯省自治論」

　　嚴格而言，廖文毅一生政治思想之演變，其實為一「四變」的過程，即由光復初期的擁護「祖國派」，到「228事件」後的鼓吹「聯省自治論」；迄於「臺灣再解放聯盟」時期的「臺灣託管論」，終至「臺灣獨立」的主張。此一思想的跌宕轉折，均快速遞變於戰後到國府遷臺的這幾年間，由此觀之，大時代的劇變對知識份子或政治菁英所帶來深遠的影響。光復之初，以廖氏兄弟在大陸之淵源，廖確實是個「祖國派」，且對國府尚寄予厚望。[2]此由其創刊《前鋒》雜誌和積極參與戰後民意代表選舉可看出端倪。

　　民國34年10月25日，臺灣光復的那一天，廖文毅創辦了一份評論政治、經濟、文化等內容之綜合性刊物《前鋒》，由他任主編，並聘其兄廖文奎為顧問。《前鋒》是戰後臺灣人發行的早期刊物，選在10月25日發刊，有迎接新時代的象徵意義。[3]《前鋒》共出刊18

---

[2]　廖文毅於民國16年中學畢業後，即赴中國大陸，考進南京金陵大學工學院機械系。畢業後，於21年赴美留學。學成後，於民國24年返回中國大陸，應聘擔任國立浙江大學工學院教授兼主任。民國26年並任軍政部兵工署上校技正，與中國淵源甚深。李筱峰：〈自我放逐的「大統領」廖文毅〉，張炎憲、李筱峰、莊永明等，《臺灣近代名人誌》第一冊（臺北：自立版，民國77年5月2版），頁280。

[3]　張炎憲說到：「終戰不久，廖原本在中國上海發行《臺灣月刊》，旋不久又在臺北出版《前鋒》，且上海同人多數回臺，廖乃將《臺灣月刊》遷回臺北，擴編《前鋒》雜誌，發行《前鋒》週刊。總計出刊《臺灣月刊》2期、《前

期，其中第 16 期，因恰值「228 事件」爆發，無法在臺出版，拖至
4 月 22 日才於上海出刊。不僅如此，在「228 事件」後，因該刊嚴
厲抨擊陳儀政府而被迫停刊。《前鋒》前後共發行年餘，正是臺灣社
會動盪不安、經濟崩潰、人心思變的時期。這份雜誌亦充分反映出
臺灣人追求理想，從熱烈期待跌入絕望深淵的痛苦過程。[4]

　　基本上，廖文毅熾烈的「祖國意識」，在《前鋒》光復紀念號〈告
我臺灣同胞〉發刊辭中，可清楚的看出。在該文中，廖文毅情真意
切的強調「我們不可忘記，我們是遺傳著大陸民族的血統，我們的
國家是世界五大強國中的大中華民國。」[5]言猶在耳，但是廖文毅懷
抱的「祖國意識」很快的就破滅了，其中之關鍵，與其在戰後積極
參與的選舉失利有關。民國 35 年 8 月，臺灣舉辦國民參政員選舉，
選舉結果廖文毅得 13 票，但其中 1 票的「廖」字弄髒，經最高國防
委員會審議結果，廖此票無效。使得原本 13 票已可當選的廖文毅變
成 12 票，不得不與同票的林茂生、杜聰明、吳鴻森、陳逸松等 5 人
抽籤決定而落選。[6]

　　當年亦因選票「肇」字多一劃而有爭議，最終落選的楊肇嘉即
言：「想不到就因為那時一票處理上的錯誤，竟埋下了影響廖文毅以
後出走異國的主要因素，而使我們的政府為廖文毅在國外所唱的『臺
灣獨立』運動多多少少的麻煩了十數年。」[7]此事，以後追隨廖文毅
的林益謙也曾親眼目擊，他說，開票當天他和邱永漢去臺北市中山

鋒》雜誌 2 期。」見張炎憲，〈《前鋒》雜誌創刊號〉，《前鋒——光復紀念號》
（臺北：臺灣舊雜誌覆刻系列 4，傳文文化事業覆刻出版，出版年月不詳），
頁 5。

[4]　同上註。

[5]　廖文毅，〈發刊辭——告我臺灣同胞〉，《前鋒——光復紀念號》（民國 34 年
10 月 25 日），頁 2-3。

[6]　《民報》（35 年 9 月 1 日晨刊）。

[7]　楊肇嘉，《楊肇嘉回憶錄》（臺北：三民版，民國 59 年 7 月 3 版），頁 359。

堂觀看，廖文毅的得票應足以當選，但擔任選舉主任委員的民政處長周一鶚，卻一張一張地檢查廖文毅的選票，以模糊、寫錯、溢出欄外等由挑毛病，儘管在場觀眾鼓譟抗議，周仍置之不理，此事使廖文毅對國府十分失望與灰心。[8]

依楊肇嘉的講法，似乎以為爾後廖文毅在海外倡導臺獨，是因這次參政員選舉處理不公所致。其實未必，此次選舉讓廖文毅對國府離心是真，但此時廖尚未有臺獨之念。在其後的制憲國大代表選舉，廖仍出馬參選，並提出「聯省自治」主張，在各報刊登競選啟事，所以當時大家都將廖視為「聯省自治論」者。制憲國大代表選舉，廖在臺北市選區只得 7 票，列為候補，形同落選。落選後他有一趟「祖國行」，與其兄廖文奎遍訪華南、京滬等地，目的是要詳細觀察國內政治、經濟，尤其要看國大制憲情況，以及臺灣選出的制憲國大代表的表現。[9]

這次的中國行，廖仍言必稱「祖國」，可見其時還無臺獨之念，「祖國意識」依然存在。只是對於國內政治問題的解決，廖開始提出「聯省自治」的主張。民國 35 年底，廖在參加一項座談會上，即大聲疾呼的倡議「地方自治」主張。他說：「由廣大的中國看，必須實行地方自治。各地方得了健全發達再團結的中國，一旦有事可免國家的崩壞。一國的政治組織的理想方式，應該像寶塔式一樣，由下而上的。我們為謀建設國家的堅固基礎，必須由六百萬人團結起來建設我們的臺灣。」[10]

---

[8] 〈林益謙口述〉，張炎憲、胡慧玲、曾秋美採訪記錄，《臺灣獨立運動的先聲──臺灣共和國》（下冊）（臺北：財團法人吳三連臺灣史料基金會，2000年 2 月 1 版），頁 443。

[9] 李筱峰，〈自我放逐的「大統領」廖文毅〉，同註 2，頁 285。

[10] 《前鋒雜誌》第 11 期〈36 年 1 月 1 日〉。

　　為宣揚他的「聯省自治論」，廖以《前鋒》為其論述喉舌，該刊社論多由廖執筆。其中廖有一篇〈聯省自治論〉的社論，即提出「中國應當革除數千年來的封建專制政治、皇帝軍閥獨裁政治和極端的中央集權制度，而採取自由選舉、地方均權、各省高度自治、民主共和的聯邦體制（像美國一樣的聯邦體制）」。[11]這篇社論頗能具體道出廖「聯省自治」的主張。唯此社論一出，馬上遭到國民黨臺灣省黨部的圍剿，認為這是「反中央政府的地方割據」、「造反的行為」、「反中國傳統文化的惡思」、「美國式的書生之論」和「企圖臺灣分離獨立」。[12]其實國民黨窮緊張，彼時廖文毅的政治思想，還不到「企圖臺灣分離獨立」的階段，充其量只是個「聯省自治論」者，因為主編《前鋒》時期的廖文毅，基本上，其臺獨意識還不甚明顯。

　　真正直接導致廖文毅萌生臺獨意識的，是「228 事件」的巨大衝擊影響。36 年 2 月 25 日，廖文毅家族 4 人，由基隆搭船赴上海。3 月 1 日，他們是從上海《大公報》上，才得知臺灣發生了震驚中外的「228 事件」。為聲援臺灣同胞，3 月 4 日，上海的 6 個臺灣同鄉團體，包括廖文奎的「旅滬臺灣同鄉會」，廖文毅的「臺灣革新協會」聯名發表〈為二二八慘案告全國同胞書〉，對國民黨及陳儀政權提出嚴厲的批判。[13]

---

[11]　廖文毅，〈論聯省自治〉，轉引自張炎憲，〈戰後初期臺獨主張產生的探討——以廖家兄弟為例〉，《二二八學術研討會論文集》（臺北：現代學術研究基金會發行，1992 年 2 月 1 版），頁 287。

[12]　張炎憲，〈戰後初期臺獨主張產生的探討——以廖家兄弟為例〉，《二二八學術研討會論文集》，同上註，頁 287-288。

[13]　張炎憲，〈戰後初期臺獨主張產生的探討——以廖家兄弟為例〉，同註 11，頁 290。

　　3 月 9 日，廖氏兄弟又連袂至南京向國府提出五項要求：（1）立即允許臺灣地方自治，省縣市長一律民選。（2）廢除特殊化的行政長官、制度和其一切法令措施。（3）懲罰陳儀及軍政實際負責人。（4）取消臺灣的專賣制度及官定貿易。（5）撫卹傷亡，立即釋放被扣押民眾。另外，更反對國府派遣軍隊赴臺灣鎮壓。[14]正當臺灣人 6 團體為「228 事件」的善後積極奔走時，臺灣警備總司令部卻向臺北高等法院檢察處控訴 30 名內亂罪犯，其中就有廖文毅，並加以通緝之。[15]通緝令經上海《大公報》披露後，徹底打碎了廖文毅追求臺灣自治的最後一線希望，此一刺激，使得廖氏兄弟逐漸走向臺獨的主張。[16]

三、「臺灣再解放聯盟」與「託管論」

　　當年廖文毅組織「臺灣再解放聯盟」的經過情形，其實是經過一番醞釀的過程。其中，美國的暗中支持，似乎起了不小作用。廖是先有將臺灣「託管」的主張，再成立該聯盟以實現其目標。廖的「託管」意見，具體詳見於他向美國特使魏德邁提出的「意見書」。事緣於民國 36 年 7 月間，魏德邁來華時，廖文毅曾見過魏德邁，並

---

[14] 陳碧笙，〈參加臺灣旅京滬十團體記略〉，收入葉芸芸編，《證言 2 · 28》（臺北：人間版，1990 年），頁 131。

[15] 雖然廖氏兄弟早在事件前就離開臺灣，但仍被歸為二二八首謀叛亂主犯，被控以「幕後策動指示野心家實行事變策略」，廖氏兄弟後來在海外鼓吹臺獨運動，國府不當處置實難辭其咎。〈警總二二八事件資料：案犯處理（二）〉，《二二八事件資料選輯（六）》（臺北：中央研究院近代史研究所，1997 年出版），頁 274。陳佳宏，〈戰後臺獨之發展與演變（1945-2000）〉（臺北：國立臺灣師範大學歷史研究所博士論文），頁 50。

[16] 張炎憲，〈戰後初期臺獨主張產生的探討──以廖家兄弟為例〉，同註 11，頁 296。

向他遞上〈處理臺灣問題意見書〉。內容除了批評陳儀政府的罪狀及詳述「228 事件」經緯外，主要是希望美國援助臺灣，准許臺灣人派代表出席日本和約會議，且臺灣代表在會議上，應有發言權。臺灣的歸屬問題，應在對日和約上討論，但必須尊重臺灣人的意志，應舉行公民投票來決定。

　　唯在舉行公民投票前，廖認為臺灣應暫時置於聯合國託管下，但此託管有幾個條件：（1）聯合國除派遣政治、經濟、軍事、文化等顧問團外，任何外國人都不得在臺灣任高級軍政官員。（2）託管期限，以兩年為原則，最長不得超過 3 年。（3）託管期間，臺灣的行政、司法、治安、教育等不受任何國家的干涉。（4）託管期限結束的 3 個月前，應舉行公民投票，以決定仍屬中國，或脫離中國，或屬他國或完全獨立。公民投票時，聯合國應組織代表團來監察。此外，該〈意見書〉也提到，倘公民投票的結果，臺灣仍屬中國時，必須與中國政府簽約，在憲法上保障臺灣為一自治領，臺灣必須有獨自建軍的權利，中國軍隊不得駐屯臺灣。而倘公民投票的結果，是臺灣人要求獨立的時候，聯合國託管理事會在臺灣的機構，應立即退出臺灣，而使臺灣成為永久中立國，避免將來戰禍。[17]

　　其後，魏德邁行程也來到臺灣，後來成為廖之得力助手的黃紀男，也曾透過當時美國駐臺總領事遞交一份〈請願書〉，文中提到：「二二八事件證明國民黨無能統治臺灣人的事實，我們呼籲讓臺灣人享有自決之權。其次，臺灣人應該有權利派代表出席對日和約，並有為日後命運，透過公民投票的方式決定之權利等等」，其論點與廖如出一轍。是年 9 月底，黃前往上海欲見廖文毅，商議臺灣問題。抵滬，廖已離滬至港，黃見到廖文奎，並和廖文奎經由金陵大學校長

---

[17]　蘇新，《未歸的臺共鬥魂——蘇新自傳與文集》（臺北：時報版，1993 年 4月初版），頁 271。

貝斯（Dr.Bates）引介，到南京拜訪美國駐華大使司徒雷登（Leighton Stuart）。席間，黃向司徒大使說明「228事件」發生情形，並請其向美國政府反應，讓臺灣舉行公民投票，來決定自己的前途。[18]

廖文毅呈給魏德邁的〈意見書〉，似乎發生若干效果，最起碼已逐漸引起國際媒體的關注。是故自民國36年10月起，美國通訊社即以此〈意見書〉內容為主，開始報導相關消息。如該年10月14日，「美聯社」上海電稱：「本社記者今日獲悉：臺灣分離運動的領袖們不久將正式要求出席日本和會，並將要求舉行公民投票，以便決定仍屬中國抑或完全脫離中國，現在此間的一個臺灣領袖說：臺灣人將以獲得自治而妥協，但將首先極力爭取完全脫離中國。另一個領袖自臺來函，率直建議：除把臺灣置於託治之下外，別無辦法拯救臺灣人，臺灣領袖相信在公民投票一定會獲得勝利。寫信的人說：現在臺灣人有百分之九十九都極欲脫離中國，至少在國共之間守中立，我們正要求美國幫忙，但很遺憾的是在目前情況下，美國幫不了什麼忙。我們必須參加日本和會，並宣傳我們的民意。臺灣的命運全靠和會了，如我們失去這次好機會，我們的艱苦命運就將繼續一個長時間。」

諸如此類的訊息，以後頻頻出現於美國媒體。如11月2日「合眾社」自上海發電稱：「此間臺灣人今日對本社記者稱：彼等將於明日或本星期四晉京扣謁司徒大使，請求予以援助，俾臺灣能獲得自主之權。（中略）關於此問題，彼等謂已準備呈文，向日本和談會議及聯合國呼籲」。基本上，從這些美國通訊社的電訊和廖向魏德邁提出的〈意見書〉內容看來，不難看出美國、及其後成立的「臺灣再

---

[18] 〈黃紀男口述〉，張炎憲、胡慧玲、曾秋美採訪記錄，《臺灣獨立運動的先聲——臺灣共和國》（上冊）（臺北：財團法人吳三連臺灣史料基金會，2000年2月1版），頁93-94。

解放聯盟」、臺灣託管運動之間一連串的關係，已完整的形態出現了。[19]

於此同時，在臺灣的美國新聞處長卡度（Coto），亦積極呼應美國媒體的報導。美國新聞處對此議題曾發表意見為：（1）開羅會議公報和波茨坦宣言雖然規定將臺灣歸還中國，但對日和約未締結以前，臺灣的歸屬實尚未正式確定。（2）美國有意將大西洋憲章適用於臺灣，那個時候，臺灣人可以由自己的意志來決定臺灣的歸屬。（3）現在臺灣是在麥克阿瑟元帥管轄之下，臺灣人如有任何要求，可以向麥克阿瑟元帥請願。（4）臺灣人如願脫離中國的統治，美國可以幫忙。（5）臺灣人如願意受美國託管，臺灣人可以提出希望條件及託管期限。

由此可見，美國在國府未來臺之前，是曾有在臺灣展開「託管運動」之企圖，卡度則是這個運動的牽線人。其後，國府據報向美國提出抗議，並請求美國調走卡度。繼卡度任美國新聞處長者為康理嘉（Richard P. Conniun），其抵臺後，並不支持原先之「託管運動」，反改以新的方針。即：（1）放棄託管論，煽動「獨立」。（2）培養親美勢力，以控制將來之臺灣政權。（3）以臺灣獨立為號召，組織民眾，進行反蔣運動，但在反蔣運動中，必須同時進行製造反蘇、反共、親美等情緒。[20]

美國表面上雖不支持「託管運動」，但廖文毅仍積極籌劃新組織以推動其「託管運動」。為因應此情勢，36 年 6 月，廖文奎、廖文毅、林木土、陳炳煌、王麗明等 5 人在上海成立「臺灣再解放聯盟」（當時僅有其名，尚乏正式組織）。[21]其後，廖文奎即以該聯盟名義

---

[19]　莊嘉農，《憤怒的臺灣》（臺北：前衛版，1990 年 3 月 1 版），頁 177-178。
[20]　同上註，頁 179-181。
[21]　據廖文毅侄子廖史豪言：「臺灣再解放聯盟並不是如某些人所稱，由廖文毅

向上海的《China Weekly Review》投書〈Formosa Scandal〉一文，嚴辭抨擊國府在臺之敗德失政，此為「臺灣再解放聯盟」最早出現報端之始。[22]是年 10 月，廖文毅等人再於上海召開外國記者招待會，由黃紀男以英文發言，說明「228 事件」之真相，並趁機宣揚臺獨主張，吸引美聯社、路透社、合眾社、「密勒氏評論」等國際傳媒之採訪重視。

雖然如此，但廖氏兄弟也知道在中國從事臺獨不易，為求進一步發展，只有將戰場轉移至香港，與舊臺共謝雪紅、潘欽信、楊克煌、蘇新、王萬得、蕭來福等過從甚密。[23]37 年 2 月 28 日，「228 事件」1 週年，廖文毅以原上海的「臺灣再解放聯盟」為基礎，加上廖文奎的文章作理論依據，聯合「獨立」、「託管」兩派力量，組成香港的「臺灣再解放聯盟」，由廖文毅任主席，黃紀男為秘書長，內設內政、外務、財政等五部。[24]「臺灣再解放聯盟」名稱為廖文奎所取，意即國民黨由日人手中解放了臺灣，但因其貪污腐敗，所以臺灣人必須自己再解放臺灣一次，當天參加者，除石霜湖、王麗明等人外，尚包括一些舊臺共份子。[25]

在香港和舊臺共謝雪紅、蘇新、王萬得、蕭友三、蔣時欽等人合組的。而是廖文奎、廖文毅和林木土、陳炳煌、王麗明等五個幹部在上海組成。」〈廖史豪口述〉，張炎憲、胡慧玲、曾秋美採訪記錄，《臺灣獨立運動的先聲——臺灣共和國》（上冊），同註 18，頁 34。

[22] 據廖史豪言：此名稱最早在上海出現，由廖文奎於「二二八事件」後，在上海《China Weekly Review》撰寫〈Formosa Scandal〉一文，批評魏道明的貪污政治，文章署名即廖文奎和「臺灣再解放聯盟」。同上註。

[23] 陳芳明，《謝雪紅評傳——落土不凋的雨夜花》（臺北：前衛版，1991 年 7 月 1 版），頁 439。

[24] 〈黃紀男口述〉，張炎憲、胡慧玲、曾秋美採訪記錄，《臺灣獨立運動的先聲——臺灣共和國》（上冊），同註 18，頁 95。〈林益謙口述〉，張炎憲、胡慧玲、曾秋美採訪記錄，《臺灣獨立運動的先聲——臺灣共和國》（下冊），同註 8，頁 444。

[25] 主要成員為舊臺共的蕭來福、潘欽信外，還包括黃紀男、石煥長及蔣渭水之

　　該聯盟最初主張，臺灣能在中國聯邦下高度自治，後受黃紀男影響（一說受廖文奎影響），廖文毅才改變其聯邦自治初衷，決定將臺獨主張明訂為「臺灣再解放聯盟」的主要宗旨，戰後第一個海外臺獨團體終於正式產生。[26]此期間，廖文毅的政治觀點正在蛻變中，是年4月，廖文毅發行一本小冊子《臺灣的出路》，此書是他政治主張的具體展現，在該書〈基本綱領〉第1條即指出：「推翻蔣政權在臺的反動統治，建立代表臺灣各階層人民利益的民主獨立政府，待整個中國政治確已走上民主軌道之時，依人民投票，以聯邦之一單位加入中國民主聯邦」。[27]換言之，此時廖的思想仍不脫他的「聯省自治論」，只不過要先有個過渡階段，即臺灣先獨立，待中國也步入民主時，再以一聯邦身份加入中國民主聯邦。

　　不久，在6月3日第18期的《前鋒叢刊》，廖又發表〈一條有價值走的道路〉社論，表示臺灣自主獨立是一條值得走的道路。[28]其後的9月1日，「臺灣再解放聯盟」向聯合國提出託管的呼籲，在這份對外宣傳的文件中，首次明確標示臺獨的主張。其後，廖文毅在另一本《臺灣民本主義》書中再度提到：「二二八革命之後，臺灣人聯邦自治的幻想逐漸消失，臺灣是臺灣的構想急速成長，形成臺灣

　　子蔣時欽等。光華出版社編，《廖文毅及其活動內幕》（臺北：光華出版社，1962年），頁2-4。

26　黃紀男認為廖之臺獨思想是受其遊說，廖史豪則說：廖之臺獨思想是受其兄廖文奎的影響。林益謙則說廖文毅的思想，在二二八後才主張臺灣獨立，因為對中國太失望了。聯合國託管其實也是獨立，只不過緩一步而已。那時我們主張先由聯合國託管，再尋求獨立，但廖文毅主張直接獨立。見〈廖史豪口述〉，張炎憲、胡慧玲、曾秋美採訪記錄，《臺灣獨立運動的先聲——臺灣共和國》（上冊），同註18，頁34。〈林益謙口述〉，張炎憲、胡慧玲、曾秋美採訪記錄，《臺灣獨立運動的先聲——臺灣共和國》（下冊），同註8，頁444。

27　莊嘉農，《憤怒的臺灣》，同註19，頁181。

28　廖文毅，〈一條有價值走的道路〉，《前鋒叢刊》第18號（1948年6月30日），頁3。

獨立的主張。臺灣菁英亡命香港之後，最初分成獨立派和託管派的意見。經過數日間的論爭，做出以聯合國信託管理為手段，獨立為最後目標的結論。」[29]此記載，是廖文毅自我思想轉變的最好印證。故論者張炎憲即評論道：「二二八發生後，廖奔走於臺灣人社團與國府間，希望能救援受難的臺灣人。遭通緝後，亡命香港後，又發覺魏道明主政並未帶給臺灣人自治，思想才逐漸由聯省自治，轉為臺灣自治，經聯合國託管，達到臺灣獨立的主張。」[30]

「臺灣再解放聯盟」曾發行過英文刊物《臺灣論壇報》（Formosa Herald）主張國際間，應當以對待朝鮮的態度對待臺灣。臺灣一旦獨立，美國應當給予援助。聯合國應組臺灣調查團，調查中國自日本接收以來虐待臺人情況，臺灣曾遭日本蹂躪，有權出席和會。臺灣人民是混合血種，與周圍任何國家，並無自然聯繫。決定臺灣將來的民主方法，是由聯合國來執行公民投票。[31]聯盟聲稱擁有會員30萬人，獲得臺灣其他大約12個團體的支持，總人數近100萬人，當然，這種講法是非常誇大不實的。[32]

[29]　廖文毅，《臺灣民本主義》（臺北：臺灣民報社，1956年），頁110。

[30]　張炎憲，〈戰後初期臺獨主張產生的探討──以廖家兄弟為例〉，同註11，頁298。

[31]　莊嘉農：《憤怒的臺灣》，同註19，頁183。

[32]　美國對這個數字也表示懷疑，認為臺灣人大多數都是農民，認為臺灣不可能有六分之一的人口，會這麼有政治意識。見〈華府美國國務院簽呈──檔號：894A.02/12-2348〉（1948年12月23日）。唯據廖文毅侄子廖史豪說法，該聯盟不管在島內或海外，會員不會超過二百人，當然同情者不算在內。見〈廖史豪口述〉，張炎憲、胡慧玲、曾秋美採訪記錄，《臺灣獨立運動的先聲──臺灣共和國》（上冊），同註18，頁43。

四、「臺灣再解放聯盟」的活動

　　為在臺灣發展組織與吸收會員，民國 36 年 8 月底，聯盟派廖氏兄弟姪子廖史豪返臺部署，廖史豪返臺後，儼然成為廖文毅在臺灣的代理人，雲林廖家也成了島內臺獨人士聚集的大本營。當時聯盟在臺基本成員，包括廖蔡秀鸞、許朝卿、許劍雄等人。38 年 10 月，他們加速進行組織工作，廖史豪提出組織「臺灣人家鄉防禦軍」的構想，要求國府引退，代之以一個強大、負責任的政府；鍾謙順則認為多數臺灣青年大多接受過日本軍事訓練，只要一聲令下，都會響應臺獨，成為號召臺獨建國的武力憑據。會中，並推舉廖史豪為臺獨軍隊的領導人。

　　在吸收人才方面，聯盟頗有斬獲，具指標作用的人物，如簡文介、邱永漢、莊要傳等人，即經廖史豪之介，加入臺灣再解放聯盟。[33]當時聯盟在臺灣，有所謂「地下工作委員會」，以黃紀男為主，廖史豪為副。從 38 年 10 月起，該委員會運用個別關係去吸引同志和同情者，傳播臺獨意識。特別是黃紀男、鍾謙順和廖史豪及其母廖蔡綉鸞，密集拜訪臺灣地方有名望士紳和本土政治菁英，如彭明敏父親彭清靠、郭國基、楊金虎、吳基福、陳英裕、高玉樹、石錫勳、郭雨新、葉廷珪、陳啟清等。

　　且為了達到全島性的吸收會員，該委員會還作了組織分工，分別是廖招明負責宜蘭，臺北潘啟義掌舵，高雄林國華主導。另外，廖史豪、黃紀男、鍾謙順也群聚臺北招兵買馬。基隆為偕約瑟責任區，鍾謙順和溫炎煜則在中部招募，許朝卿在臺南、嘉義，許劍雄在高雄。組織核心為黃紀男、廖史豪、鍾謙順、溫炎煜、許朝卿、

---

[33]　〈廖史豪口述〉，張炎憲、胡慧玲、曾秋美採訪記錄，《臺灣獨立運動的先聲
　　——臺灣共和國》（上冊），同上註，頁 104-105。

許劍雄、偕約瑟共 7 人。基本上，委員會為保密，採單線聯絡，只有縱的關係，沒有橫的聯繫，各別分頭發展。

為引起注意，聯盟還透過管道，購買武器準備武裝起義，組織特別行動隊，必要時用武力革命。另外，也曾計劃搶臺銀運鈔車，以籌措革命資金；甚至想暗殺蔣經國，以達到解放臺灣的目的。然因種種條件不成熟，故始終沒有行動，買來的武器，最後被捕時也被沒收。[34]此外，為籌募財源，廖史豪還曾向辜振甫募款，據廖說，辜曾答應但後來卻無結果。除組織工作外，爭取臺灣高層階級的支持是非常必要的。為此，廖史豪母親廖蔡綉鸞甚至透過楊肇嘉向吳國楨說明臺獨內容，希望當局了解臺灣人只要高度自治，絕對是民主和反共的，特別是為了反共，更需要高度自治，否則可能被共黨併吞。[35]不僅如此，為培訓人才，「臺灣再解放聯盟」也成立「幹部養成訓練班」，廖招明和林純章為負責訓練幹部的教官，從事組織化工作。而為宣傳政治主張，《前鋒》雜誌亦在香港重新登記，採不定期的叢書方式出刊。[36]

至於對外方面，聯盟活動更是積極，為進一步引起國際的注意與同情，聯盟不僅到處陳情，廖文毅更鎖定美、日兩國為主要的活

---

[34] 廖文毅曾指示廖史豪等在臺地下工作人員，聯合國大會因臺灣問題有中共的牽制，國民黨政權常處於被排除的危機；臺灣內部獨立的要求，必須有一個明顯的行動，向世人昭示。這項行動，必須很激烈，很明顯，對國際有影響力才行。當時蔣經國逐步掌權，是蔣介石的接班人，如果能夠暗殺蔣經國，是很好的行動。暗殺成功後，接著各方響應，佔領地方，發起軍事行動，東京的臨時政府馬上可以向聯合國安理會提出緊急處理臺灣問題的陳情，這是整個暗殺蔣經國的想法。〈廖史豪口述〉，張炎憲、胡慧玲、曾秋美採訪記錄，《臺灣獨立運動的先聲──臺灣共和國》（上冊），同上註，頁 63。

[35] 〈臺北美國總領事館代辦史壯致國務院電報──檔號：794A.00/6-250〉（1950年 6 月 2 日）。

[36] 〈廖史豪口述〉，張炎憲、胡慧玲、曾秋美採訪記錄，《臺灣獨立運動的先聲──臺灣共和國》（上冊），同註18，頁 40-41。

動戰場。廖以為「臺灣要獨立或公民投票，一定得聯合國解決才行，所以必須讓美國出面替我們提議，才能解決這件事情」。所以在民國37年7、8月間，即派黃紀男、林純章、陳梧桐等赴日活動，希望將來日本進入聯合國後，能幫聯盟提議。黃到日本曾透過國會議員倉石忠雄引介，見到日本首相蘆田均，尋求日本幫忙臺獨，蘆以「目前日本天皇頂上還有一個麥克阿瑟元帥，代替聯合國在統領日本，日本沒有發言餘地，實無法相助」，建議黃直接去找麥克阿瑟協助。[37]

　　黃在日本的活動，終於引起日本媒體的注意，時合眾社東京電訊，即發表聯盟在日本的活動稱：「這個組織的主要目的，是推派代表出席日本和會，並且要求舉行聯合國監督的公民投票來決定臺灣的將來」，他們反對日本、中國及共產黨對臺灣的統治。[38]

　　9、10月間，聯盟要員莊要傳、邱炳南等又攜帶所謂臺灣人民1千多人簽署的〈請願書〉赴日向「盟總」提出「要求聯合國佔領臺灣，直到能舉行公民投票決定臺灣未來地位時為止」。聯盟聲稱有數千會員在日本，他們宣稱：除非臺灣獲得獨立，永遠不表示滿意。並稱支持該團體的有：臺灣青年同盟、臺灣獨立同盟、臺灣人民同盟、臺灣經濟研究會、臺灣自由協會、臺灣學生聯盟等等。〈請願書〉號稱代表650萬臺灣人，內容有下列數點：（1）臺灣必須獨立。（2）聯合國應在本年年底以前派兵佔領臺灣。（3）應成立臨時政府。（4）臨時政府成立後，中國人應遣送歸國；並應將中國人掌握的前日本財產撥交臨時政府管理。（5）日本對華賠償品中，應撥出相當部分抵銷中國自第2次大戰結束後取自臺灣的物資。[39]

[37]　〈黃紀男口述〉，張炎憲、胡慧玲、曾秋美採訪記錄，《臺灣獨立運動的先聲——臺灣共和國》（上冊），同註18，頁96-98。

[38]　莊嘉農：《憤怒的臺灣》，同註19，頁182-183。

[39]　同上註，頁184。

37 年 9 月 1 日，「臺灣再解放聯盟」以 700 萬臺灣人民名義，向聯合國提出第 1 號〈請願書〉，強調臺灣應由聯合國暫時託管，再由全體臺灣人公民投票決定臺灣前途是隸屬於中國或獨立自主。隨後並將表達臺獨意願的英文備忘錄，託人攜往歐洲，寄給丹麥、瑞典、法國、荷蘭、比利時等聯合國會員國，這是「228 事件」後，臺灣人向國際社會宣告臺獨之開端。[40]

為加強效果，黃紀男還特別將廖的聯合國〈請願書〉，透過美國合眾社遠東支社社長霍爾布萊特（Earnest Horbright）的幫助傳送給各大國際媒體，引起一陣轟動。這份請願書的內容大意是：「臺灣再解放聯盟」於 1948 年 9 月 1 日向聯合國提出臺灣託管請願書，以尋求國際支持，爭取臺灣的自立解放，為了避免臺灣淪入中共之手，主張應讓臺灣先脫離中國，暫時讓聯合國託管，再由臺灣公民投票決定臺灣的前途。」黃後來還會見了麥克阿瑟，未能取得具體協助，此外也見到了日本國會議員尾崎行雄及藤澤近雄、藤山愛一郎、緒方竹虎等日本重要政經要人。黃自認為其日本行很成功，並說後來廖文毅之所以會到日本活動，日本之所以成為臺獨活動的基地，與其在日本的宣傳效果有密切關係。[41]

10 月 1 日，聯盟集結 10 個團體於香港《德臣西報》（China Mail）發表聯合宣言，請求盟邦出來處理臺灣問題，從國民黨政府手中救出臺灣。他們說：「南京政府在軍事上失敗，首都也要撤退，已經失去了統治臺灣的能力，而假使臺灣被捲入內戰漩渦，臺灣一定被國

---

[40] 張炎憲，〈廖文毅、臺灣共和國與島內活動〉，張炎憲、胡慧玲、曾秋美採訪記錄，《臺灣獨立運動的先聲——臺灣共和國》（上冊），同註 18，頁 8。

[41] 〈黃紀男口述〉，張炎憲、胡慧玲、曾秋美採訪記錄，《臺灣獨立運動的先聲——臺灣共和國》（上冊），同註 18，頁 98-104。

際共產主義的共謀者（指中共）所踐踏，最後將落入鐵幕之下，威脅西太平洋的和平，引起第三次世界大戰的爆發。」[42]

38 年元月 27 日，聯盟在日本東京提出具體政治主張，即（一）緊急措施：（1）我們要求，美國協助我們達成臺灣獨立，分配相當撥款，以防衛臺灣，對抗共產主義的進攻。（2）我們要求美國，將臺灣問題提交聯合國，並派遣一支治安武力來臺灣，為了儘速達成獨立，實施公民投票。（二）根本措施：（1）臺灣一向享有經濟上的自給自足，中國佔領臺灣 3 年多以來，已經整個摧毀了我們的經濟。所以，我們要求美國協助，以最大的效率達成我們經濟的復建。（2）為了經濟發展，我們要求美國派遣技術顧問來臺灣。（3）我們提供不可能涉及獨佔的諸多企業，歡迎外國投資。（4）我們獎勵基督教運動，旨在對抗共產主義的無神論。（5）我們邀請美國教師啟發臺灣人民的民主真正意義。（6）我們願派對達成我們獨立有貢獻的人赴美國留學，便可以在短時間內，培育一大批民主領袖。（7）得到獨立以後，我們嚴禁中國人入境，以及阻止我們與中國人的交往，直到與他們締結了貿易及通航條約為止。這種措施，為防止中國共產黨進入臺灣所必需。（8）我們要求組成「西太平洋反共防衛同盟」，我們獨立的臺灣共和國便加入成為盟員國之一。[43]這是聯盟自成立以來，對自我政治訴求最清楚明白的闡述，唯其主張不啻將臺灣變成美國間接殖民地。

基本上，廖文毅雖透過「臺灣再解放聯盟」大張旗鼓的宣揚臺獨理念，但在香港社會似乎收效甚微，其《前鋒》雜誌影響也有限，所以國府雖曾派員遊說廖返臺，但也不是非常重視。[44]國府對廖文

---

[42] 莊嘉農：《憤怒的臺灣》，同註 19，頁 185。

[43] 〈東京美國駐日政治顧問室顧問西博爾德致國務院遠東司函──檔號：894A.01/2-949〉（1949 年 2 月 9 日）。

[44] 〈黃紀男口述〉，張炎憲、胡慧玲、曾秋美採訪記錄，《臺灣獨立運動的先聲──臺灣共和國》（上冊），同註 18，頁 96。

毅等人在香港活動之漠視，顯示香港並非臺獨用武之地；兼以舊臺
共成員並不認同廖之臺獨理念，求去者甚多，謝雪紅更是始終未嘗
加入。因此到了 37 年底，香港的「臺灣再解放聯盟」，就僅剩下邱
永漢、黃紀男、黃輝立等 5 人而已，聯盟在香港可說是有名無實。
另一方面，香港政府也曾多次通令聯盟成員不得在香港從事政治活
動，相對於香港臺灣人稀少，日本當時則有許多臺灣人，臺獨可以
活動及發展的空間也大許多，為求臺獨的繼續發展，廖只好東渡日
本另闢戰場。[45]

　　除對日活動外，「臺灣再解放聯盟」也一度想拓展與東南亞各國
的關係。37 年 12 月底，廖本欲訪問菲律賓總統勞瑞爾，希望菲律賓
能協助，在聯合國提案討論臺灣的歸屬問題，但後來並未成行。38
年 2 月，聯盟再度擬了一份〈請願書〉送至聯合國，聯合國仍未做任
何回應。4 月，共軍渡江，美國考慮臺灣地位重要，想極力保臺，以
避免落入中共手中。於是美國駐港領事館副領事謝偉志（Dick Service）
乃積極遊說廖文毅，速派人返臺宣傳中共即將攻臺消息，甚至還主張
臺灣人要儘快宣布獨立，避免蔣介石政權統治。謝偉志甚至揚言，如
果臺灣人能團結起來，只要能佔領一個基地堅守一個星期以上，美軍
一定立刻登陸予以援助，讓臺灣獨立，廖頗有同感。[46]

　　謝偉志的表態，讓廖文毅士氣大振，廖在致謝偉志函中，提到
上書國務卿艾契遜，表達「臺灣人的人民願望，應在未來國際會議
中加以考慮，以形成對共產中國以及臺灣地位──尤其是後者的一
致政策」。[47]廖於致國務卿艾契遜的備忘錄上提到：「在未來任何國

[45]　〈黃紀男口述〉，張炎憲、胡慧玲、曾秋美採訪記錄，《臺灣獨立運動的先聲
　　　──臺灣共和國》（上冊），同註 18，頁 120-121。
[46]　同上註，頁 113。
[47]　〈廖文毅致謝偉志函〉（1949 年 5 月 29 日），見〈香港美國總領事館副領事
　　　尤金米林甘（Eugene Milligan）致南京大使館文（附件一）──檔號：

際會議中，倘若臺灣問題提案、討論、及議決，各民主國家本於良知，商討及考慮臺灣人民的願望，而邀請『臺灣再解放聯盟』派出代表與會，則不勝感禱之至。在這裡要反覆強調，不論是中國人，或者是中國派出的臺灣人，都不能自由自在為臺灣人民說話。」[48]

　　接著，廖將他的見解，撰成《臺灣的聲音》（Formosa Speaks）一書，當作說帖廣為散播。該書內容重點為：「一個獨立的臺灣剛好是他們的理想，既不是中國國民政府所轄的殖民地地位，也不是共產主義下的極權奴役，二者都不受臺灣人的歡迎。」廖主張以臺灣的戰略重要性及地理要衝所在，獨立後的臺灣要採取「集體外交」，建議成立一個「西太平洋聯盟」，與「西歐聯盟」類似，使臺灣成為建議同盟中第一線防務的成員。廖強調中國人沒有能力與共黨戰鬥，在此情形下又如何制止赤色帝國主義入侵臺灣。對臺灣人而言，中國人是外人，他們統治臺灣不但沒有改善臺灣人的生計，反而敗壞了臺灣的社會與經濟基礎，他們太自私自利，不進行任何社會福利與福祉。

　　最後廖一再強調，如果要保持西太平洋的安全，一個繁榮的臺灣至為重要，而繁榮的臺灣需要一個本身的民主政府。倘若需要一個和平的太平洋，一個穩定的臺灣便是根本。而一個穩定的臺灣，惟有創造一個臺灣人的民主共和國，成為太平洋家族的一員才找得到，沒有這一員，世界上沒有人能在臺灣與共黨戰鬥。眾所承認的一個原則，在某一地點抵抗共黨侵略的最佳途徑，便是與該一地點的人民合作，加以協助，使他們挺身而起，為自己而戰鬥，為了自

894A.00/6-249〉（1949 年 6 月 2 日）。
48　〈廖文毅致艾契遜國務卿備忘錄〉（1949 年 5 月 30 日），見〈香港美國總領事館副領事尤金米林甘（Eugene Milligan）致南京大使館文（附件二）——檔號：894A.00/6-249〉（1949 年 6 月 2 日）。

己的安全，也是為了集體的安全。職是之故，一個獨立的臺灣，不僅是臺灣人的一項理想和靈感，也是太平洋和平的關鍵，以及太平洋同盟的樞紐。

而根據「大西洋憲章」的「沒有一處地方的主權，可以違背居民意願而變更」的原則，廖堅持臺灣應為一獨立國家，臺灣的 650 萬人民一向都有獨立的意志與決心。我們經由每一種機會，竭力要使這一理念實現。我們確信，臺灣大多數人民都深信，以合法的程序進行一次公民投票，是對這一個問題的至當解決辦法。廖說，既使臺灣人與中國人都屬於同一種族，然更多的血統關係，並不是統一的法律基礎所必需。更不必只因為面貌相似，而需要把臺灣人納入與中國人同一個國家。為了尊重臺灣人民對臺灣主權的意願，作為先期的準備工作，臺灣的環境一定要加以調整，使臺灣人民能自由表達他們的意願。這也是我們為甚麼要求聯合國的一支治安武力佔領臺灣的理由，不但將臺灣人自中國人的秕政及壓迫下解放，而且建立所需要的合法基礎，使臺灣人自由表達他們的意願。

因此，我們堅持，在能執行公投自由的情況下，才是決定臺灣主權公正的法律基礎。換句話說，惟有根據公民投票結果所形成的命運，才有國際的基礎。所以我們願意經由公民投票的和平方式，得到我們的獨立。[49]為進一步達到宣傳效果，廖不惜親上火線赴日活動，39 年 2 月 28 日，廖在京都正式發表臺獨主張，為其在日本的臺獨活動暖身。3 月，廖以「偷渡和從事違法政治活動」遭麥克阿瑟將軍逮捕。論者謂麥帥此舉，除有向蔣介石交代意味外，也有保護廖之良苦用心。廖在獄中，仍與日本的臺獨團體密切往來，並

---

[49] 廖文毅，《臺灣的聲音》（Formosa Speaks），見〈香港美國總領事館副領事尤金米林甘（Eugene Milligan）致南京大使館文（附件三）──894A.00/6-249〉（1949 年 6 月 2 日）。

決定改變行動方針，即將「臺灣再解放聯盟」改組為「臺灣民主獨立黨」（FDIP），繼續其臺獨工作，為其後在東京成立「臺灣共和國臨時政府」鋪路。[50]

五、美國與臺獨

五〇年代前後，大陸的國共內戰已近尾聲，共產黨席捲中國已然成為事實，蔣介石的國民黨政權於風雨飄搖之際，正陸續撤退來臺。美國政府對腐化的國府厭惡至極，早有拋棄之打算，然有鑒於臺灣對美國在西太平洋重要的戰略地位，美國勢不能丟下臺灣不管。因此如何能在不支持國府，又能讓臺灣在美國掌控下，且能阻擋共軍侵臺，是當時美國亟待面臨解決的問題。對此，美國除靜觀其變外，也擬定了若干因應方案，其中，暗地支持臺獨，在臺灣建立親美政權，也是考慮的重大選向之一。

最近國史館委託黃文範先生，將一批購自美國相當珍貴的當年南京、廣州、香港與臺北和美國國務院的往來電文、函件翻譯出來，名為《福爾摩莎紀事》（未刊稿），其中即披露相當多美國與臺獨運動的第一手資料。是以筆者即以此原始檔案，詳述當年美國與臺獨運動的經緯，內中尤其牽扯到諸多與廖文毅「臺灣再解放聯盟」的關係。

事實上，美國介入臺獨運動的時間相當早，民國35年初，美國駐臺領事館成立時，其駐臺領事館副領事喬治‧柯爾（George H kerr）即非常熱衷臺獨運動。[51]喬治‧柯爾於日治時代在臺北高等商業學

[50] 〈廖史豪口述〉，張炎憲、胡慧玲、曾秋美採訪記錄，《臺灣獨立運動的先聲——臺灣共和國》（上冊），同註18，頁48。

[51] George Keer 著、陳榮成譯，《被出賣的臺灣》（臺北：深耕版，1973 年 12

校教過書，住臺北多年，廣交臺灣青年，也與部分臺灣士紳有所往來，其中包括林獻堂、林茂生、廖文毅、楊肇嘉、陳逸松、林挺生等。[52]民國35年4月間，臺灣剛光復不久，喬治‧柯爾即和情報員摩根（Morgan），在臺灣進行過一次「民意測驗」，該民意測驗表明：當時臺灣人民對國民黨的印象很差。因此《紐約時報》和上海《密勒氏評論報》就大肆宣傳：「假如臺灣舉行公民投票，臺灣人首先選擇美國，其次選擇日本，沒有人選擇中國」。[53]

喬治‧柯爾在228期間發揮不少影響力，極力推銷其「臺灣託管論」主張，黃紀男即言：「柯爾對日後臺獨運動，影響確實十分深遠」，他個人也受其影響頗大，柯爾甚至告訴他，「目前臺灣有兩派嚮往獨立的人士，一為陳逸松領導的『託管派』，另一為楊肇嘉領導的『臺獨派』。」[54]

由於喬治‧柯爾在「228事件」期間大肆活動，動機不單純，長官公署也認為美國領事館介入匪淺，因此喬治‧柯爾被陳儀列為不受歡迎人物，後遭強制驅逐出境。離臺後的喬治‧柯爾並未忘情於臺獨，仍多方活動四處宣揚其主張。38年大陸即將易手之際，喬治‧柯爾還極力主張美國軍管臺灣，儘量使臺人高度自治，提名臺人領袖組織政府，如林獻堂、楊肇嘉、廖文毅之流；臺人若以武力驅逐國民黨政權時，美國應沉著行事，臺人一定會提供我們干預的機會。[55]

月），頁338-339。

[52]　〈黃紀男口述〉、黃玲珠執筆，《老牌臺獨：黃紀男泣血夢迴錄》（臺北：獨家報導，1991年），頁139。

[53]　蘇新，《未歸的臺共鬥魂——蘇新自傳與文集》，同註17，頁270。

[54]　美國當時也觀察到，臺灣獨立團體的看法有二：一派希望臺灣很快成為美國託管下的一區；另一派則巴不得達到「獨立」。重奪臺灣，為「美日聯合的陰謀」。〈臺北美國總領事館領事艾德嘉致國務院文暨附件——檔號：894A.00/5-1949〉（1949年5月19日）。

[55]　George Keer著、陳榮成譯，《被出賣的臺灣》，同註51，頁339。

　　而自承受喬治・柯爾影響的黃紀男，也隨即在民國 35 年 6 月，以「臺灣青年自治同盟」主席名義，提出一份英文請願書，請喬治・柯爾代為轉交給美國政府及聯合國，倡議臺灣應該獨立，在聯合國監督下舉行公民投票，並成立有如瑞士一樣的永久中立國。[56]這是戰後臺灣復歸中國後，第一起臺獨對國際的公開呼聲。是年 9 月，廖文奎以法文撰〈臺灣往何處去〉文中，已不再認為，臺灣與中國統一是臺灣前途的唯一選項，臺灣可如愛爾蘭般成為一獨立的國家。其後，廖氏兄弟更提出「臺灣人治臺」的「完全自治論」來包裝其臺獨的企圖。[57]平情而論，這些緊鑼密鼓的舉措，或多或少都與美國在暗中支持有關。

　　「臺灣再解放聯盟」成立後，幾乎將臺灣所有希望寄託於美國身上，而聯盟本身與美國關係更是密切，甚至連資金的掖助也仰賴美國。黃紀男曾向臺北美國總領事館麥唐納要求，指出聯盟沒有經費，要求美國給予幾千美元的支援。[58]麥唐納則向黃紀男表示，一旦國府垮臺，美國會將臺灣未來的政治地位，向聯合國提出，美國暗中支持臺獨的用意至為明顯。

　　其後一段時日，黃紀男還不斷的與美國領事艾德嘉、大衛奧斯本、安妮庫克、羅柏席克斯等人頻頻接觸。黃紀男曾向臺北美國總領事館麥唐納抱怨：「臺灣人開始覺得他們受到了誤導與欺騙，由於謠言與報導說，盟國最高統帥總部將接管本島，或者置臺灣於聯合

---

[56] 黃紀男對政治非常熱衷，早年參與「臺灣青年同盟」，民國 35 年 6 月即向聯合國上書請願，力倡臺灣獨立。「二二八事件」後，他更深信臺獨的必要性，且極力設法尋求美國大使司徒雷登的援助。〈黃紀男口述〉、黃玲珠執筆，《老牌臺獨：黃紀男泣血夢迴錄》，同註 52，頁 146。

[57] 張炎憲，〈戰後初期臺獨主張產生的探討──以廖家兄弟為例〉，同註 11，頁 288-289。

[58] 〈臺北美國總領事館總領事麥唐納致國務院航郵報告──檔號：894A.00/8-1649〉（1949 年 8 月 16 日）。

國託管之下。但老百姓依然希望，如果遭盟國最高統帥部或聯合國拋棄，為了要在島上去掉國民黨，他們會被迫而接受中共。」黃氏之語，意在警告美國，如果美國不管臺灣，臺灣將被迫接受中共。[59]

自 37 年起，由於聯盟活動趨於頻繁，美、日、香港等地之新聞媒體也多報導該組織的活動與訴求，包括臺灣獨立、臺人應派代表參加中日和會、公民投票決定臺灣前途等等，無形中替臺獨主張張目。尤其值得注意的是，廖及黃紀男與美國駐香港領事館，東京盟軍總部（SCAP）都有密切往來，每週定期會面報告，無疑使外界對臺獨運動與美國之間的關係益增懷疑。[60]

37 年底，國府敗象已露，美國駐華大使司徒雷登於 12 月 17 日呈國務院電文中建議，為阻止臺灣落入中共手中，美國宜協助國民黨移往臺灣；並可將臺灣置於美國託管之下，直到中日和約締結批准為止。[61]（因為臺灣直接關係到美國的戰略及防衛計劃，因此保護美國在臺利益應予考量，並納入決策）。38 年 3 月，美國駐港副領事謝偉志（John S Service）與美國大使館廣州代辦曾試圖安排廖與孫立人之屬下見面，是否企圖拉攏孫立人與反蔣集團之臺獨人士攜手，頗值玩味。4 月，中共渡江，臺灣情勢危急，謝偉志與廖等人緊急密商，極力遊說廖速派旗下大員回臺宣傳中共將武力攻臺一事，要臺人先下手為強，宣佈臺灣獨立，不要接受流亡的蔣政權。謝偉志還保證，只要臺人能以武力佔領臺灣任何一基地達一週以上，美軍將會登陸予以支援，反制國民黨軍隊，完成臺人之自治心願。[62]

[59]　〈臺北美國總領事館總領事麥唐納致國務院電報──檔號：894A.00/9-2449〉（1949 年 9 月 24 日）。

[60]　陳佳宏，〈戰後臺獨之發展與演變（1945-2000）〉（臺北：國立臺灣師範大學歷史研究所博士論文），同註 15，頁 51-52。

[61]　〈美國大使館大使司徒雷登致國務院電文──發文字號：第 30 號〉（37、12、17 日）。

[62]　〈黃紀男口述〉，張炎憲、胡慧玲、曾秋美採訪記錄，《臺灣獨立運動的先聲

　　事實上，自 37 年國共內戰逆轉後，美國政府即密切關注國府戰情，並開始密集研議處理臺灣之方案。為此，在 38 年一整年中，美國國家安全會議（NSC）曾多次研商討論。其對臺處理方案由起初的阻止淪入共黨之手，扶植臺灣自主份子、軍事手段決不可行；經中期的放棄開羅宣言，由美國暫時託管臺灣、臺民公民自決前途，並培植孫立人、吳國楨等親美人士取代蔣之勢力；至 38 年底，認為公然以武力佔領臺灣，付出代價太大，乃主張臺灣並非美國之真正防線，而有 39 年 1 月 12 日，國務卿艾契遜（Dean Acheson）的放棄臺灣論。[63]

　　美國積極涉入臺獨運動，當然引起國民黨不快，38 年 5 月 3 日，福州的國民黨報《中央日報》，即以〈山姆大叔在臺灣「獨立」醜劇中提線〉為文，公開抨擊美國。文章提到美國人曾公開答應臺灣人，如果他們能從中國統治下奮鬥出來得到了獨立，美國便會予他們以經濟以及其他的協助；同時還承諾幫助臺灣，在「太平洋聯盟」中得到地位，該文更直指廖氏兄弟的「託管運動」，其幕後的指使者為美國新聞處臺北分處處長。[64]

　　基本上，美國的支持臺獨運動，我們從美國國務院極機密檔案中，找到關鍵的證據。當年在國務院的〈政策策畫案〉中，美國提出了〈「對臺灣及澎湖政策」方案〉。該案中，美國確實提到：「現在看來清清楚楚，能阻止臺灣及澎湖群島落入共黨手中，使各島與大陸隔離起來，唯一合理有把握的機會，便在於在各島上除去當前的國民黨執政人士，成立一個臨時的國際、或美國政府，為島民喚起

　　——臺灣共和國》（上冊），同註 18，頁 106。

[63]　〈關於對臺灣及澎湖可能行動方案的評定——極機密〉（1949 年 6 月 23 日）。
　　　〈美國國務院「對臺灣及澎湖政策」方案——極機密〉（1949 年 7 月 6 日）。

[64]　魯洲（筆名），〈山姆大叔在臺灣「獨立」醜劇中提線〉，《中央日報》（福州版）（民國 38 年 5 月 3 日）。

自決原則，最後在簽訂一項日本和約以前，舉行一次公民投票，以決定臺灣及澎湖最後的解決。」而達成此政策辦法有二：（1）灌輸其他遠東國家，領先發起國際行動，以達成上面所說的目的。（2）宣布對各島的主權，作一項暫時的單方面的重申，所持的立場便是：在爾後的許多事件，使得以「開羅宣言」為基礎的所有假定無效；因此為了太平洋地區安定的利益，以及為了臺澎諸島居民的利益，需要美國的干預。[65]

而為遊說美國的積極介入臺灣，廖文毅代表「臺灣再解放聯盟」專程致函美方高層，「感謝美國政府的同情與協助，以建立我們的獨立政府。我們為非共產人士，而為殖民地的人民，為本身的獨立與自由而奮鬥，以求脫離臺灣當前國民黨的禍害。」而聯盟的願望，為除去臺灣的中國國民政府，在成立獨立的臺灣政府以前，將該島由「盟國最高統帥部」佔領，或由聯合國託管。[66]為取得美國信賴，廖還胸有成竹的提出他的〈當前局勢下處理臺灣的建議〉，該建議重點為：

(一) 基本原則：（1）由「盟國最高統帥總部」佔領臺灣及澎湖——臺灣國防暫在「盟總」之下。（2）臺灣臨時政府由臺灣人組成，由「盟總」指派「軍事及政治顧問委員會」，以督導臨時政府的施政。

(二) 政治組織：臺灣臨時政府組織：（1）設主席、秘書長、及8 處（內政處、外務處、國防處、財政處、建設處、教育處、國營企業處、司法處）。（2）全民選舉出人民代表組成立法部。（3）籌備全民公投，以決定臺灣未來地位，在成

---

[65] 〈美國國務院「對臺灣及澎湖政策」方案——極機密〉（1949 年 7 月 6 日）。
[66] 〈臺北美國總領事館領事麥唐納館致國務院文——檔號：894A.00/10-1349〉（1949 年 10 月 13 日）。

立臨時政府 1 年後舉行。其他如赦免一切政治犯及難民、整肅臺灣國民黨政權中的臺奸、鼓勵臺灣愛國人士參加臨時政府。

(三) 外交方面：與太平洋各西方民主國家密切合作，以遏制共產主義的蔓延。

(四) 經濟建設：由美國貸款及援助臺灣。與日本及西方各民主國家，尤其在太平洋的民主國家發展貿易。

(五) 國防：由美國人訓練臺灣軍官，訓練 50 萬臺灣青年，由 50 萬人的常備軍，組成臺灣的國防軍。需要時，由美軍使用各軍事基地。

(六) 教育政策：著重自由及民主教育，派出男女青年至美國受教育，鼓勵基督教會工作。

對接收臺灣國民黨政權的程序，廖建議：

(一) 由一個國際機構，諸如聯合國，遠東委員會，或其他國際組織，宣布取消臺灣當前中國國民政府的現政府資格。

(二) 授權盟國最高統帥總部，佔領臺灣及澎湖。

(三) 盟國最高統帥總部獲得這項授權後，派遣美國陸軍 8 千人，前往監督中國國民黨軍隊的繳械。

(四) 這 8 千名美軍分為 8 群，分駐 8 處不同地點，5 群在臺灣西海岸，2 群在東海岸，1 群駐澎湖。

(五) 為防止國民黨軍隊抵抗，應在這 8 處不同地點，先行派出美軍特別部隊，與當地人民密切配合，在「臺灣再解放聯盟」組織下，確使國民黨軍人和平繳械。

另外，遣返蔣介石、陳誠、本地臺灣民兵應立即編組，負責地方治安及秩序，儘速接收國民黨政權在臺灣的民政機關，在臺灣臨時統治政府下。

而臺灣該如何應戰未來共產主義的蔓延，廖認為：

(一) 堅決建議把所有大陸人遣返。

(二) 要得到臺灣民眾的集體支持，西方各民主國家務必立刻領導、協助、及鼓勵廉明才幹的臺灣人，領導他們自己的政府，經由臺灣大部份知識份子，定會在政治上滿意，而不會成為擁共分子。

(三) 經濟復甦，迫切需要大約 6 千萬美金美國的援助以及投資。

(四) 解決失業問題及通貨膨脹，經濟安定社會秩序也隨著安定。

(五) 靠經濟復甦，改正臺灣傾共或同情共黨人士。

(六) 對臺灣的男女青年，以及青年知識份子，我們將灌輸「臺灣人主義」，這是基於溫和社會主義的臺灣民族主義，再加上普及的運動、藝術、以及基督教活動，以防他們思想共產化。

(七) 我們要組一個「非臺委員會」以遏制共黨的破壞，追查他們的行動。

(八) 進行普及徵兵。

(九) 在外交上，我們會與太平洋其他西方民主國家、以及世界上其他西方民主國家合作，以制止世界共產主義的蔓延。[67]

緊接著，黃紀男亦致函杜魯門總統，提出有關〈臺灣備忘錄〉：強烈表達臺灣人反對國府將臺灣視為流亡政權的基地，也譴責美英等國在「開羅會議」上出賣臺灣。呼籲為避免臺灣落入共黨手中，美國有責任立即採取行動以維護臺灣的安全，而保衛臺灣最好的方法，即將臺灣及澎湖置於盟國最高統帥部的統治之下。[68]在致函美

---

[67] 〈臺灣臺北美國總領事館致國務院文第 76 號附件「處理臺灣建議書」〉（1949年 10 月 1 日）。

[68] 〈臺北美國總領事館致國務院文——檔號：894A.00/12-1949〉（1949 年 12

國層峰時，廖文毅也雙管齊下，致函麥克阿瑟，信中除強烈抨擊陳儀施政敗德外，尚提出立即實施民主、實施地方自治、釋放 228 事變中被逮捕的臺灣人，以及懲辦兇手、並膺懲陳儀為「戰爭罪犯」，予臺灣人進行「公民投票」來決定未來的命運等訴求。[69]

針對「臺灣再解放聯盟」一連串的信函攻勢及國務院的〈「對臺灣及澎湖政策」方案〉計劃，此議題最後提交到美國「國家安全委員會」。「國家安全委員會」於 1949 年 2 月 11 日的 37/3 文中，以『聯合參謀首長會議』在臺灣軍事承諾作任何推翻，均為不智之舉而予以拒絕。該委員會指出：(1) 因為這些海島現在約有中國軍隊 30 萬人，也許會還擊這項行動；(2) 這一政府或多或少在這些海島上行使中國主權而回絕。[70]

但美國也提到另一措施，即在日本和約締結處理各島以前，美國可以考慮佔領及治理各島，我們應力求在佔領及治理各島的這項變化，獲得一致的地位。使友邦明瞭我們意願扛起軍事行動階段的重量，為了減少這種行動為單方面的表象，應該要求菲律賓、澳洲、印度、巴基斯坦、加拿大、及紐西蘭，在這次軍事作戰中，至少要派出一支象徵性的兵力。在有關各國會議時，我們應當竭力確切保證，各島的「變天」，會在這次會議召集的兩星期後著手進行。

至於佔領各島後，美國以為：(1) 各島未來的政治地位，以建議公投的結果為基礎。(2) 美國應結合島內孫立人，希望它可以提出變通方法，聲稱他傾向臺灣人的主張，而參與這次新佔領。假若

月 17 日）。

[69] 〈東京美國駐日政治顧問室呈國務院第 32 號文：主旨為「臺灣再解放聯盟陳情書」〉（1948 年元月 12 日）。

[70] 〈關於對臺灣及澎湖可能行動方案的評定——極機密〉（1949 年 6 月 23 日）。

他接受了，我們就會造成重大的用兵收益，分化現在在臺灣的中國兵力。（3）應通知蔣總統，如果他願意留在臺灣，我們會予以他以政治難民的地位。[71]

　　由此一極機密的國務院文件可知，在國府敗退來臺之前，美國曾一度考慮聯合盟邦出兵佔領臺灣；及結合島內孫立人等，另組一親美政權之企圖。後來雖不了了之，但美國仍不放棄與各臺獨團體接觸，其中自然包括「臺灣再解放聯盟」，此情況即便到國府已完全撤退來臺，依舊如此。茲舉若干美國駐臺北總領事館與國務院的函電以資證明，如38年7月，臺北美國副領事奧斯本（David. L. Osborn）與「臺灣再解放聯盟」連繫，並約黃紀男與其見面。[72]39年元月，臺北美國總領事館代辦史壯致國務院電報稱：「『臺灣再解放聯盟』的代表造訪舍下，提出新『計畫』，（1）譴責開羅會議。（2）成立臺灣臨時政府。（3）孫立人代表臺灣人發動兵變。（4）建立臺灣軍，接收中央政府，保衛臺灣。這次造訪認為重要，僅僅由內部普遍高度認可為無任所臨時總司令的楊肇嘉，由4名其他謀士陪同。楊肇嘉聲稱，他最近向孫立人建議兵變，據說孫答覆他無能為力，因為所有權力都集中在蔣總裁手中。」[73]

---

[71]　〈關於對臺灣及澎湖可能行動方案的評定──極機密〉（1949年6月23日）。
　　　〈美國國務院對臺灣及澎湖政策」方案──極機密〉（1949年7月6日）。

[72]　〈臺北美國總領事致國務院航郵報告──檔號：794A.00/7-1450〉（1950年7月14日）。

[73]　〈臺北美國總領事館代辦史壯致國務院電報──檔號：794A.00/1-1350〉（1950年1月13日）。而據美國觀察，孫立人似乎態度一度動搖頗感興趣。〈臺北美國總領事館致函國務院電報──檔號：894A.01/10-3149〉（1949年10月31日）。而爭取反蔣介石及陳誠的國民黨份子的支持，也是「臺灣再解放聯盟」努力的目標。〈廣州美國大使館辦事處致國務院電報──檔號：894A.01/5-1149〉（1949年5月11日）。

　　2月「臺灣再解放聯盟」又與臺北美國副領事奧斯本談到：「儘管艾奇遜國務卿的最近聲明，美國不支持獨立運動，或以公民投票成立非中國人的政府，『臺灣再解放聯盟』對美國援助，保持活躍的希望。這種希望對『臺灣再解放聯盟』至為重要，又由於美國政府拒絕向國民政府提供軍事援助或顧問，希望更為加強。」[74]

　　直到「臺灣再解放聯盟」遭國府取締，要員被捕後，美國仍表示極度關切，甚至暗中施壓。對此，我們從當年美國駐臺領事與國務院的函電中即可看出端倪。據39年6月2日，臺北美國總領事館代辦史壯致國務院電報言：「與『臺灣再解放聯盟』有勾連的19名臺灣人，在5月下半月遭逮捕，今天由軍事法庭審訊。這項行動由蔣經國發動，逮捕的人中，便有廖文奎、廖文毅的侄子廖史豪。」[75]美國準備聲援，而國府似乎亦想抓住把柄，報導本地美國官員與臺灣人反抗中國政府以為反制。

　　12日，史壯又致電國務院稱：「吳國楨稱，『臺灣再解放聯盟』的19名領袖，以公開鼓吹推翻政府及行刺大員的叛逆罪而遭捕，沒入一份地圖，據斷定為廖文毅得自一名日本軍官，從東京帶回，圖上顯示日軍武器的貯藏處。控訴他們策畫一旦發現，即利用這些武器開始起事，地圖為黃紀男所有。」此外，這事亦牽連到民政廳長楊肇嘉、臺北市長吳三連、羅萬俥和本地一些商人。楊肇嘉和吳三連明顯擔心受到逮捕，與吳國楨接談，承認與「臺灣再解放聯盟」接觸，但否認有任何真正的關連。[76]

---

[74]　〈臺北美國總領事館代辦史壯致國務院電報──檔號：794A.00/3-150〉（1950年2月1日）。

[75]　〈臺北美國總領事館代辦史壯致國務院電報──檔號：794A.00/6-250〉（1950年6月2日）。

[76]　〈臺北美國總領事館代辦史壯致國務院電報──檔號：794A.00/6-1250〉（1950年6月12日）。

　　由史壯的函電，似乎透露國府為此逮捕事，不時和美方解釋的意思，由此亦可看出美方關切之程度。6 月 21 日，史壯又報告：「臺灣再解放聯盟」10 人已釋放，9 人尚被拘，很可能作為迫使廖文毅回臺灣的人質方法，尚拘禁的人，包括了黃紀男及廖史豪。」[77]但也許美國施壓過甚，不打自招，在史壯 7 月 17 日致國務院電報即坦承：吳國楨以為美國「關切」業已衝過了頭，造成他十足的麻煩；而蔣總統對美國「干涉」這件事的跡象也很憤慨。[78]當年美國涉臺事務之深，及其暗中支持臺獨之舉，甚至於鼓勵孫立人發動「兵變」，由這批機密文件披載，可謂鐵證如山矣！

六、結論──「臺灣再解放聯盟」之瓦解與廖晚年的政治生命

　　「臺灣再解放聯盟」正式成立於民國 37 年 2 月，結束於 39 年 5 月，存在時間僅 2 年餘。其壽命雖然不長，但其將臺灣「先託管後臺獨」的政治主張，在那風雲變幻的五○年代前後，也曾鼓動風潮轟動一時，成為帶領臺獨運動的先聲。其最後之所以失敗，關鍵原因有幾個：（1）內部不合，未能整合舊臺共勢力，例如聯盟要角莊要傳即不滿廖之領導，覺得廖作為獨立運動的領袖尚不夠格，因其受到中國及美國的影響太多。[79]（2）「託管論」遭到舊臺共批判與臺灣人並不支持，「臺灣再解放聯盟」在香港成立時，曾與蘇新、潘欽信、蕭友三等舊臺共份子來往甚密，廖文毅也有意收編舊臺共勢力以壯大聯盟。

---

[77] 〈臺北美國總領事館代辦史壯致國務院電報──檔號：794A.00/6-2150〉（1950 年 6 月 21 日）。

[78] 〈臺北美國總領事館代辦史壯致致國務院電報──檔號：794A.00/7-1750〉（1950 年 7 月 17 日）。

[79] 〈東京美國駐日政治顧問室承辦史平克斯致國務院遠東司函──檔號：894A.01/2-949〉（1949 年 2 月 9 日）。

　　後來因為廖與謝雪紅的政治主張南轅北轍而結盟不成，主要分歧點是廖主張臺灣地位，要由聯合國先託管，再由臺灣人民投票來決定；謝、蘇等人認為臺灣的問題是中國的內政問題，怎麼可以由聯合國來主持投票，因彼此理念不同而分道揚鑣。[80]謝雪紅當時發行的《新臺灣》雜誌，即不遺餘力的批判廖文毅的聯合國託管方案根本是美國的陰謀。同樣，廖的「託管論」在臺灣島內也沒有市場，時島內一重要政治團體「臺灣人建設促進協會」常務委員柯臺山即言：「交由國際託管，這項措施在六十年前也許可以實施，但臺灣人現在已進步到了一個階段，他們有良好的資格自己來管轄及治理這個海島，何須多此一舉接受聯合國的託管呢？」[81]（3）組織鬆散，並無真正的群眾基礎，美國即觀察入微的說，「臺灣再解放聯盟」並不是一個非常有效率的組織，迄今為止，該組織也決不可能決定本身的真正性質及各種潛力，這一聯盟的活動路線，似乎很難指望會得到別人追隨、激起信任或支持。[82]

　　當時駐東京的美國政治顧問就清楚的看出並談到，「臺灣再解放聯盟」代表黃紀男，持美國駐香港總領事館副領事謝偉志函赴日活動，積極與美方接觸，希望確實得到美國對臺灣獨立運動的支持。但看來「臺灣再解放聯盟」影響力很小，它們只是希望以誇張的行動迫使外力支持。[83]

---

[80] 蘇新：《未歸的臺共鬥魂──蘇新自傳與文集》，同註 17，頁 88。

[81] 柯臺山，〈一個臺灣人對臺灣局勢的看法〉：〈華府美國國務院談話備忘錄──檔號：794A.00/4-550）（1950 年 4 月 7 日）。許雪姬訪問、曾金蘭紀錄，《柯臺山先生訪問紀錄》（臺北：中央研究院近代史研究所出版，民國 86 年 6 月初版），頁 88。

[82] 〈東京美國駐日政治顧問室致國務院遠東司函──檔號：894A.01/2-949〉（1949 年 2 月 9 日）。

[83] 〈東京美國駐日政治顧問室呈國務院文──檔號：894A.01/12-848〉（1948 年 12 月 2 日）。1949 年 8 月：「臺灣再解放聯盟」與「臺灣民主獨立黨」合

　　儘管如此，但當年「臺灣再解放聯盟」成立時，確也曾引起國民黨一陣緊張，並派顏欽賢、丘念臺等具有聲望的臺灣士紳到港勸廖文毅返臺，然為廖所拒。[84]廖不久離港赴日，39 年 2 月抵達日本，其後，認識了 36 年 4 月設立「臺灣民族自決協會」的吳振南，兩人於是年 5 月在東京解散「臺灣再解放聯盟」，另外成立「臺灣民主獨立黨」。[85]

　　民國 44 年 4 月 18 日，廖以「臺灣民主獨立黨」主席身分，應邀參加在印尼萬隆舉行的「亞非會議」（Asian African Conference），周旋於亞非領袖間，宣揚其臺獨主張，宣稱只有臺灣獨立，亞洲才能真正和平。是年 7 月 18 日，美、蘇、法、英四巨頭在日內瓦開會，「臺灣民主獨立黨」也趁機提出臺灣永遠中立說，希望在聯合國監督下，使臺獨能夠實現。為進一步擴大臺獨之國際號召，廖等人亟思成立臺獨的流亡政府組織；因為僅成立政黨不足以引起輿論關注，兼以臺灣在國府統治下，封鎖消息，導致多數臺灣人根本不知道海外臺獨活動。因此，建立一個具有代表性的政治主體，例如國會，將有其必要性，且將是未來獨立臺灣政府的核心。

　　職是之故，民國 44 年 9 月 1 日，廖於海外首先成立「臺灣臨時國民議會」，廖為名譽議長，吳振南為議長，鄭萬福為副議長；45 年再聯合簡文介的「臺灣自由獨立黨」，於 2 月 28 日「228 事件」9 週年時，在東京共同成立「臺灣共和國臨時政府」，選出廖文毅為大

　　併，合計盟員約 1 萬 1 千人。陳弘舟與外交官史平克斯談話。〈東京美國政治顧問室文第 775 號——附件主旨「臺灣獨立運動」——檔號：894A.00/11-749〉（1949 年 11 月 7 日）。

[84]　〈黃紀男口述〉，張炎憲、胡慧玲、曾秋美採訪記錄，《臺灣獨立運動的先聲——臺灣共和國》（上冊），同註 18，頁 96。

[85]　張炎憲，〈廖文毅、臺灣共和國與島內活動〉，張炎憲、胡慧玲、曾秋美採訪記錄，《臺灣獨立運動的先聲——臺灣共和國》（上冊），同註 18，頁 9。

統領，正式發表獨立宣言。同年 8 月 1 日公佈〈臺灣共和國臨時憲法〉，將「臺灣共和國」定位為繼承「鄭氏王朝」及「臺灣民主國」之傳統，以及依據〈聯合國憲章〉的精神，所推行之臺灣民族之建國運動，這是廖一生最風光的歲月。[86]

「臺灣共和國臨時政府」以民國 42 年創刊之《臺灣民報》為其機關報，成立之初一度相當活躍，儼然成為日本臺獨之中心。唯因國民黨特務滲透，及內部「賣官」醜聞不斷，廖的親美色彩亦受質疑，以致造成分裂。先是曾炳南、鄭萬福等宣佈退出，另組「民政黨」，其後，國民黨特務又策反「臺灣民主獨立黨」重要成員蔡錦霞、陳哲民、林澄水、陳春祐、林排、江來發、林仙舟等人脫黨返臺，對「臨時政府」的打擊更是雪上加霜。46 年前後，「臨時政府」已迭遭外界「惡評」，其形象地位一落千丈。

另一方面，民國 48 年，黃紀男與廖史豪因減刑而提前出獄，隨即組成該黨在臺地下支部，重新結合昔日同志，積極吸收新人。50 年 5 月，「臺灣共和國臨時政府」臺灣地下組織被破獲，蔡寬裕、李森榮、張啟堂等人相繼被捕。51 年元月，「臺灣民主獨立黨」臺灣地下工作委員會，廖蔡秀鸞（廖文毅兄嫂）、黃紀男、廖史豪、鍾謙順等人，再次被捕。是年 8 月，「臺灣民主獨立黨」於東京，分裂為「臺灣民主獨立革命評議會」（吳振南、何文燦）、「臺灣自由獨立黨」（廖明耀、簡文介）、「臺灣獨立同志社」（邱永漢、林炎星）、「蓬萊會」（王育德）、「臺灣民主革命黨」（廖文毅、郭泰成）。[87]

---

[86] 張炎憲，〈廖文毅、臺灣共和國與島內活動〉，張炎憲、胡慧玲、曾秋美採訪記錄，《臺灣獨立運動的先聲──臺灣共和國》（上冊），同上註，頁 9-10。

[87] 史明，〈半世紀的海外臺灣獨立運動史〉，見張炎憲、曾秋美、陳朝海編，《自覺與認同：1950-1990 年海外臺灣人運動專輯》（臺北：財團法人吳三連臺灣史料基金會出版，2005 年 6 月 1 版），頁 60。

　　52 年 4 月 28 日，「臺灣獨立革命評議會」（吳振南、何文燦）擴大組織於東京，參加團體有「臺灣民主獨立黨」（吳振南）、「臺灣自由獨立黨」（廖明耀）、「臺灣同志社」（林炎星）、「臺灣建國會」（林臺元）、「臺灣蓬萊會」（王育德），將廖文毅完全排除在外。其副手吳振南的另行成立「臺灣獨立評議會」，使其「臨時政府」面臨分裂瓦解的局面，而他的「臺灣共和國臨時政府」也無法凝聚旅日臺灣人的支持，這是其最大的致命傷。最後在國民黨以親情壓力攻勢下，懇求他返臺方可免黃紀男於死刑的情況下，54 年 5 月 14 日，廖文毅這位臺獨先驅，在內憂外患下，不得不返臺歸順國府，結束其臺獨政治生命，從此退出政治舞臺，其在日本之臺獨勢力轉由王育德接收。[88]

　　回顧一部臺獨運動史，在臺灣本島的政治團體中，明白揭櫫臺灣獨立的，首推日治時期的臺灣共產黨，而在戰後，則始自「228事件」後，流亡海外的廖文毅在香港所成立的「臺灣再解放聯盟」。當年該聯盟積極在海外為臺灣發聲，向聯合國提出請願書，建議臺灣交由聯合國託管，再以公民投票決定臺灣前途，是為戰後臺灣獨立運動的濫觴。五〇年代初，廖文毅前往日本，先後組織「臺灣民主獨立黨」及「臺灣共和國臨時政府」，皆是臺灣獨立運動的代表。此後，臺獨運動更從日本擴散至美國及全球各地，僅此一點而論，廖對臺獨運動之貢獻即功不可沒。

　　誠如黃紀男所言，「現今民進黨等政黨能成立，和我們當初搞臺獨、坐牢付出是有關係的，如果沒有我們這些開路先鋒，甘冒殺頭大罪去對抗國民黨，今日的臺灣也不會這麼民主化，我們雖然吃虧很大，但是貢獻也不小。」[89]黃紀男感慨的說，臺獨運動之所以失

---

[88]　Claude Geoffroy 著、黃發典譯，《臺灣獨立運動》，同註 1，頁 59-60。

[89]　〈黃紀男口述〉，張炎憲、胡慧玲、曾秋美採訪記錄，《臺灣獨立運動的先聲

敗，除力量不夠外，最主要是臺灣人不團結，確係如此。吾人以為，臺獨運動的價值與意義，是要讓臺灣人、中國與世界知道，還有一部份的人主張臺灣獨立，還有另一條路可以來決定臺灣的命運。在這歷史的關鍵時刻，臺灣人若想努力追求完成自己的理想，當思蔣渭水的「同胞須團結，團結真有力」的深意。

──臺灣共和國》（上冊），同註 18，頁 139。

第九章　挫敗下求生
——國民黨在臺灣的改造運動

一、前言：國民黨改造運動的歷史背景

民國 39 年，正值國府在國共內戰遭逢挫敗，撤退來臺之際，蔣介石為力挽狂瀾，拯救瀕臨崩解的國府，擬訂救國必先救黨的策略，決心先從改造國民黨做起，此即五〇年代在臺灣雷厲風行的國民黨改造運動。有關國民黨的改造，過去學界已有李雲漢、李守孔、呂芳上、陳三井等學者研究過，許福明甚至撰寫《中國國民黨之改造（1950-1952）》專書，由臺北正中書局出版，可說是此專題的權威之作。本文之作，其實只是在學術先進研究成果的基礎上，從較細部的地方，來評論此改造運動，相信可以更周全的檢視改造運動的成敗得失。

基本上，國民黨在臺灣的改造運動，實有其歷史背景使然。就國民黨內部而言，實導因於黨內派系的分裂傾軋，蔣中正總裁在〈關於實施本黨改造之說明〉文中，即非常沉痛地指出：「中正於三十六年六月至九月之間，統一黨和團（三民主義青年團）的組織，並屢次明白告訴中央諸同志說道：『黨團合併統一工作，應視為政治革命性的，而非技術的事務工作。』……豈意黨團統一組織，在實際上，不能達成政治革命性的改造的目的。並且自中央至省縣，黨內派系排擠傾軋，更變本加厲，漫無止境。」[1]

---

[1]　蔣中正，〈關於實施本黨改造之說明〉，秦孝儀主編，《總統蔣公思想言論總

對外而論，則由於剿共戡亂失利，大陸淪陷軍事頓挫所致。為挽狂瀾救國家於危急存亡，只有先從黨的改造做起，只有能重振黨魂，振奮黨的革命精神，國民黨有救，中華民國才有救。所以國民黨的改造，遂成為蔣刻不容緩的大事。[2]

其實，蔣的改造國民黨，早在大陸淪陷前，即已萌生此念。只因當時戡亂情勢逆轉，戰事吃緊，根本無暇改造。直到 38 年初下野引退後，鑒於大局惡化迅速，內外形勢交迫，國家阢陧不安，國民黨再不改造，可能政局糜爛更甚。基於此，蔣經過一番深思熟慮後，乃決定先致力於黨的改造工作，為集中全黨的智慧和意志，嚴肅黨的戰鬥紀律，特別號召同志，成立改造委員會，開始進行黨的各項改造工作。[3]

蔣的改造國民黨，其子蔣經國知之甚深，在民國 38 年 1 月 22 日，蔣下野的隔天，蔣經國於其日記即言：「父親對於本黨改造方案，特別研討。在日記中作如下檢討：『當政二十年，對其社會改造與民眾福利，毫未著手，而黨政軍事教育人員，只重做官，而未注意三民主義之實行；今後對於一切教育，皆應以民生為基礎；亡羊補牢，未始為晚。』」[4]

一週後的 1 月 29 日，蔣經國於日記又言：「父親接見黃少谷先生，決將中央黨部先行遷粵，就現況加以整頓，再圖根本改革。父

　　集》卷 23，演講（臺北：中國國民黨中央黨史委員會編印，民國 73 年 10 月初版），頁 331。

[2]　陳三井，〈中國國民黨民國三十九年之改造與臺灣新政〉，見陳三井，《臺灣近代史事與人物》（臺北：商務版，民國 77 年 7 月初版），頁 238-240。

[3]　呂芳上，〈痛定思痛：戰後中國國民黨改造的醞釀（1947-1950）〉，《一九四九年：中國的關鍵年代學術討論會論文集》（臺北：國史館印行，民國 89 年 12 月初版），頁 570-577。

[4]　蔣經國，〈危急存亡之秋〉，《蔣總統經國先生言論著述彙編》第二集（臺北：黎明版，民國 71 年 4 月初版），頁 557。

親認為：『本黨非徹底再造，斷不能從事復興革命工作。』」[5]僅舉兩則日記，即可見當時蔣對國民黨改造是如何迫切與期待之殷了。易言之，蔣自宣告引退後，回故鄉溪口暫居，即已在研擬黨務改革方案，決心重整革命組織了。

二、改造運動之過程

民國 38 年 6 月 11 日，國民黨中央常務委員會，為對付時局與因應黨的改造，開會決定設立「非常委員會」。由蔣中正、李宗仁、孫科、居正、于右任、何應欽、閻錫山、吳忠信、張群、吳鐵城、朱家驊、陳立夫等 12 人組成，蔣任主席，李宗仁為副主席。[6]蔣並指定陳立夫、陳誠、蔣經國等人，積極研擬改造方案。[7]

7 月 14 日，蔣攜帶陳立夫等人擬就的〈本黨改造方案〉到廣州，交付國民黨中央常務委員會討論。7 月 16 日，國民黨正式成立非常委員會，蔣任主席，隨即提出黨的改造案。7 月 18 日，在廣州的國民黨中央常務委員會第 204 次會議，迅速通過蔣的「本黨改造案」〈改造綱要及實施程序〉。[8]

此案主旨在對黨的組織形態、領導方式、黨的作風，予以嚴正之檢討；確立基本方針，訂定實施程序，以指示改造步驟；揭櫫現階段政治主張，以表達奮鬥目標。期使黨的同志，改正過去缺失，奮發革命精神，建立堅強組織，以為改革政治、整飭軍事樞紐，及

5　同上註，頁 563。

6　《中國國民黨八十年大事年表》（臺北：中國國民黨中央黨史委員會出版，民國 63 年 8 月出版），頁 402。

7　黃嘉樹，《第三隻眼看臺灣》（臺北：大秦出版社，民國 85 年 6 月再版），頁 155。

8　《中國國民黨八十年大事年表》，同註 6，頁 403。

救國家、爭自由之動力，團結愛國志士，喚起廣大民眾，爭取反共戰爭勝利，完成革命建國大業。[9]然以其時政治及軍事情勢驟然改變，黨部在輾轉流徙中，改造工作無法進行。且為了避免在中共威脅下，造成黨的分裂，所以蔣決定先不實施，待到臺灣後再執行。[10]

　　8月1日，蔣在陽明山成立「總裁辦公室」，建制如同大陸時期的「侍從室」組織。下設黨務、經濟、軍事、宣傳、國際問題、秘書、情報、警察、總務等九個組和一個設計委員會〈其後國民黨的改造，中央黨部的部改為組，都是以總裁辦公室的架構為其濫觴〉。成員有黃少谷、陶希聖、周宏濤、俞濟時、于豪章、周菊村、唐縱、施覺民、沈昌煥等，主要工作即以從事黨的改造為主。[11]9月20日，蔣在重慶發表〈為本黨改造告全黨同志書〉，旨在說明黨改造的意義和今後革命的方針。文中特別指出這次黨的改造，「在消極方面，要檢討過去的錯誤，反省自己的缺點。我們要把失敗主義的毒素徹底肅清，要把派系傾軋的惡習痛切悔改，要把官僚主義的作風切實剷除。……在積極方面，我們首先要確定黨的社會基礎和政策路線，並以此為根據，以決定黨的組織原則和工作方向。」並號召黨員參加改造。[12]10月16日，「革命實踐研究院」在陽明山成立。[13]

9　秦孝儀總編纂，《總統蔣公大事長編初稿》卷七，下冊（臺北：中正文教基金會出版，民國67年10月出版），頁331。

10　李雲漢，《中國國民黨史述》第四編（臺北：中國國民黨中央黨史委員會出版，民國83年11月初版），頁62。

11　陳錦昌，《蔣中正遷臺記》（臺北：向陽文化出版，2005年12月初版），頁148-151。

12　蔣中正，〈為本黨改造告全黨同志書〉（民國38年9月20日於重慶），秦孝儀主編，《總統蔣公思想言論總集》卷32，書告，同註1，頁218-231。

13　《中國國民黨八十年大事年表》，同註6，頁404。

12 月 11 日，國民黨中央黨部遷設臺北正式辦公。[14]是月 25 日，蔣在日記愷切檢討：「近日獨思黨政軍改革方針與著手之點甚切，此時若不能將現在的黨徹底改造，決無法擔負革命工作之效能也。」[15]12月 30 日，蔣召集陳立夫、黃少谷、谷正綱、陶希聖、鄭彥棻諸人，研討黨務改造方案。咸認為國民黨中央執行委員人數龐雜，意見紛歧，功能不彰，運作不易。不如組一靈便的小委員會，以精選之人組織之，此即以後改造委員會之張本。[16]

民國 39 年 1 月 5 日，國民黨於臺北召開第 222 次中央常務委員會時，各常務委員對黨的改革方式，仍有不同的意見。最後決議「除中央各部會主管同志為籌備小組當然委員外，並推朱家驊、陳立夫、張默君、張厲生、谷正綱、袁守謙、姚大海、黃少谷、余井塘九委員成立小組，專負全會籌畫指導之責，並由朱家驊委員召集」。[17]此小組於 1 月 9 日召開第 1 次會議，決議每週至少邀集在臺北之中央委員舉行談話會一次。

1 月 26 日，蔣親自主持國民黨中常會第 224 次會議，在會中蔣強調：「本黨之改造不必俟本黨改造案全部決定後方開始實施，凡應改革者務須隨時積極進行，中央諸同志尤應自信互信，立即從心理上精神上改造起」，可見蔣對黨改造之迫切心理。[18]在蔣之催促下，以後各次中央委員談話會，都圍繞在黨的改造議題作討論。如 1 月31 日討論「黨的社會基礎及組織原則」、2 月 7 日討論「黨的領導及

---

[14] 同上註，頁 405。

[15] 蔣經國，《風雨中的寧靜》（臺北：國防部總政戰部印行，民國 57 年 6 月出版），頁 278。

[16] 董顯光，《蔣總統傳》第三冊（臺北：中華文化出版事業委員會，民國 46 年6 月 4 版），頁 569。

[17] 李雲漢，《中國國民黨史述》第四編，同註 10，頁 64。

[18] 〈中國國民黨第六屆中央執行委員會常務委員會會議紀錄彙編〉，轉引自李雲漢，《中國國民黨史述》第四編，同註 10，頁 65-66。

幹部問題」、2 月 14 日討論「黨的紀律問題」。而「黨的改造案研究小組」亦頻頻開會，總計自 1 月 8 日起至 3 月 2 日止，共舉行小組會議 13 次，分組會議 15 次，最後復舉行綜合小組 4 次。[19]

蔣成立的「黨的改造案研究小組」，目的是對改造工作，重新收集各方意見，並將原擬之〈本黨改造綱要〉略作修正。蔣復行視事後，先前成立臨時性的「總裁辦公室」，其大部分機構均已併入總統府編制，雖然國民黨方面仍保留「總裁辦公室」，唯規模已極小。[20]「韓戰」爆發後，因美國協防臺灣，局勢稍微穩定，黨的改造問題又重新開始積極進行。

民國 39 年 7 月 22 日，國民黨中央常務委員會臨時會議通過「中國國民黨改造方案」。在〈本黨改造綱要〉中提及（1）本黨為革命民主政黨。（2）本黨信守三民主義，領導國民革命，堅持反共抗俄之鬥爭，以求國家獨立、人民自由、政治民主、經濟平等、世界和平之目的之實現。（3）本黨對於反共抗俄之民主政黨，尊重其地位，並與之合作，共同為拯救國家維護民主政治而奮鬥。[21]黨的更生重建，以此為其權輿。

基本上，國民黨改造案，初於民國 38 年 7 月 18 日的第 6 屆中央常務委員會第 204 次會議通過，復經年餘之研議與審定，終於在 39 年 7 月 22 日的第 6 屆中央常務委員會臨時會議修正通過。其間經過大陸淪陷，黨與政府退守臺灣之劇變，此案之重要及其進行過

---

[19] 鄭彥棻，〈有關中國國民黨改造之說明〉《臺灣新生報》（民國 39 年 7 月 22 日）。

[20] 陳鵬仁主編，《中國國民黨黨務發展史料——非常委員會及總裁辦公室資料彙編》（臺北：近代中國出版社出版，民國 88 年 12 月初版），頁 345-359。

[21] 全案見〈中國國民黨第六屆中央執行委員會常務委員會會議紀錄彙編〉，轉引自李雲漢，《中國國民黨史述》第四編，同註 10，頁 75-76。

程中的複雜情形，可見一斑。[22]故蔣說：「這次改造的成就，真是本黨起死回生的辛酸歷史最重要的一頁」實為確論。[23]

　　蔣的改造國民黨心理，其來有致，其實國民黨的締造者孫中山，在每遇革命事業遭到重大挫敗之際，都要對黨進行改造。蔣遭逢大陸慘敗劇變，亦思改造早已腐化不堪的國民黨。蔣曾告誡國民黨人說：「每當國家存亡、革命成敗的關頭，總理必致力於黨的改造，在總理的手上，黨的名稱有五次的更換，黨的組織亦經五次的改革。」[24]所以蔣以最大決心來推動改造案，並公開對同志說明其重要性，除認為「黨的改造，含有革命的意義」外，當然亦有效法孫中山行徑的意思。[25]

　　39 年 8 月 14 日，蔣在〈本黨今後努力的方針〉講演中提到：「本黨今日的改造，不是尋常事務性的整理。改造的成敗，決定國的存亡和黨的生死。我們要重新建一個黨，重新做一個人，才能重新建一個國家」。[26]此外，蔣還特別講述〈關於實施本黨改造之說明〉，對黨的改造，提出重點說明：「我們今日對革命為成為敗，對民族為功為罪，全在自己的抉擇。而唯一可循的途徑，就是擺脫派系傾軋的漩渦，滌除人事糾紛的積習，以從新做起的決心，改造本黨」。[27]

---

[22] 李雲漢，《中國國民黨史述》第四編，同上註，頁 73。

[23] 張其昀，《黨史概要》補編（臺北：中央文物供應社出版，民國 68 年再版），頁 2065。

[24] 蔣中正，〈關於實施本黨改造之說明〉，同註 1，頁 330。

[25] 陳三井，〈中國國民黨民國三十九年之改造與臺灣新政〉，見陳三井，《臺灣近代史事與人物》，同註 2，頁 238-239。

[26] 蔣中正，〈本黨今後努力的方針〉（民國 39 年 8 月 14 日講）《改造半月刊》第 1 期（民國 39 年 9 月 1 日）。

[27] 蔣中正，〈關於實施本黨改造之說明〉，《蔣總統政黨政治講詞集》卷三（臺北：蔣總統中興講詞總集編輯委員會出版，民國 60 年 10 月 31 日出版），頁 883。

　　蔣強調，若今日黨的改造不能發揮其政治革命性的效能，亦即本黨今後將無以負荷革命的責任。黨的改造是黨中同志一致的要求，當此國家存亡革命絕續之交，惟有師法民國 3 年和民國 13 年兩次改造的精神，負起黨章所賦予的重任，指派中央改造委員 15 人至 25 人，協助進行本黨改造的工作。[28]講演中，蔣一再殷切期盼「本黨這次改造，在消極方面，對原有黨員有腐化貪污的事實，反動投機的傾向，毀法亂紀自私自利者，要嚴厲整肅，以恢復本黨革命的精神。在積極方面，對海內外仁人志士、愛國青年，要精誠號召，親密合作，以擴大革命的陣容。」[29]

　　換言之，蔣認為改造要成功，組織基礎宜予以擴大，是以明定「以青年知識份子及農、工生產者等廣大勞動民眾為社會基礎」。7 月 21 日，蔣召集全體國民黨中常委談話，唯刻意漏掉 CC 派人馬，並公開點名批判陳立夫，逼陳氏兄弟交出「黨權」用意至為明顯。[30]7 月 26 日，蔣宣佈由他個人指定的中央改造委員及中央評議委員名單，除谷正綱和張道藩外，包括陳立夫在內的 CC 派人馬幾乎全部退出權力核心。

三、改造運動的主要工作

（一）新組領導機構，重建基層組織

　　民國 39 年 8 月 5 日，國民黨中央改造委員會正式成立，代行第 6 屆中央委員會職權，正式接掌原中央黨部的職務，成為國民黨的最

---

[28] 同上註，頁 884。

[29] 同上註。

[30] 黃嘉樹，《第三隻眼看臺灣》，同註 7，頁 170。陳立夫，《成敗之鑑——陳立夫回憶錄》（臺北：正中版，民國 83 年 6 月臺初版），頁 380-384。

高權力機關。[31]中央改造委員會通過〈中央改造委員會組織大綱〉，7
月 26 日並通過蔣交議，派張其昀為中央改造委員會秘書長、周宏濤
為副秘書長。[32]並聘請勳高望重之同志為中央評議委員，督導改造事
宜。且遴選中央改造委員有陳誠、張道藩、張其昀、沈昌煥、連震東、
胡健中、蕭自誠、谷鳳翔、崔書琴、陳雪屏、谷正綱、鄭彥棻、曾虛
白、袁守謙、郭澄、蔣經國等 16 人為中央改造委員。[33]

由這紙「中央改造委員會」名單觀之，基本上反映蔣的權威分
配模式，仍是以黨政軍為核心，皆任命自己嫡系出身的人。如陳誠、
袁守謙是黃埔系統，代表軍方及情治力量。張其昀、谷正綱等係黨
團出身，代表黨務系統；胡健中、曾虛白、崔書琴是代表黨的文宣
系統。若進一步觀察，這批改造委員中不少擔任過蔣的秘書，如胡
健中、張其昀、沈昌煥、曾虛白、蕭自誠等 5 人，原都是蔣的侍從
秘書。而鄭彥棻、連震東、郭澄、崔書琴等，都當過三青團幹部，
與蔣經國關係密切。換言之，此 16 人幾乎都是蔣的心腹，與蔣有師
生或部屬關係。[34]

改造委員會其下設一處、七組、五會，形成秩序嚴整的黨機器。
一處是秘書處，〈改造綱要〉規定，秘書處掌理改造委員會議事總務
和人事、文書、會議等，實際上是秘書長的辦事機構。七組為：第
1 組：先行負責接管組織部，陳雪屏為主任，王星舟、胡軌為副主
任。第 2 組：接管青年部、農工部及婦女運動委員會、軍隊黨務改
造指導委員會，谷正綱為主任，張明、梁永章為副主任。第 3 組：
接管海外部，鄭彥棻為主任，李樸生、吳春晴為副主任。第 4 組：

---

[31] 黃嘉樹，《第三隻眼看臺灣》，同上註，頁 171-172。

[32] 許福明，《中國國民黨之改造（1950-1952）》（臺北：正中版，民國 75 年）
頁 59-62。

[33] 《改造半月刊》第 1 期，同註 26，頁 19-25。

[34] 黃嘉樹，《第三隻眼看臺灣》，同註 7，頁 171-172。

接管宣傳部，曾虛白為主任，蔣君章為副主任。第 5 組：掌理國民黨在國大和五院中的黨團，並負責與民社黨、青年黨的聯絡，袁守謙為主任，張壽賢、郭驥為副主任。第 6 組：接管心戰作戰機構，唐縱為主任，徐晴嵐為副主任。第 7 組：掌理財務委員會所屬之黨營事業國民黨的黨辦企業和黨員的經濟生活，郭澄為主任，陳漢平、朱國材為副主任。五會分別是：幹部訓練委員會、紀律委員會、財務委員會、黨史委員會、設計委員會，其中最重要的幹部訓練委員會，由蔣經國擔任主任。[35]

中央改造委員會下設臺灣省改造委員會，由倪文亞任主任委員。中央改造委員會成立後，開始重建基層組織。民國 39 年 12 月 22 日，中央改造委員會發佈公告，號召國民黨黨員迅速歸隊。40 年 1 月 4 日，開始登記歸隊黨員，至 1 月 23 日結束，凡到期未登記者，以放棄論處。黨員歸隊後，納入組織嚴格管理。[36]針對大陸時期的組織渙散問題，國民黨普遍設立了各類黨小組為黨的基層組織，如工人小組、青年小組、機關小組、城鎮小組、山地小組、鄉村小組等等，規定黨員必須參加小組活動，並按期繳交黨費，而後其黨籍方為有效。[37]據統計，當時國民黨除中央機構的黨組織外，在全省各地區共建立 3 萬多個黨組織，每月開會一次。由於小組活動的開

---

[35] 〈中央改造委員會組織大綱〉、〈中央改造委員會組織系統表〉，見《中國國民黨中央改造委員會會議決議案彙編》（臺北：中國國民黨中央黨史委員會出版，民國 67 年 9 月初版），頁 43。若林正丈著，吳密察審訂，洪金珠・許佩賢譯，《臺灣──分裂國家與民主化》（臺北：月旦出版社，1994 年 7 月 1 版），頁 76-77。

[36] 張其昀，〈黨務報告要略〉，《革命文獻──中國國民黨歷次全國代表大會重要決議案彙編──下冊》第 77 輯（臺北：中國國民黨中央黨史委員會出版，民國 67 年 12 月初版），頁 104。

[37] 同上註，頁 115。

展，使黨員游離於黨外的現象有所改善，使原本鬆懈散漫的黨基層組織重新嚴密起來。[38]

（二）開展教育訓練，強化組織紀律

從小組到中央的各級組織建立後，國民黨即在黨內開展持續不斷的教育訓練。中改會秘書長張其昀即說：「我們對於黨的改造所採取的方法，是以積極的教育為主」。所謂教育，是指由黨小組長期堅持的學習活動；而至於訓練，則是指短期學習，做法有兩種，一是由各級改造委員會派宣傳小組深入各地，對基層幹部做巡迴演講，向其灌輸改造理念。據估計改造期間受訓之基層幹部共 1 萬 2 千餘人，其中黨小組長 8 千餘人。二為抽調中高級幹部到陽明山革命實踐研究院學習，計改造期間，共辦班 20 期，培養學員 3,666 人。[39]

在開展教育訓練的同時，中央改造委員會也針對變節通敵者、有跨黨變節之行為、有毀紀反黨之行為、有貪污瀆職之行為、生活腐化、劣跡顯著者、放棄職守、不負責任者、信仰動搖、工作廢弛者等腐惡份子，予以清除出黨。[40]總之，通過教育訓練，消除失敗主義和悲觀、失望、依賴、等待的心理，確立了自立更生雪恥復國的思想，恢復了革命精神與必勝信念。

民國 40 年 7 月，中改會頒布〈本黨各級黨部業務設計執行考核辦法〉，開始定期考核各級黨組織的工作。41 年 1 月，中改會又發起「自清運動」，要求全體黨員要自我反省，檢討過失。為加強黨內監督，嚴肅組織紀律，國民黨取消早已形同虛設的各級監察委員會，

---

[38] 黃嘉樹，《第三隻眼看臺灣》，同註 7，頁 175。

[39] 張其昀，〈黨務報告要略〉，《革命文獻》第 77 輯，同註 36，頁 118。

[40] 〈本黨改造綱要〉（第 8 條），轉引自李雲漢，《中國國民黨史述》第四編，同註 10，頁 97-98。

而在中央至各級改造委員會內設立紀律委員會，負責監督黨員、審理違紀案件和審核黨的經費決算等事宜。凡在黨內搞小組織活動，或違背黨的政策與命令、或洩露黨的秘密，或未按時繳納黨費、或無故不參加黨小組活動者，均按違反黨紀處分。[41]

〈改造綱要〉在國民黨歷史上還首次規定「本黨組織原則是民主集權制的一元領導原則」，即一切通過組織，組織決定一切；領袖採行組織的決議，幹部貫徹領袖的意志；以組織決定政策，以政策領導政治。「受黨的提名與支持，而當選為各級民意機關之代表或議員，或被任為政務長官，而於當選或受任後，不能執行黨的政策或執行黨的決議者，以違反紀律論，「以黨領政」之意味十分明顯。[42]

（三）拓展黨的社會基礎

〈改造綱要〉明確將國民黨定位為「革命民主政黨」，並將黨員成分規定為「本黨以青年知識分子及農、工生產者等廣大勞動民眾為社會基礎，結合其愛國的革命分子為黨的構成份子」。同時還要求黨員要深入民眾基層，在生活上與行動上要與民眾打成一片，深入民眾、深入農村。為此，在改造期間，中改會頒布一系列文件，要求青年、勞工、婦女、農民等運動要全面展開，從而使國民黨在臺灣民眾中生根。[43]以〈農民運動指導方案〉為例，規定一切縣、市、區、鄉、鎮都應成立農會或漁會，「務使所有農民漁民，均能分別的納入組織」。「發動組織農會漁會時，應先建立黨的組織，如黨員過少則應先吸收能起領導作用之農民漁民入黨」。而為了吸收基層農工

---

[41]　黃嘉樹，《第三隻眼看臺灣》，同註 7，頁 177。

[42]　〈國民黨改造綱要〉，《革命文獻——中國國民黨黨章政綱集》第 70 輯（臺北：中國國民黨中央黨史委員會出版，民國 65 年 9 月出版），頁 176-178。

[43]　同上註，頁 175-178。

黨員，國民黨也以土地改革、勞工保險的優惠，藉以吸引工農階層入黨。[44]

　　總之，在改造期間，國民黨派出幾萬名黨員，下鄉扎根基層工會、農會、漁會等組織，以秘密黨員方式，逐步掌握各民眾團體的領導權，並於其中物色優秀份子入黨。在民國 41 年 8 月改造運動即將結束之際，工農份子在國民黨內的比例已大幅提高，已達49.31%，其中高中以上學歷佔 29.77%，25 歲以下青年佔 35.29%。[45]這些黨員多數是改造期間吸收入黨，他們雖是普通黨員，但有其觸鬚作用，能密切國民黨與群眾的聯繫，使國民黨在臺灣的社會基礎趨於穩固。

（四）整頓財務和黨營事業

　　國民黨來臺後，仍擁有龐大的黨營事業，如《中央日報》、「中國廣播公司」、「中央電影公司」、「正中書局」等宣傳出版機構，這些機構主要為黨服務，謀利尚在其次。另外，國民黨還跨足保險、機械、紡織等其他行業，為經營此龐大資產，黨中央特別設立財務委員會，專司黨的經濟事宜。中央財務委員會主任原由 CC 派大將陳果夫擔任，後由俞鴻鈞繼任，同時設立中改會第 7 組即黨營事業組，管理黨營事業與黨員經濟生活，嗣後，於改組時亦加以整頓。[46]

　　首先淘汰各黨營企業中不管事的董監事，代之以「對事業有興趣，富有責任心，並能實際負責」的黨員。此措施實行後，相當多大陸時期的孔祥熙、宋子文、陳果夫人馬紛紛淘汰出局。其次，實

---

[44]　《革命文獻》第 77 輯，同註 36，頁 21。

[45]　張其昀，〈黨務報告要略〉，《革命文獻》第 77 輯，同註 36，頁 120。〈統計表〉，見《改造半月刊》第 47、48 期合刊（民國 41 年 8 月 1 日），頁 41。

[46]　張其昀，〈黨務報告要略〉，《革命文獻》第 77 輯，同上註，頁 124。

行會計稽核人員互調制度，規定各企業會計稽核人員全部由中央有關部門委派，而不是昔日由企業界負責人聘任，且要求各企業會計稽核人員，每隔2、3年互調一次。如此一來，既可杜絕企業首腦任用私人管帳，又可防止會計稽核人員因久待企業而營私舞弊。[47]

另外，建立人事經理考核制度，使各企業負責人的權責分明，定期考核，獎懲分明。此制度最大優點為要求企業負責人需具有專業知識，不可酬庸或濫竽充數。從而使學有所長的財經專案脫穎而出，如後來帶領臺灣經濟起飛的孫運璿、李國鼎、楊繼曾、張茲闓、李達海，均為改造時期培養出來的財經技術官員。

國民黨改造時期的整頓財務和黨營事業，收效為逐漸促成企業經營權和所有權之分離，有助於減少「化公為私」弊端之發生；且經濟決策部門和經濟管理部門的專家化，亦增強了企業領導階層的活力，有利於生產效率的提昇及企業規模的擴大，黨庫收入自然不斷增加。黨營事業的改造成功，也推廣至其他國營、省營事業。其時臺灣民營資本尚不發達，官營資本具有舉足輕重的份量，國民黨黨營事業改造的成功，對整個官營資本乃至臺灣經濟之順利發展，都提供甚多助力。[48]

除上述四大方面的改造內容外，改造還做了許多工作，如文化事業的鼓勵、社會調查之舉辦、設計研究的進行、大陸工作策劃與海外黨務拓展等，均有不錯的成績。

8月14日，蔣在臺北聯合擴大總理紀念週講〈本黨今後努力的方針〉，再一次苦口婆心提示改造要點。言中提到黨的改造工作，必須我們全黨同志共同來負擔，方能達成改造的目的。此次本黨的改造，一方面要痛改形式主義與官僚主義，一方面要消除派系觀念與

---

[47] 同上註。
[48] 黃嘉樹，《第三隻眼看臺灣》，同註7，頁179-181。

地域成見。今後惟有以思想結合同志，以政策指導行動，以工作考核黨員，以原則解決一切問題。最後，蔣一再囑咐黨改造的成敗，宜從每一個黨員的內心改革做起。[49]

39 年 8 月，中央改造委員會成立後，蔣期以兩年時間之內，努力從事國民黨的改造，樹立新的黨基。在改造工作尚未展開前，蔣曾發表一篇〈本黨現階段政治主張〉（39 年 8 月 31 日中央改造委員會第 13 次會議通過）。這是一篇極重要的文獻，其中包括「恢復中華民國土地主權的完整」、「實行民生主義的經濟措施」、「完成三民主義的民主政體」等幾項基本的大政方針。[50]

9 月 1 日，中央改造委員會隨即發布該篇〈本黨現階段政治主張〉，內容提及國民黨以秉持三民主義為最高指導原則，從事民族、民權、民生的建設。在這篇形同國民黨改造時期政綱的聲明中，尤其重要的是，堅定談到：「我們主張一切要從臺灣做起。我們不只保衛臺灣，還要建設臺灣」。這可以說是「建設臺灣為三民主義模範省」的正式宣告。[51]臺灣既為復國建國的基地，當然以積極重整革命的陣營為先。其後，臺灣省改造委員會與臺灣省各縣市改造委員會均紛紛成立，其中臺北市主任委員為鄭品聰，委員有黃啟瑞、潘振球、鄭水源、李德洋、曾濟民、侯崇修、陳茂林、林惠南。[52]整個臺灣地區的改造工作如火如荼展開。

---

49 蔣中正，〈本黨今後努力的方針〉，同註 26。
50 蔣中正，〈本黨現階段政治主張〉，經蔣親自審訂及中央改造委員會成立後再加研議修正為〈關於實施本黨改造之說明〉，全文見《改造半月刊》第 2 期（民國 39 年 9 月 16 日）。
51 同上註。
52 《改造半月刊》第 12 期（民國 40 年 2 月 16 日），頁 39-40。轉引自陳三井，〈中國國民黨民國三十九年之改造與臺灣新政〉，見陳三井，《臺灣近代史事與人物》，同註 2，頁 259。

四、改造運動目標與成效

　　基本上，五○年代初期，國民黨的改造運動，欲達成之目標有
二：即「在消極方面，要把失敗主義的毒素徹底肅清，要把派系傾
軋的惡習痛切悔改，要把官僚主義的作風徹底剷除」和「要把依賴
主義的心理完全克服」等四項原則；在積極方面，則要「重新確定
黨的社會基礎和政策路線，並以此為根據，以決定黨的組織原則和
工作方向」。[53] 三大要目：一是建立制度，要求黨務、政治、軍事、
經濟、教育、社會等各方面都有健全的制度，一切制度化；二是注
重組織，要求把每一個人都納入組織；三是改造風氣，除克服失敗
主義等四項外，還要求「打破無紀律、無國家、無政府的狀態」，挽
救奢侈浪費的頹風。[54]

　　當然，蔣所設想的國民黨改造，並不是一次單純的思想整風運
動，而是一次人事上的大調動和權力的再分配，因此勢必有人要成
為此次運動中的祭品。39 年 6 月起，國民黨中央黨部呈給蔣的文件，
蔣均退還不閱。國民黨中常會幾次開會，蔣亦拒不出席。至 6 月 22
日，CC 派大將，國民黨中央執行委員蕭錚提議，鑒於總裁拒不出席
中常會，全體中常委應自覺辭職，以便讓總裁放手實施「改造」。

　　當天，國民黨中常會決定採納蕭錚建議，全體中常委辭職，並
派于右任、居正、鄒魯 3 人晉見蔣，請他出席會議並指示改造方針。
隨後蔣召見陳立夫，問其對改造之看法，陳窺見蔣欲逼其交出黨權
之意圖，乃向蔣表示 CC 派的陳果夫、陳立夫兄弟，願意以承擔大

---

[53]　《總裁關於黨的改造之訓示》（臺北：中央文物供應社，民國 40 年出版），
　　頁 89。
[54]　張其昀，〈本黨改造工作的現況〉，《改造半月刊》第 11 期（民國 40 年 2 月 1
　　日），頁 5-7。

陸失敗為由,向蔣表明不宜參加黨的改造。[55]於是,蔣以改造之名,奪回陳氏兄弟黨權目的終於成功。39 年 7 月 12 日,吳稚暉等 215 名中央委員聯名上書蔣,請他領導本黨進行改造。[56]

這次國民黨的改造,有兩點值得觀察:一為蔣改造國民黨的真正目的,實則在整頓黨內派系,其中以鞏固蔣經國系為核心、整頓軍統、打壓 CC 派、替換財經系、虛懸政學系、拉攏團派為主要重點。[57]尤其過去大陸時期掌握黨機器的陳果夫、陳立夫 CC 派勢力完全遭到排除,顯見蔣欲直接掌控國民黨領導權的企圖心,甚至為將來「傳子」先排除障礙,打好基礎。[58]二是蔣經國被指派為中央改造委員會的幹部訓練委員會主任委員,改造的方向為走向黨的組織為核心,來取代舊式派系運作的方式,蔣經國膺此重任,也是他日後之所以能掌握黨機器的原因。經過兩年黨的整頓改造,「蔣家天下陳家黨」終於轉化成「蔣家天下蔣家黨」,國民黨成了蔣介石牢牢主控的黨。[59]

國民黨的改造是無孔不入非常徹底的,即以軍中設置黨部而言,早在國民黨改造之初,蔣為黨指揮槍桿子,旋即在軍中成立黨部。國民黨在軍中建立黨組織,一方面是在軍中吸收黨員發展組織,另一方面則透過偵查工作以確定軍隊對黨的服從。[60]國民黨政權欲建立「以黨領軍」的一元化領導,讓軍中重要的軍政措施都必須向

---

[55] 陳立夫,《成敗之鑑──陳立夫回憶錄》,同註 30,頁 380-384。

[56] 《中央日報》(民國 39 年 7 月 13 日)。

[57] 陳明通,《派系政治與臺灣政治變遷》(臺北:月旦出版社,1995 年修訂 1 版)頁 118-132。

[58] 黃嘉樹,《第三隻眼看臺灣》,同註 7,頁 186。陶涵(Jay Taylor)著‧林添貴譯,《蔣經國傳》(臺北:時報版,2000 年 10 月初版),頁 219。

[59] 李松林,《蔣介石的臺灣時代》(臺北:風雲時代出版,1993 年 11 月初版),頁 107-112。

[60] 馬之驌,《雷震與蔣介石》(臺北:自立版,1993 年 11 月 1 版),頁 51。

黨組織報告，並由組織來考核。此舉顯然嚴重違反「軍隊國家化」的原則，而引起雷震等《自由中國》社之批評，多少亦伏下日後「自由中國事件」的導火線。[61]民國 40 年初，國民黨成立「特種黨部改造委員會」（相當於省級黨部），蔣經國被指任為書記長，周至柔為主任委員，在軍中黨部工作上扮演重要的角色。9 月 1 日，發表〈本黨現階段政治主張〉，並創刊《改造》半月刊，同年 12 月 23 日，號召黨員歸隊，改造工作於 41 年 10 月完成。[62]

此次國民黨的改造，其最顯著的特色，在於確定中國國民黨的屬性為一「革命民主政黨」，其組織基礎亦予以擴大，故在精神上與以往國民黨的改組一樣，均有其劃時代之重大意義。[63]國民黨改造在臺灣，主張「一切從臺灣做起」，企圖把臺灣建設成三民主義的模範省以與中共對抗。故國民黨除從事本身組織與黨務的改造外，更勵精圖治致力於在臺灣從事各方面之建設，結果收效甚宏，不僅鞏固了國民黨在臺灣的統治基礎，也有效的壯大復興基地臺灣。[64]

五、改造運動的結束

為總結改造運動之成果，及重組中央權力核心，國民黨改造工作完成後，黨即應召開第 7 次全國代表大會，產生正常的中央領導機構。民國 41 年 5 月 29 日，中央改造委員會議決，以本年 10 月

---

[61] 蘇瑞鏘，《戰後臺灣組黨運動的濫觴——「中國民主黨」組黨運動》〈臺北：稻鄉出版社出版，民國 94 年 4 月初版〉，頁 34-35。

[62] 李守孔，〈中國國民黨改造之意義與價值〉，見李守孔，《中國近百餘年大事述評》（五）（臺北：學生書局出版，民國 85 年 7 月初版），頁 2903。

[63] 〈中國國民黨改造綱要〉，《革命文獻》第 70 輯——中國國民黨黨政綱集（臺北：中國國民黨中央黨史委員會出版，民國 65 年 11 月出版），頁 171-172。

[64] 陳三井，〈中國國民黨民國三十九年之改造與臺灣新政〉，見陳三井，《臺灣近代史事與人物》，同註 2，頁 276-277。

10 日為第 7 次全國代表大會召開之日，並決定大會議題為下列四項：（1）本黨政治綱領的制定，（2）本黨總章之修改，（3）本黨反共抗俄時期中心理論的建立，（4）本黨反共抗俄時期工作綱領的決定。[65]

　　是年 10 月 10-20 日，國民黨第 7 次全國代表大會在臺北陽明山開幕。開幕式中，蔣特別說明此次大會的意義是「我們革命歷史存亡絕續，中華民族的起死回生唯一關鍵」；進而又強調此次大會之責任為「建立三民主義的國家與五權憲法的政府」，而且也說到兩年來改造經過與 7 全大會召開的使命。「現在改造工作既已告一段落，自應將建黨復國的責任，歸還於全黨黨員同志，共同來擔負這國民革命的第三任務」。[66]

　　會議的中心議題是修改黨章和選舉新的中央領導機構，會中最重要為通過修正〈中國國民黨總章〉。在〈總綱〉部份增列（1）黨的性質：「本黨為革命民主政黨」；（2）黨的成分：「本黨以青年、知識分子及農、工生產者等廣大民眾為社會基礎，結合其愛國的革命的分子為黨的構成分子」；（3）黨的組織原則：「本黨組織原則為民主集權制，由選舉產生幹部，以討論決定政策，個人服從組織，少數服從多數，下級服從上級，在決議以前得自由討論，一經決議，需一致服從」；（4）黨的領導原則：「以組織決定一切，以思想溝通全黨，以政策領導政治，以工作考核黨員」；（5）黨與政府的關係：「依主義制定政策，以政策決定人事，以組織管理從政黨員，黨之決策，應責成從政黨員，貫徹實施」。[67]

---

[65] 李雲漢，《中國國民黨史述》第四編，同註 10，頁 116。

[66] 蔣對 7 全大會之講話，全文見秦孝儀主編《總統蔣公思想言論總集》卷 25，同註 1，頁 109。

[67] 詳見〈中國國民黨黨章第五次修正（七全大會）前後條文對照表〉，《革命文獻》第 70 輯──中國國民黨黨章政綱集，同註 63，頁 194-217。

「七大」黨章的新意，主要集中反映了改造的成果，確定了國民黨的面貌特徵和運作形態。「七大」選出 32 名中央委員，組成中央委員會（外加 16 名中央候補委員），接掌中央改造委員會職權。由於中央改造委員會是受第 6 屆中央委託行使權力，所以 7 屆中央在法統上是繼承 6 屆中央，而非承續中央改造委員會。「七大」除產生中央委員會外，還循改造委員會時代模式，設立中央評議委員會。該會為諮詢性質，僅供中央委員會諮詢，和大陸時期的中央監察委員會之職權不可同日而語。[68]

另外，大會也通過〈中國國民黨政綱〉、〈中國國民黨反共抗俄時期工作綱領〉等案；並接受蔣所提〈反共抗俄基本論案〉，以建立反共之理論基礎。大會一致擁戴蔣連任總裁；並通過蔣提名吳敬恆、于右任、鈕永建等 40 人為中央評議委員，選舉陳誠、蔣經國、張其昀等 32 人為中央委員，鄭介民等 16 人為候補中央委員，大會於 20 日閉幕。[69]10 月 31 日，中國青年反共救國團成立，蔣經國為主任。10 月 23 日，7 屆 1 中全會通過了〈中央委員會組織大綱〉，黨中央隨即成立中央委員會，恢復正常組織型態，直到今天。

11 月 1 日，國民黨第 7 屆中央委員會成立，與原中央改造委員會舉行交接，宣告國民黨改造運動至此結束。總計國民黨的改造運動，從 39 年 8 月中央改造委員會成立始，至 41 年 10 月國民黨第 7 次全國代表大會在臺北開會完成止，共歷時 2 年又 3 個月，這段時期被稱為國民黨的改造時期。[70]

平情而言，國民黨經過改造運動後，無論是在性質、制度、成員、任務、作風等方面，均有重大的改變，亦為國民黨在臺灣生存

---

[68] 黃嘉樹，《第三隻眼看臺灣》，同註 7，頁 183-184。
[69] 李雲漢，《中國國民黨史述》第四編，同註 10，頁 124-127。
[70] 黃嘉樹，《第三隻眼看臺灣》，同註 7，頁 186。

發展的重要關鍵，無論在黨史或國史上，都是一個新的開端，有其特殊的歷史意義，形成國民黨史上的「改造時期」。且此運動，不單純只是國民黨的整黨運動，通過這次改造，蔣順利完成了權力的再分配，CC派勢力幾乎完全退出黨務系統，陳誠和蔣經國勢力取而代之。尤其蔣經國「政工」勢力的快速膨脹，隱然有超越陳誠的聲勢，這就為後來蔣將權力轉移給蔣經國奠定了基礎。[71]

另外，改造時期所推行的一些新措施和新制度，如要求黨的組織原則為民主集權制、在各級黨組織成立紀律委員會、強調嚴格的組織紀律性，以及每年一次的黨員總登記等。至於加強黨組織對黨員的約束力，促進領導層的新陳代謝，提拔年輕專業幹員與人才等，也使得國民黨的組織狀況及工作效率，遠較大陸時期改善許多。[72]

雖然，改造運動使國民黨來臺之初有一番新氣象，但其中也存在若干缺點，其中最為人詬病者，為黨高層的領導模式，仍維持一人乾綱獨斷的寡頭專制。例如國民黨改造的領導機構「中央改造委員會」，其改造委員是由蔣個人指定的，在16名中央改造委員中，幾乎全是蔣或蔣經國之親信，無怪乎有人形容，蔣是以其私人幕僚班子取代國民黨6屆中央。

且改造後，這種由黨領導人指定核心領導階層的方式一直延續下來，七大以後的歷屆國民黨中央常委會之人選，都是蔣以總裁名義提名，復經中央委員會通過。而所謂的通過，也只不過是行禮如儀的全體鼓掌或舉手而已，其中雖也有幾次採用投票方式選出，但屈指可數。此不民主的方法，蔣氏父子在臺灣一直沿用之，迄於77年蔣經國辭世。故綜觀國民黨改造的最大成果，其最具實質性、影響最深遠、持效最長久者，正是這種以蔣為中心的威權體制強人政治的確立。[73]

71　同上註。
72　張其昀，〈黨務報告要略〉，《革命文獻》第77輯，同註36，頁115。
73　黃嘉樹，《第三隻眼看臺灣》，同註7，頁187-189。

　　總之，國民黨的改造工作，雖然仍存在不少缺失，但誠如史家陳三井言，它至少達成兩項重要成就：（1）嚴密黨的組織與紀律，使國民黨成為一個「戰鬥體」；（2）改變黨的作風，切實實踐主義，尊重組織，堅持政策，深入民眾，講求效能及精誠團結。有了這兩項根本性的成就，才使五〇年代初期的臺灣，在風雨飄搖中立穩腳跟，執政的國民黨重新出發，再創臺灣新政。[74]

六、結論──改造運動的具體成果

　　改造伊始，國民黨中央改造委員會成立，其下第 2 組的職掌，為民眾運動的發動與指導，青年運動尤為當務之急。為推動青年運動，還特別設立青年運動委員會，聘請任卓宣、鄭通和、劉真、傅啟學、周一夔、顧柏岩、胡偉克、上官業佑、沈祖懋、黃啟瑞、蘇薌雨等為委員，並聘上官業佑為召集人。而隨著時勢的演變與革命建國的需求，青年運動有建立更強固之組織作全面性努力的必要。[75]

　　有鑒於大陸時期國民黨推行黨化教育的失敗，致使青年遭受共黨宣傳之蠱惑而迷失革命的方向，造成國家失去青年，青年也失去國家的悲慘結局。因此，蔣提出國家需要革命的青年，強調沒有革命的青年，國家就沒有充沛的生機和進步的力量，同時更深刻體悟到青年需要革命教育的重要。蔣經國也說：「我們領悟到三十八年失敗的教訓，更知道要打倒中共，復興國家，還需要組織青年，團結青年，給他們一種新的教育，灌輸他們新的精神」[76]為此，國民黨改造期間，便迅即在各大專院校重建國民黨組織，加緊吸收青年的工作。[77]

---

[74] 陳三井，〈中國國民黨民國三十九年之改造與臺灣新政〉，見陳三井，《臺灣近代史事與人物》，同註 2，頁 270。

[75] 轉引自李雲漢，《中國國民黨史述》第四編，同註 10，頁 133。

[76] 江南，《蔣經國傳》（臺北：李敖出版社，1993 年再版），頁 258。

[77] 龔宜君，《「外來政權」與本土社會──改造後國民黨政權社會基礎的形成

但由於〈改造綱要〉規定，黨員入黨年齡須滿 18 歲，所以在吸收青年這部分，國民黨無法在中學建立組織，且大專青年加入國民黨者亦不踴躍。為進一步吸收青年，蔣氏父子決定建立一個範圍更加廣泛的青年組織以補黨組織之不足，此即「中國青年反共抗俄救國團」（以下簡稱「救國團」）成立之初衷和動機。[78]不過蔣責成蔣經國籌組「救國團」新的團務系統，還有另一層用意，即讓蔣經國負責組訓青年思想、堅定青年反共意志的工作；同時也進一步培植蔣經國的權力基礎。[79]

民國 41 年 1 月 31 日，中央改造委員會通過了胡軌等人擬就的「籌組中國青年反共抗俄救國團原則」，為倡組中國青年反共救國團之濫觴。[80]是年 3 月 29 日，蔣以總裁身分發表青年節〈告全國青年書〉，正式號召成立救國團，是為對社會公開籌組青年團之始。[81]5 月 31 日，〈中國青年反共救國團籌組原則〉頒布，並派蔣經國為主任，胡軌、謝東閔為副主任，李煥為主任秘書。8 月 1 日，救國團籌備處假臺北市北投復興崗政工幹部學校成立。[82]9 月 20 日，行政院頒布救國團團章、組織規程等，並聘張其昀、周至柔、程天放、谷正綱、陳雪屏、錢思亮、沈昌煥、劉真、任培道、蔣經國等為指導委員，組成團務指導委員會，指導團務之開展。[83]

（1950-1969）》（臺北：稻鄉版，民國 87 年 8 月初版），頁 118-119。

[78] 自由中國社編，《今日的問題》（臺北：自由中國社出版，民國 47 年），頁 124。

[79] 黃嘉樹，《第三隻眼看臺灣》，同註 7，頁 198。

[80] 〈籌組中國青年反共抗俄救國團原則〉，《革命文獻》第 77 輯，同註 36，頁 33-35。

[81] 蔣總裁，〈告全國青年書〉，《改造半月刊》第 39 期（民國 41 年 4 月 1 日），頁 3。李雲漢，《中國國民黨史述》第四編，同註 10，頁 134-135。

[82] 〈四十年團務工作誌要〉，《飛躍青春四十年──中國青年反共救國團成立四十週年團慶特刊》（臺北：中國青年反共救國團總團部編印，民國 81 年 10 月初版），頁 206。

[83] 李雲漢，《中國國民黨史述》第四編，同註 10，頁 135-136。

　　10 月 31 日，中國青年反共救國團正式成立，成立大會在臺北市中山堂舉行，有海外、大陸及自由中國各界青年代表 2 千 5 百餘人參加，由行政院長陳誠主持，情況至為熱烈，救國團的成立，標誌自由中國的青年運動開始了反共救國的新里程碑。[84]其後，蔣總裁特別頒發訓詞，說明「今日青年反共救國團的成立，是我們全國青年第三次大結合的開始」，期勉全體團員「繼承國民革命光榮的傳統」，並「實現三民主義神聖的任務」。蔣並指明救國團具有教育性、群眾性、戰鬥性的三大特性。[85]

　　救國團自成立始，蔣經國即擔任主任一職達 21 年之久，至 62 年 5 月始以公忙無暇兼顧而辭職。蔣經國的平實親民作風，樂於接近年青人，使其贏得「青年導師」之名。其後繼任主任的李煥、李元簇、宋時選、潘振球、李鍾桂等，亦均能秉持救國團的開創精神，以培育青年，服務社會為鵠的；尤其在國家教育政策的推行——特別是民族精神、愛國思想及生活教育的實施，都作了重要的貢獻。[86]誠如陳三井教授評論道：「論救國團團務工作的正面影響，可以說既廣且深，無遠弗屆，有口皆碑」。[87]

　　然坦白說，由於「救國團」規定高中以上學生一律參加救國團；年齡在 16 歲以上 25 歲以下的社會青年，凡合於規定者也必須加入。如此一來，臺灣的高中以上學生幾乎全部納入救國團組織，成為無

---

[84] 陳三井，〈反共救國的新里程——自由地區青年運動的發展〉，見李國祁等著，《近代中國青年運動史》（臺北：嵩山出版社出版，1990 年 7 月初版），頁 229-281。

[85] 蔣中正，〈中國青年反共救國團成立大會講詞〉，秦孝儀主編，《總統蔣公思想言論總集》卷 25，演講，同註 1，頁 173-176。

[86] 李雲漢，《中國國民黨史述》第四編，同註 10，頁 138。

[87] 陳三井，〈蔣經國先生與中國青年反共救國團〉，《中國現代史專題研究報告》第 15 輯（臺北：中華民國史料研究中心編印，民國 82 年 4 月出版），頁 486。

法倖免的救國團團員。[88]平情而言，這種強迫性質逼學生入團的做法，雖強化了國民黨對學校和廣大青年的掌控，藉以達到維護國民黨統治之目的。但不尊重學生自主意識的做法，也令學生徒增惡感，為反抗留下伏筆。

另外，在改造期間，國民黨亦積極拓展海外黨務和婦女工作，海外黨務分別由鄭彥棻和李樸生任正副主任，為凝聚海外黨員之向心力，民國41年10月21日在臺北特別召開第1次僑務會議，海外華僑代表踴躍回國出席，可謂華僑史上之盛舉。[89]僑務會議最後作成（1）制定當前僑務綱領；（2）組織華僑救國聯合會；（3）簽訂華僑反共救國公約；（4）對共匪實行經濟制裁等四項決議閉幕。[90]10月30日，與會代表決定組織華僑救國聯合總會（簡稱「僑聯總會」），推舉雲竹亭等16人為大會主席團，策動組織海外各地華僑救國分會。至42年，海外各地陸續成立分會，政府為紀念和表彰全球華僑的團結反共，特定僑務會議開會日的10月21日為華僑節，42年10月21日國內及海外僑界熱烈慶祝首屆華僑節。[91]僑聯總會設於臺北，迄今仍為全球愛國華僑團結反共的精神指揮塔。

至於婦運工作，改造期間原設有婦女運動委員會，聘任培道等17人為委員。42年5月5-7日，7屆2中全會在臺北召開，陳逸雲、張希文等6委員提出「請中央委員會實行設立一組專管婦女工作，以利號召全國婦女，積極參加反共抗俄大業案」。[92]經過國民黨中常

---

[88]　龔宜君，《「外來政權」與本土社會──改造後國民黨政權社會基礎的形成（1950-1969）》，同註77，頁131。

[89]　《華僑與中國國民革命運動》（臺北：海外出版社出版，民國70年3月初版），頁199。

[90]　李雲漢，《中國國民黨史述》第四編，同註10，頁146。

[91]　《華僑與中國國民革命運動》，同註89，頁199-201。

[92]　李雲漢主編，《中國國民黨七至九屆歷次中全會重要決議案彙編》──上冊（臺北：中國國民黨中央黨史委員會出版，民國80年6月出版），頁17。

會核議，決議在中央委員會下設立婦女工作指導委員會。其後，嗣經婦女工作指導委員會研議，決採婦女工作體制，分為決策與執行兩層次：決策層次為中央婦女指導工作會議，設執行長 1 人，由蔣宋美齡任之；執行層次為中央委員會婦女工作會，為中央委員會一級單位，設主任 1 人。[93]

42 年 10 月 1 日，蔣宋美齡就任中央婦女工作指導會議指導長，負責婦女工作最高決策之責。10 月 7 日，中央婦女工作會成立，由女性立法委員李秀芬任首任主任。[94]43 年 5 月，國民黨中常會通過婦女工作指導方針，臺灣省及各縣市婦女工作組亦先後成立，與婦聯會、婦工會相互協同配合下，婦運工作遂全面展開。同年 9 月，婦工會主任李秀芬辭職，中央任命錢劍秋繼任，錢氏任職至 77 年 9 月，為中央一級主管任職最久者，長達 34 年。[95]

除此之外，蔣還要求以黨的改造，來帶動社會的全面革新，因此在改造期間，曾先後發起兩大運動，即革命實踐與反共抗俄總動員。39 年 10 月 2 日蔣在〈革命實踐運動綱要〉文中指示：革命實踐運動，應以自我省察過去失敗的缺失，增進個人本位工作之效能，解決當前現實問題之困難，展開個人關係的反共影響四者，為革命實踐的起點。其推行要領則為：以思想為結合，以政策為號召，以工作為訓練，以人才歸於組織，以組織歸於全黨。其進行步驟，則先從軍隊著手，其次推及於黨政機構，再次推廣至於社會全體。[96]

---

[93] 同上註，頁 28。

[94] 〈婦工會四十年大事紀要〉，見婦工會四十週年特刊《流金歲月勤耕耘》，頁 54。

[95] 李雲漢，《中國國民黨史述》第四編，同註 10，頁 151。

[96] 蔣中正，〈革命實踐運動綱要〉，《蔣總統政黨政治講詞集》卷三，同註 27，頁 887-896。

　　至於「反共抗俄總動員」的號召，蔣於民國40年元旦發表〈告全國軍民書〉，要求全國軍民：第一，自立自強，造成新風氣；第二，群策群力，推行總動員。[97]是年12月1日，他對總動員運動又作了具體指示，其言：「一個現代化的國家，除科學與工業以外，最重要的是要有動員的力量，我們要反攻大陸，雪恥復國，必須做到每個人、每件物，都能做到『有組織的動員』」。因此蔣對41年度的施政中心，作了先期指示：「我們明年度必須以總動員為施政中心，期能動員一切人力物力，充實反攻復國的準備。」[98]

　　41年元旦，蔣仍發表〈告全國軍民同胞書〉，內容提到：「我們在反共抗俄總動員的大前提之下，今天所要特別進行的，就是經濟改革運動、社會改革運動、文化改革運動和政治改革運動，以促使經濟的、社會的、文化的、政治的全面改造，來貫徹我們總動員運動的目標。」[99]換言之，就是要全體國民盡全力來推行反共抗俄總動員運動。反共抗俄總動員運動之推動，係以國民黨中央改造委員會為中心策畫單位，41年2月1日，中央改造委員會通過〈反共抗俄總動員運動綱領〉，說明「國家總動員目的，在於集結並發揮全國的人力、物力、建設臺灣基地，準備光復大陸，爭取反共抗俄之勝利」。[100]

　　總動員運動推行一年，成效頗佳，蔣於42年元旦文告中，提示繼續推行，並提出新、速、實、簡四目作為改造的指標，要求做到

---

[97] 蔣中正，〈告全國軍民書〉，《改造半月刊》第10期（民國40年1月16日），頁1-3。

[98] 蔣中正，〈四十年度行政工作的講評及四十一年度施政中心的指示〉，見秦孝儀主編，《總統蔣公思想言論總集》卷24，演講，同註1，頁290。

[99] 蔣中正，〈告全國軍民同胞書〉，《中央日報》（民國41年1月1日）第1版。

[100] 〈反共抗俄總動員運動綱領〉，《改造半月刊》第37期（民國41年3月1日）——總動員運動專號，頁1-4。

「勇猛精進，日新又新」、「心到手到，劍及履及」、「精益求精，實事求是」、「分層負責，理繁治劇」，以充分發揮革命復國的精神力量，推動國家社會的全面革新與進步。[101]

平情而言，國民黨於五〇年代在臺灣的改造運動，基本上是取得豐碩之成果的，它不僅確立蔣氏父子有效控制黨機器，形成其「黨國體制」的威權統治；尤有甚者是，國府經由國民黨的改造，將影響力的觸角，深入扎根到臺灣社會各地方基層，進而奠定其在臺的統治基礎。

---

[101] 李雲漢，《中國國民黨史述》第四編，同註 10，頁 115。

第十章　青年黨來臺之歲月

一、前言──來臺前之黨史

　　中國青年黨（以下簡稱青年黨），於民國 12 年 12 月 2 日成立於法京巴黎。青年黨主張國家主義，標榜「愛國、民主、反共」為創黨的理念和宗旨。由於青年黨為一堅決主張反共與民主的政黨，是以曾反對國民黨的「聯俄容共」與「一黨專政」。其後，因與國民黨反共立場一致，故與政府共赴國難相始終，歷剿共、抗日、戡亂迄於播遷來臺。然而，到臺之後的青年黨，始而「天馬茶房事件」的黨內大分裂，繼而受到國民黨的滲透分化，終至派系林立、四分五裂，再也振作不起來了。雖係如此，但是青年黨基於民主政治之理念，於五〇年代曾參與雷震的《自由中國》組黨事件，及「雷案」後之積極營救，以及對民主憲政的堅持，對臺灣民主政治之奠基，該黨仍有其一定的貢獻。本文之作，即以「天馬茶房事件」、參與雷震組黨與營救雷震和對民主憲政之堅持等重大事件，詳述青年黨在臺之歷史，希冀國人對此一已趨沒落的政黨，仍有一絲瞭解與敬意。

　　中國青年黨，初名「中國國家主義青年團」，民國 12 年 12 月 2 日，由曾琦、李璜、胡國偉、何魯之、張子柱、周宗烈等人成立於巴黎。[1]其創黨宗旨為「本國家主義之精神，採全民革命的手段；以

---

[1]　胡國偉，《巴黎心影》（臺北：菩提文藝出版社，民國 64 年 3 月 3 版），頁 6。又見曾琦，〈旅歐日記〉（12 年 12 月 2 日條），陳正茂、黃欣周、梅漸濃等編，《曾琦先生文集》〈下〉（臺北：中央研究院近代史研究所出版，民國 82 年 12 月初版），頁 1383。

外抗強權，力爭中華民國之獨立與自由；內除國賊，建設全民福利的國家為宗旨。」[2]因為以國家主義為創黨理論基礎，故亦稱為「國家主義派」或「醒獅派」，以其主要機關刊物為《醒獅週報》故也。[3]民國 18 年 9 月，青年黨在香港召開第 4 次全國代表大會，以「時事的推移，現實的要求，已往政黨的腐化惡化，使民眾迫切要求新黨的出現，本黨認為向全國國民公開本黨名義的機會已經成熟。」始正式對外公布「中國青年黨」黨名。[4]

　　青年黨從創黨始，即遭國、共兩黨夾擊，因為它標榜是徹底反共的政黨，故不見容於共產黨；而國民黨的「聯俄容共」與「一黨專政」，亦有違民主精神，所以也遭青年黨之批判。[5]此情況直到「918 事變」後，在「共赴國難」的抗日前提下，國、青關係方有所改善。抗戰期間，青年黨一面支持政府抗日；一面不忘在抗戰中推進民主，民國 30 年，青年黨曾參與組織「中國民主政團同盟」（即爾後之「民盟」），且成為該同盟之主要政黨。[6]此後，青年黨以「民盟」為舞臺，標榜「第三勢力」，周旋於國、共兩黨之間，政治行情曾一度舉足輕重。[7]

---

[2]　《中國青年黨黨史‧政綱》（臺北：中國青年黨中央宣傳組印行，民國 74 年 6 月出版），頁 17。又見胡國偉，《中國青年黨簡史》（臺北：菩提文藝出版社，民國 64 年 5 月再版），頁 4。

[3]　曾琦，〈醒獅週報出版宣言〉，見陳正茂編，《醒獅週報》〈一〉（臺北：國史館印行，民國 82 年 12 月再版），頁 3-4。

[4]　曾琦，〈中國青年黨公開黨名宣言〉，見陳正茂、黃欣周、梅漸濃等編，《曾琦先生文集》〈上〉（臺北：中央研究院近代史研究所出版，民國 82 年 12 月初版），頁 186-191。

[5]　曾琦，〈吾人對於國民黨之真正態度〉，《醒獅週報》第 106 期（民國 15 年 10 月 16 日）。

[6]　姜平，《中國民主黨派史》（武漢：武漢大學出版社出版，1987 年 8 月 1 版），頁 172。

[7]　張九如，《和談覆轍在中國》（臺北：聯經總經銷，民國 70 年 2 月再版），頁 98。

　　抗戰勝利後，民國 35 年，青年黨參與「政治協商會議」，共商
國是，獻替極多。其後更排除萬難，毅然參加制憲國民大會，制定
《中華民國憲法》。36 年更與政府共患難，除堅決支持國府的戡亂
剿共外，也參加政府，掌農林、經濟兩部，薄有政績。[8]另外，該黨
臺籍中委李萬居，時任臺灣省參議會副議長，在日本戰敗投降後，
來臺接收新聞事業，擔任《臺灣新生報》首任社長。36 年「228 事
件」爆發，《新生報》詳實報導當時混亂情況，兼亦批評時政，以及
李以青年黨籍而握有輿論機關，終為當局所忌。因此在臺灣省行政
長官公署改組為臺灣省政府時，李即被架空擔任有名無實的董事
長。為此，李乃自籌資金，於 36 年 10 月 25 日在臺北創辦「公論報
社」，發行《公論報》，報名寓有「欲留公論在人間」之意涵。該報
社址設於臺北市康定路 385 號，編輯部在桂林路 4 巷。李辦《公論
報》之際，青年黨原本希望將其變成該黨在臺之機關報，但在李萬
居主導下，它卻超越黨派立場，為民喉舌，主張民主政治與言論自
由，嚴辭批判國民黨的專制腐敗，由於報導詳實，立論公正，有臺
灣《大公報》盛譽，故為國民黨所忌恨。[9]

　　總之，《公論報》是五〇年代臺灣少數敢於批評當局的一份新聞
報紙，它與雷震的《自由中國》齊名，這一刊一報對臺灣的民主政
治貢獻極大。《公論報》創辦後，即以超越黨派及言論公正著稱，唯
至 45 年起，因言論自由尺度緊縮，所以《公論報》開始遭到有關當
局關切。46 年，《公論報》因為揭露國民黨地方選舉舞弊不公；兼
以其後李萬居又積極參與籌組「中國地方自治研究會」，國民黨情治

[8]　陳正茂，《在野的聲音──青年黨人的時代關懷及其政治參與》（臺北：新文
　　京開發出版有限公司出版，民國 93 年 12 月初版），頁 224-237。

[9]　謝德錫，〈辦報論政的「魯莽書生」──李萬居〉，張炎憲、李筱峰、莊永
　　明編，《臺灣近代名人誌》〈第二冊〉（臺北：自立版，民國 77 年 5 月 2 版），
　　頁 167。

當局決定找《公論報》開刀，總主筆還被治安機關拘訊判刑，殺雞敬猴意味十分明顯。[10]

49 年，地方選舉後，李萬居因為是「中國民主黨」組黨要角之一，繼則「雷案」發生，國民黨當局乃將李萬居及其《公論報》列為打擊重點。國民黨以《公論報》財務吃緊，強行由該黨籍臺北市議員張祥傳乘機介入經營，利用增資方式架空李萬居，李不屈服，但最後仍因經濟壓力不支，於民國 50 年 3 月，宣布《公論報》停刊，結束該報的異議傳媒生命。[11]

又戰後臺灣民意機關選舉，青年黨亦積極參與，37 年，青年黨推薦陳清棟、何義、呂元凱為省參議會遴選參議員；38 年，因陳清棟去世，呂元凱出國，又補了郭雨新、林虛中。其中郭雨新被選為省級民意代表長達 24 年之久，是省議會中資格最老的議員，能言善辯，有「議壇小鋼砲」之稱，其對臺灣政壇「宜蘭幫」的塑造功不可沒，現今政壇當紅的前行政院長游錫堃即曾加入過青年黨。[12]

二、在臺分裂經過

民國 38 年，大局逆轉，青年黨與政府相始終，是年 12 月，該黨中央黨部隨政府由四川播遷來臺。來臺後，為發展縣市黨務，分全省為臺北、新竹、臺中、臺南、高雄、花東等六個督導區，每區以一位中央委員為督導員。[13]但遺憾的是，該黨來臺後，內部旋出

[10] 朱文伯，〈敬悼李萬居兄〉，朱文伯，《懷舊集》（臺北：民主潮社發行，民國 63 年 12 月出版），頁 208-209。

[11] 楊錦麟，《李萬居評傳》（臺北：人間版，1993 年 11 月初版），頁 355。

[12] 游錫堃，〈蕃薯不驚落土——爛懷念郭雨新先生〉，郭惠娜‧林衡哲編，《郭雨新紀念文集》（臺北：前衛版，1988 年 9 月出版），頁 37-42。

[13] 〈中國青年黨黨務發展方針〉，《中國青年黨黨史資料》第 1 輯（臺北：民主

現群龍無首，黨務難以推展的窘境。原因為 37 年底，該黨黨魁曾琦因病遠赴美國療養，無法親臨主持黨務。而黨部遷臺後，另外兩位主要領袖李璜與左舜生，又滯留香港不願來臺，在中樞無人主持的情況下，青年黨分裂因子，於是時已然伏下。[14]

39 年 1 月，為領導青年黨，該黨領袖之一的陳啟天，毅然肩負秘書長兼代理主席職位。[15]不過問題在於，陳氏在青年黨內，其政治立場原已較傾向國民黨，到臺之後，陳氏更親洽行政院長陳誠，獲得政府允諾每月提撥數萬元「反共抗俄宣傳費」，以貼補該黨財務支出。[16]陳氏此舉，被不少青年黨人視為有辱黨格，因而遭到黨內臺灣地方組織派的強烈抨擊，導致陳氏最後辭卸黨內本、兼各職，黯然下臺。[17]此事，也為青年黨埋下日後分裂的遠因之一。

40 年 5 月 7 日，該黨領袖曾琦病逝美京，對青年黨言，曾氏病故之打擊，宛如晴天霹靂，立刻在黨內掀起波瀾。黨內領導階層迅即分裂，原因是曾琦逝世後，青年黨內第一代領袖如陳啟天、余家菊等，對第二輩中生代如王師曾、王嵐僧、夏濤聲等較年輕而任職黨中央的幹部不服；而王師曾等較資淺黨員，又急於「世代交替」，亦不將老大哥放在眼裡。如此一來，青年黨的分裂也就勢所必然，只待時機之成熟了。[18]

潮社出版，民國 44 年 3 月初版），頁 34。

[14] 陳正茂，《在野的聲音——青年黨人的時代關懷及其政治參與》，同註 8，頁 262。

[15] 陳正茂，〈陳啟天傳〉，《國史擬傳》第 5 輯（臺北：國史館印行，民國 84 年 6 月出版），頁 174。

[16] 周淑真，《中國青年黨在大陸和臺灣》，（北京：中國人民大學出版社，1993 年 11 月 1 版），頁 255。

[17] 陳啟天，〈年紀初稿〉，見陳啟天先生紀念集編輯委員會編輯，《陳啟天先生紀念集》（臺北：中國青年黨中央黨部發行，民國 74 年 8 月出版），頁 76。

[18] 同註 14，頁 263。

　　故是年 6 月 4 日，青年黨即在臺北市爆發了該黨有史以來，最
大的、影響最深遠的「天馬茶房事件」，或稱「64 事件」[19]（因其發
生地點在臺北市南京西路的天馬茶房，故稱「天馬茶房事件」；又因
為發生時間在 6 月 4 日，也稱為「64 事件」；另外尚有「天馬茶房
叛黨事件」、「64 運動」、「雙包案」、「改革運動」等等稱呼），這件
曾被評為「中國政治史上一件大事」的分裂事件。[20]所謂「天馬茶
房事件」，起因於陳啟天、余家菊兩位青年黨在臺領導人，在曾琦病
故後，中樞無主，又鑒於該黨「現狀杌隉，步驟凌亂，非亟圖挽救，
無以負荷重任，報國救民。」[21]於是在 6 月 4 日假臺北市召開「臨
時全國代表大會」（以下簡稱「臨全會」），希望藉由黨的改造，徹底
整頓黨紀，調整不合時宜的組織制度。「臨全會」後並發表了〈改革
宣言〉、〈新組織綱要〉、〈告同志書〉等 3 份重要文件，新產生的中
央主席團也發佈致各界電文，正式對黨內外宣告青年黨的改革。[22]

　　但陳、余的「臨全會」落幕後，正是青年黨內鬨的開始。對陳、
余所召開之「臨全會」，中央黨部重要幹部迅速展開反擊。原中央檢
審委員會主席，亦為黨內德高望重之領導人李不韙，隨即發表〈告
同志書〉，嚴厲指責陳、余等人之行為非法。[23]

---

[19] 此事件名稱甚多，有「天馬茶房事件」，因其發生地點在臺北市南京西路的
天馬茶房；有叫「64 事件」，以其發生時間是 6 月 4 日之故；另尚有「天馬
茶房叛黨事件」、「64 運動」、「雙包案」、「改革運動」等等稱呼。見〈中國
青年黨第十二屆全國代表大會特輯〉，《民主潮》第 2 卷第 3 期（民國 40 年
11 月 15 日），頁 21。又胡國偉，〈從青年黨創黨談到「六四」改革運動〉，《新
中國評論》第 2 卷第 3 期（民國 40 年 8 月），頁 9。朱世龍，〈論政黨分裂
及其演變〉，《民主潮》第 1 卷第 24 期（民國 40 年 9 月 25 日），頁 5。

[20] 《中央日報》（民國 40 年 6 月 5 日）第 1 版。

[21] 〈中國青年黨四十年臨時全國代表大會告同志書〉，《新中國評論》第 2 卷第
3 期（民國 40 年 8 月出版），頁 4。

[22] 上述諸文件均見《新中國評論》第 2 卷第 3 期（民國 40 年 8 月出版），
頁 2-4。

[23] 〈中國青年黨中央檢審委員會主席李不韙告同志書〉，《民主潮》第 1 卷第

　　「天馬茶房事件」後，反對者攻擊的矛頭，幾乎全都指向陳啟天，咸認為陳啟天是以改革為名，行奪權之實，目的不僅要獨攬黨務，且欲以主席之尊，從政府那邊撈到一些政治權位。而原中央執行委員會，先是在各大報刊登啟事，說明該黨中央黨部仍在原址辦公，繼而亦發佈〈告同志書〉，反駁「臨全會」的一切改革主張。而兩方所辦的刊物，改革派之《新中國評論》與當權派的《民主潮》亦針鋒相對互不相讓，雙方對峙攻擊達數月之久。[24]

　　經此事件，青年黨一分為二，各立中央黨部及組織系統，一在臺北市新生南路 3 段 19 巷 6 號陳啟天宅，簡稱「新生南路派」，又稱「改革派」。由陳啟天、余家菊、胡國偉、胡阜賢、劉鵬九、侯俊、于復先、李萬居等 8 人為在臺主席團主席；港方為李璜、左舜生、何魯之、張子柱及鄭振文 5 人。以胡國偉任秘書長，對夏濤聲、王師曾、林可璣、王嵐僧及劉泗英等均予以排擠。[25]另一在臺北市和平東路大華新村 4 號，簡稱「大華新村派」，亦為「當權派」。此派由王師曾、王嵐僧、林可璣、夏濤聲所謂「王、王、林、夏」為實際領導人，委劉泗英為秘書長。[26]這兩派都奉左舜生、李璜為領袖，

21 期（民國 40 年 8 月 10 日），頁 19。

24 雙方論戰較具代表性文章如林可璣，〈誰是「青年黨的傳統代表人物」〉、夏濤聲，〈民主政黨與革命〉、王師曾，〈以事實闡所謂「改革運動」〉、讜員之，〈「改革運動」乎？「毀黨運動」乎？〉、朱世龍，〈論政黨分裂及其演變〉上述為代表「大華派」發表在《民主潮》上的文章；另陳啟天，〈中國青年黨的改革運動〉、胡國偉，〈從青年黨創黨談到「六四」改革運動〉、胡自翔，〈談青年黨改革運動〉、戚光烈，〈中國政治史上一件大事〉、陳兆驊，〈本黨改革運動的幾點認識〉則代表「新生派」刊載在《新中國評論》上的文章。基本上雙方論戰文章均集中在 40 年 8 月、9 月與 11 月。

25 〈中國青年黨中央主席團代電〉，《新中國評論》第 2 卷第 3 期（民國 40 年 8 月），頁 3。又〈雷震日記〉（40 年 6 月 5 日），見傅正主編：《雷震全集》（33）（臺北：桂冠版，1989 年 8 月初版），頁 106。

26 王師曾，〈以事實闡所謂「改革運動」〉，《民主潮》第 1 卷第 22 期（民國 40 年 8 月 25 日），頁 3-5。

也都發表過批判國民黨當局的言論，但比較上，「大華新村派」反蔣更激烈些。[27]

　　總之，「天馬茶房事件」使原本因曾琦去世，而真正有領導能力的李璜、左舜生又不在國內的青年黨，更加暗潮洶湧。動盪的時代，特殊的環境，前此因權力祿位之爭而結下舊仇新恨的兩派青年黨人，終於正式分道揚鑣。諷刺的是，這長達 5 年的大分裂，還只不過是日後分崩離析的第一道序幕。

　　基本上，「天馬茶房事件」的爆發，在青年黨史上，是有其特殊的歷史意義，就青年黨言，經歷這次該黨空前未有的大分裂後，似乎是宣告青年黨由盛而衰的最後高潮，亦為青年黨此後內部鬥爭白熱化，分裂頻繁的一個分水嶺。經此事件後，青年黨高層雖力求彌合，但整個黨已四分五裂，即便後來表面上又復合團結統一，然其只是貌合神離的假象。總的來說，青年黨是再也振作不起來了。[28]故嚴格言之，「天馬茶房事件」不是青年黨分裂的原因，而是分裂的具體化；不是分裂的結果，卻是分裂過程中最關鍵的一環！

　　五〇年代，「天馬茶房事件」後，青年黨出現嚴重分裂的初期，曾迅即引起朝野關注，當時任職國民黨秘書長的張其昀，還特為此事請示蔣介石總裁。蔣的回答是：「本黨一向與青年黨打交道，只知道有曾琦、李璜、陳啟天諸位，此時當然只承認他們所領導的黨部。」[29]其後，由於雙方鬥得愈趨激烈，國民黨方面的態度，遂轉為保持中立，以靜觀其變。此從《雷震日記》中所載：陳啟天對其抱怨說，「接到張曉峰與袁守謙通知，對該黨兩方都不承認，表示失望」之語可知。[30]

---

[27]　周淑真，《中國青年黨在大陸和臺灣》（北京：中國人民大學出版社出版，1993年 11 月 1 版），頁 255。

[28]　同註 8，頁 248。

[29]　吳俊升，〈悼念陳啟天修平學長〉，《陳啟天先生紀念集》，同註 17，頁 144。

[30]　〈雷震日記〉（40 年 12 月 6 日）見傅正主編：《雷震全集》（33）（臺北：桂

　　事實上，青年黨甫從分裂始，國民黨即邀請莫德惠、王雲五、蔣勻田、雷震等銜命奔走斡旋，這些過程在《雷震日記》中，都有很詳盡的紀錄。當時一般人常攻擊國民黨，說其是分裂青年黨的幕後黑手，居然介入青年黨的家務事去攪局，殊不知至少在青年黨分裂之初，其實是由青年黨方面，主動央求國民黨派員來介入調停黨內紛爭的。所以朱文伯說，青年黨的改革運動，事前獲得國民黨中央的默契，這講法恐怕不確。舉例來說，我們從《雷震祕藏書信選》可看得很清楚，在這些祕藏書信選中，曾留有數封左舜生寫給雷震的信。如民國 40 年 7 月 2 日左舜生致雷震函，函中提到：「青年黨事，弟及幼椿、魯之、子柱有調停案提出，王、夏一方表示可接受，陳、余一方則反對，弟意最好由老先生約啟天、景陶、泗英、師曾一談，勸他們接受調停。老先生為友黨領袖，亦即吾人之領袖。天下本來一家，吵吵鬧鬧總不成話，想老先生亦樂於玉成其事也（但希望不使他們知道是我的建議）。」[31]

　　事實上，左舜生不僅致函雷震，是年 8 月 6 日，他也寫信給時任總統府祕書長的王世杰，請其出來調停青年黨的家務事。在信中他明白說到：「青年黨最近在臺所鬧糾紛，承公及莫、王諸公從中調處，在弟實且感且愧。以客觀判斷，王、夏等之不能領導青年黨，係屬事實，渠等另有小組織，對若干老同志過度予以難堪，亦無可諱言；然陳、余諸兄之舉措，似亦微嫌操切。因此，弟雖同情改革，但極不願雙方各走極端，致遭根本分裂。因此仍望公及儆寰諸兄設法予以疏導，勸王、夏不必有此一全代會之召集，同時政府有一部

冠版，1989 年 8 月初版），頁 204。

[31] 〈左舜生致雷震──請蔣中正調處青年黨家務〉見傅正主編：《雷震祕藏書信選》（臺北：桂冠版，1990 年 9 月初版），頁 141-142。

分撥交青年黨之宣傳費，亦盼直接交與陳、余，庶幾此一問題可漸趨解決，而最後則仍以不分裂為原則。」[32]

不過，從雷震秘藏的書信，也披露了國民黨與青年黨的微妙關係，如當年國民黨撥給青年黨的宣傳費，似乎兩方都給，但金額多少可能不同，因此引起較少一方的覬覦與不滿。此類紛爭問題的出現，或許真的是國民黨方面的無心所引起，但其對青年黨之出現分裂，卻難說國民黨方面的撥款不均，沒有瓜田李下之嫌。因為若細究當年青年黨之所以會分裂，表面上，雙方均提出甚多冠冕堂皇的理由，來攻擊對方的不是，但其實骨子裡還是在搶食國民黨所施捨的「反共抗俄宣傳費」這塊餅罷了。所以，當年該黨的如此行徑，使得臺灣社會各界人士，要能給青年黨一較佳之評價，恐怕是很難的。

總之，從民國40年6月「天馬茶房事件」起，到其後的2、3年間，青年黨一直處於分裂狀態中，但其間的整合努力也未嘗稍歇。43年1月，適逢國民大會召開第2次會議，左舜生、張子柱、鄭振文等青年黨大老來臺出席會議，趁機終於促成該黨的初步團結。協議共推李不韙、陳啟天、余家菊、于復先（大華派）擔任召集人，並成立通訊處。同年5月7日，青年黨正式成立「中央聯合辦事處」，組織臨時中央常務委員會，以「中央聯席會議」為其議事機構。[33]

這是一次徹底顧及黨內勢力均等的「聯合」，唯此一聯合，實際上仍只是一種假象。左舜生曾不諱言的向雷震表示：「對青年黨事覺得毫無辦法，因陳啟天領導不起來，而他與幼椿又不能來。」[34]左

---

[32] 〈左舜生致王世杰家務〉，同上註，頁146-147。

[33] 《公論報》（民國43年5月8日）第1版。

[34] 〈雷震日記〉（43年3月21日），傅正主編：《雷震全集》（35）（臺北：桂冠版，1990年7月初版），頁248。

氏此言不虛，當時媒體《新聞天地》即言：「左舜生回國參加國民大
會第二次會議，經由左舜生和其他幾位地位超然的青年黨人士一再
奔走團結，大華新村派與新生南路派兩派乃聯合成立了『青年黨中
央聯合辦事處』。唯雙方仍是貌合神離，除了對外聯合發表意見外，
兩派依舊壁壘分明，並無任何具體的成就。」[35]

　　45 年 4 月 16 日，青年黨假臺北市貴陽街「靜心樂園」成立「中
央黨務委員會」，由李不韙主持，陳啟天宣讀成立宣言，強調共信互
信促進新生，維護憲法支持政府反攻復國。希望重整中央組織，相約
2 年以內召開全國代表大會，完成黨的真正團結，恢復正常體制，並
制定〈團結統一方案〉。[36]此一〈團結統一方案〉規定，「大華派」與
「新生派」的中央黨部，暨中央聯席會議與聯合辦事處自即日起撤
銷，新的中央黨部設在臺北市金華街 256 號。這是自「天馬茶房事件」
以還，紛紛擾擾分裂達 5 年之久的青年黨，終於宣告統一。該方案提
出設 5 主席輪值制，是「大華派」和「新生派」妥協的結果，但在主
要領袖李璜和左舜生拒不赴臺的情況下，其效果還是很有限的。

　　根據〈團結統一方案〉第 5 條規定：應「儘可能於兩年以內召
開全國代表大會」，故民國 47 年，該黨中央在臺北召開中全會，以
便籌開全代會，不幸又發生糾紛，黨務再度陷入停頓。48 年底，離
規定召開的期限早已超過兩年，全國代表大會因主客觀因素仍無法
召開。為避免再度分裂，部分青年黨員如劉永濟、朱文伯等乃集會
研議補救辦法，形成黨內所謂的「臨沂街座談會」。[37]此派決定在是
年 12 月 2 日，於青年黨 36 周年黨慶之際，在臺北市舉行青年黨同

[35] 向聲琦，〈青年黨亂髮理不清〉，《新聞天地週刊》第 22 年第 38 期（香港：民國 55 年 9 月 11 日），頁 13。
[36] 《中國青年黨黨史‧政綱》，同註 2，頁 100。
[37] 朱文伯，《懷舊集》，同註 10，頁 312。

志聯合護黨會議，並發表〈中國青年黨中央護黨委員會宣言〉，正式宣告成立中央護黨委員會。[38]護黨委員會雖然用心良苦，但在此後的 10 餘年中，並未能改變該黨四分五裂的局面。

由於全代會一直無法如期召開，各方協調結果，待到 49 年改組中央黨部和臺灣省黨部，俾久陷癱瘓的黨務復歸正常，但屆時改組辦法未獲協議。青年黨前輩鄭振文於出席國民大會第 3 次會議時，特別在港、臺徵得陳啟天、余家菊、李璜、左舜生、何魯之等大老同意，於 50 年召開臨時全代會，結束黨的紛爭。

不幸，臨時全代會召開以後，因部份同志拒絕出席，團結願望未能達成，青年黨反而裂痕加大。當時黨內又重新分化組合成 3 派：分別是陳啟天領導的「中園派」；以余家菊為領袖的「整理委員會派」和以黨內民意機關代表為核心而組成之「臨全會派」。[39]

基本上，這些組織派別泰半均為爭權奪利的產物，其政治主張大同小異，也沒有什麼原則。較為不同的是「臨全會派」的政治立場較激進，對國民黨的威權統治和操縱青年黨的做法，持反對及批判的態度。其言論喉舌《民主潮》也較敢言，對臺灣在五、六○年代的民主鼓吹有一定之貢獻。在當時一片政治高壓氛圍下，該刊與雷震的《自由中國》、民社黨的《民主中國》被譽為黨外的三隻孤雁。[40]

職是之故，六○年代雷震的組黨運動，青年黨參與其事的即為此派，如夏濤聲、李萬居、王師曾、朱文伯等。[41]至於陳啟天之「中

---

[38] 〈中國青年黨中央護黨委員會宣言〉，孫子和編：《民國政黨史料》（臺北：正中版，民國 70 年 10 月初版），頁 308-309。

[39] 夏語冰，〈青年黨離合祇為錢〉，《新聞天地週刊》990 期（民國 56 年 2 月 10 日），頁 13。

[40] 朱文伯，〈哀自由中國雜誌〉，同註 10，頁 80。

[41] 任育德，《雷震與臺灣民主憲政的發展》（臺北：國立政治大學歷史學系出版，民國 88 年 5 月初版），頁 255-256。

園派」，政治立場可謂完全倒向國民黨這一邊，嚴苛一點說，乃國民黨可以任意擺佈操縱的「政治花瓶」；而余家菊的「整理委員會派」則介於二者之間。[42]可悲的是這三派間，幾乎互不聯絡，彼此成見很深，昔日黨內倫理一團和氣早已蕩然無存。

57 年 9 月，為了不讓青年黨陷於長期的分裂，蔣親自約請自港來臺的左舜生會談，請左舜生為青年黨的團結奔走出力。[43]有感於蔣的盛意，更鑒於國家利益之迫切需要，左再度挺身而出，邀請在臺領導人陳啟天、余家菊共同具名，邀約各方代表王師曾、朱祖詒、冷彭、李公權、周寶三、胡自翔、柴毅、夏爾康、鄒人孟、董微、葉時修、崔沖漢、趙純孝、劉泗英、關德辛等 15 人，成立團結商談會。經過9 個多月的協商，決定敦請旅美的另一黨主席李璜回臺相助，卒促成青年黨團結統一之舉。[44]有關左舜生此次回國對青年黨之重要性，王師曾即表示過，他說：「五十七年夏天，左舜生先生來到臺北，蔣公懇切囑望他促成青年黨團結，益以青年黨同志對他有同樣的表示，左先生於是力疾從事，達成青年黨於五十八年七月，在臺北舉行第十二屆全國代表大會，重建統一的中央黨部。」[45]

58 年春，闊別多年的李璜終於回到臺灣，並在是年的 7 月 21 日，於臺北市召開青年黨第 12 次全國代表大會，此大會可說是為結束該黨的分裂局面而開的。因此，鞏固領導中心，選舉中央領導機構，成為會議的主要任務。會議最後通過黨章臨時條款，選舉了中央執行委員會，並選出余家菊、陳啟天、左舜生、李璜、胡國偉 5 人為中央主席，旋經中央評議委員會推選潘再中、劉鵬九、丁俊生、

[42] 周淑真，《中國青年黨在大陸和臺灣》，同註 16，頁 257-258。

[43] 陳正茂，《左舜生年譜》（臺北：國史館印行，民國 87 年 12 月初版），頁 276。

[44] 孫子和編，《民國政黨史料》，同註 38，頁 264-265。

[45] 王師曾，〈國青兩黨關係的回顧與前瞻〉，《中國青年黨建黨五十週年紀念特刊》（臺北：中國青年黨中央黨部出版，民國 62 年 12 月初版），頁 22。

胡自翔、冷彭 5 人為該會召集人。並由主席們提名王嵐僧為該黨團結統一後，中央執行委員會首任幹事長。[46]

　　整體而言，雖然在左舜生、李璜等大老的搓合下，青年黨完成團結之舉，然黨內各派系成見已深，所謂的「團結」，充其量仍只是貌合神離的假象罷了，果不其然，未幾，該黨又陷入分裂中。

三、黨部組織與黨員吸收

　　青年黨於民國 38 年遷臺，先是由陳啟天秘書長兼代主席。其後，民國 40 年 5 月，因主席曾琦病逝美國，黨內隨即發生「天馬茶房事件」而告分裂，至 43 年在有關人士的積極斡旋下，才漸次恢復團結。45 年 3 月，分裂的兩派「新生南路派」和「大華新村派」制定〈團結統一方案〉。此方案開宗明義，雙方即特別強調：「我們認定以團結達成統一，以統一鞏固團結的根本辦法，在舉行全國代表大會，重新修訂黨章，建立制度。」而在全國代表大會未能召開以前，為求迅速實現團結統一，依據規定，先行組織中央黨部。中央黨部內設中央黨務委員會、中央黨務委員會常務委員會及中央監察委員會、中央監察委員會常務委員會等高層組織。

　　而其組成分子來源為（1）以第 11 屆、40 年臨時全代會，及 12 屆之中央執行委員，組織中央黨務委員會。（2）以第 11 屆、第 12 屆之中央檢審委員，及 40 年臨時全代會之中央評議委員為委員，組織中央監察委員會。（3）以第 11 屆中央執行委員常務委員 6 人、第 12 屆之中央執行委員會常務委員 19 人，及臨時全代會之中央主席團 17 人，以及現在出席中央聯席會議不屬於雙方黨部之同志 6 人為

---

[46] 孫子和編，《民國政黨史料》，同註 38，頁 265。

委員，組織中央黨務委員會常務委員會。(4) 以第 12 屆之中央檢審委員會常務委員 7 人及臨時全代會之中央評議員 7 人為委員，組織中央監察委員會常務委員會。(5) 促進團結之同志若干人，由雙方黨部共同邀請為中央黨務委員會委員。[47]

至於領導階層，在中央黨務委員會及中央黨務委員會常務委員會方面，中央黨務委員會設常務委員 48 人，推舉 5 人為主席，依次輪值。主席 5 人分別由：第 11 屆代理主席李璜、左舜生，第 12 屆主席李不韙，中央主席團推定之主席陳啟天和雙方黨部推舉之主席張子柱等 5 人擔任之。對內綜理黨務，對外代表本黨。主席依次輪流，輪值之時間，以 4 個月為一期。[48]

中央黨務委員會常務委員會下，設有秘書處、內務組、外務組、組織組、宣傳組、財務委員會、選舉指導委員會、社會運動委員會、婦女運動委員會、僑務運動委員會、文化運動委員會、國際問題研究委員會、大陸工作研究委員會、經濟研究委員會等各處組。其中秘書處設秘書長 1 人，副秘書長 1 人。時擔任秘書長者為王師曾，副秘書長為翁福清；各組則設主任、副主任各 1 人；各委員會置主任委員、副主任委員各 1 人，委員 5-9 人。[49]

另外，在中央黨務委員會常務委員會內，還設有中央政治委員會，其成員就青年黨擔任民意代表的國大代表、立法委員、監察委員、設計委員暨臺灣省議員組織之。中央政治委員會設召集人 1-5 人，由中央黨務委員會常務委員會遴聘之。當然，重點是中央黨務委員會常務委員會，要儘可能於兩年內召開全國代表大會，使黨的

---

[47] 〈中國青年黨團結統一方案〉，孫子和編，《民國政黨史料》，同上註，頁 373。
[48] 同上註，頁 374。
[49] 〈中國青年黨中央黨部臨時組織大綱〉，孫子和編：《民國政黨史料》，同上註，頁 375-377。

團結真正得到黨員的認同與支持，且使黨中央之領導層有一合法之法源依據。[50]

　　中央黨務委員會成立之始，即揭櫫政治方針如下：（1）支持政府，貫徹反共抗俄國策，以求恢復國家領土主權之完整與獨立。（2）本在野黨立場，監督政府維護憲法，屬行民主法治，加強自由制度。（3）促進海內外一切民主反共力量之團結，以建立民主反共救國的聯合陣線。（4）協助政府，加強敵後工作，主動反攻大陸本政治重於軍事之原則，儘先發動有效的政治反攻。將團結後的青年黨，致力奮鬥發展的方向，言簡意賅的表述清楚。[51]

　　基本上，依據〈團結統一方案〉成立之青年黨中央黨部，其組織大綱較重要條文如下：

第 2 條　　本黨組織以全國代表大會為最高權力機關，在全國代表大會未能召開前，以中央黨務委員會為最高執行機構。在中央黨務委員會閉幕期間，以中央黨務委員會常務委員會為最高執行機構。

第 3 條　　本黨組織系統分：中央黨部、省（市）黨部、（海外總支部）、縣（市）黨部、區黨部，分組共 5 級，地方黨部組織大綱另訂之。其中值得一提的是，青年黨的海外黨部，青年黨在海外各地，都設有支部或聯絡員，其中以在香港設置之東南亞總支部為重點。其負責人為王世昭、劉子鵬、黃達道、曾南飛、史澤之、龔從民等，均為一時之選的資深老幹部。

50　同註 47，頁 374。
51　《中國青年黨黨史‧政綱》，同註 2，頁 101。

第 5 條　　中央黨務委員會每年集會 1 次，必要時經由中央黨務委
　　　　　員會常務委員會之議決，得召集臨時會，均由中央黨務
　　　　　委員會常務委員會召集之。

第 6 條　　中央黨務委員會之職權如下：
　　　　　（1）聽取中央黨務委員會常務委員會之黨務報告；（2）
　　　　　規畫全國黨務發展計畫;(3)研討本黨對時局之主張;(4)
　　　　　審議本黨各種規章。

第 11 條　中央黨務委員會常務委員會每週開會 1 次，必要時得開
　　　　　臨時會。其職權如下:(1) 處理全國及海內外黨務。(2)
　　　　　組織并督導各地黨務。(3) 組織並指導屬於本黨之各種
　　　　　事業及各種機構。(4) 編製預算、決算，支配全黨財政。
　　　　　（5）處理黨員之獎懲及救濟事宜。(6) 制定本黨各種臨
　　　　　時規章。(7) 籌備召開全國代表大會。

　　而負責監督機制的中央監察委員會及中央監察委員會常務委員
會，則設主席 2 人，由臨時全代會中央評議會評議長，及第 12 屆中
央檢查委員會主席，輪流擔任之。輪值之時間，也以 4 個月為 1 期。
中央監察委員會每年開會 1 次，與中央黨務委員會同時舉行，必要
時得單獨召集臨時會。至於中央監察委員會常務委員會則每 2 週開
會 1 次，中央監察委員會常務委員會且得推 1-2 人，列席中央黨務
委員會常務委員會會議。

　　大體上，中央監察委員會之職權如下：(1) 聽取中央黨務委員
會常務委員會之黨務報告；（2）審核本黨之中央預算、月報表及年
終決算表（黨營事業預算、決算應詳列在內）；（3）監察中央黨務委
員會常務委員會對於黨員除名之報告；（4）檢舉中央黨務委員會及
中央黨務委員會常務委員會違反本黨決策及有失本黨之立場之行
為；（5）檢舉地方黨部違反黨紀事件；（6）接受地方黨部陳述事項。

　　而在任期上，中央黨務委員及中央黨務委員會常務委員、中央監察委員及中央監察委員會常務委員之任期，均暫定為 2 年，如屆時不能召開全國代表大會，其任期得延長至全國代表大會開會之日止。[52]總之，由〈團結統一方案〉之規定看來，使得青年黨四分五裂的黨中央組織，終於有章法可循，且其相關條文清楚明確，領導與監督機制權責分明，不失為一可行之方案，故分裂之雙方亦大抵可以接受。

　　唯一較困難的是，根據該方案第 5 條之規定，中央黨務委員會常務委員會，要儘可能在 2 年內召開「全代會」，但是對裂痕已深，積怨已久的雙方，要求儘速捐棄成見，迅即召集全代會談何容易。果然，在兩年內必須召開之規定，最終無法兌現。民國 48 年，一批強烈主張依循〈團結統一方案〉，召開「全代會」之青年黨代表如朱文伯等，聯合其他志同道合之青年黨員，於 12 月 2 日，該黨 36 週年黨慶之日，對外正式發表護黨宣言，並決定於是月 15 日，在臺北市舉行「中國青年黨同志聯合護黨會議」。[53]會後，並公佈〈中國青年黨中央護黨委員會組織綱要〉，其要項如下：

第 2 條　　中央護黨委員會，由聯合護黨會議選出之中央執行委員及中央評議委員組織之。凡中國青年黨黨員黨齡在 7 年以上（但有特殊能力或貢獻者不在此限）贊成護黨運動者，均有當選資格。

第 3 條　　中央護黨委員會設中央執行委員會及中央評議委員會，分別由中央執行委員 15 人、中央評議委員 15 人組織之。

---

[52]　〈中國青年黨中央黨部臨時組織大綱〉，同註 49，頁 375-379。
[53]　〈中國青年黨中央護黨委員會宣言〉，孫子和編，《民國政黨史料》，同註 49，頁 308-309。

第 4 條　中央執行委員會主席 1 人副主席 2 人，均由中央執行委員互選任之。主席總理黨務，對外代表本會；副主席協助主席總理黨務。主席缺席時，由副主席輪代職務。

第 5 條　中央執行委員會設秘書處和財務處。秘書處置秘書長 1 人副秘書長 2 人，其下設內務、外務、組織、宣傳 4 組，組置組長及副組長各 1 人，均由執行委員互選任之。財務處則置處長副處長各 1 人，下設會計、出納 2 組，亦置組長副組長各 1 人，由中央執行委員會提請中央評議委員會通過任免之。

第 6 條　中央評議委員會，置評議長 1 人副評議長 2 人。評議長主持開會，副評議長協助之，評議長缺席時，由副評議長輪代其職務。

第 7 條　中央評議委員會，置秘書長 1 人，副秘書長 2 人，秘書若干人，均由評議委員會互選任之。中央評議委員會之職權如下：（1）監督中央執行委員會執行職務。（2）議決本黨應興應革事宜。（3）審核本黨每月之預算決算。（4）維持黨紀，糾舉背黨及溺職黨員。（5）其他明文規定屬於本會之權限。

第 9 條　中央執行委員會設政治經濟委員會，掌理本黨對於政治之推動及經濟之計畫事宜。委員無定額，由中央執行委員會提請中央評議委員會通過聘任之，並指定主任委員 1 人，副主任委員 2 人。

第 10 條　各省市置執行委員若干人，組織省市護黨委員會，並指定主席 1 人副主席 1-2 人，及秘書 1 人，均由中央執行委員會提請中央評議委員會通過任免之。

　　總的說來，在團結統一期間，青年黨是以全國代表大會為最高權力機構，但在「全代會」未能召開前，則是以中央黨務委員會常務委員會為最高執行機構，而負責監督機制的是中央監察委員會常務委員會。其後，在護黨委員會時期，則以中央執行委員會為黨中央最高組織，監督機構為中央評議委員會。[54]

　　而以中央執行委員會為黨中央最高組織，和中央評議委員會為黨中央最高監督機構的設計，一直為以後青年黨所沿用。如民國58年7月21日，於臺北市召開的青年黨第12次全國代表大會，在中央組織之規定，採取中央執行委員會對中央評議委員會負責之制度。會議最後通過黨章臨時條款，選舉了中央執行委員會，並選出余家菊、陳啟天、左舜生、李璜、胡國偉等5人為中央主席，再由主席們提名王嵐僧為該黨團結統一後，中央執行委員會首任幹事長，周寶三任副幹事長。而中央評議委員會也設召集人5人，分別是潘再中、劉鵬九、丁俊生、胡自翔、冷彭等5人，負責監督中央執行委員會事宜。此設計，在其後的歷屆黨中央組織架構，大體上亦復如此。[55]

　　而在黨員吸收方面，青年黨過去在大陸時期，有一套吸收黨員的辦法，根據〈中國青年黨黨員入黨程序暫行辦法〉規定：「凡黨員入黨者，須有黨員2人以上之介紹，經當地黨部執行委員會之審議，報請省黨部核准通過，如已有其他黨籍者，須先脫離其原有組織，或因困難不能公開聲明時，必須另具聲明書存案，並經中央黨部核准，方得入黨」。且各級黨部執行委員，對於入黨黨員，須事先嚴密考察，並得派介紹人以外之其他黨員，專負考察之責。考察期間

---

[54] 〈中國青年黨中央護黨委員會組織綱要〉，同上註，頁380。
[55] 《中國青年黨黨史・政綱》，同註2，頁102。

為 2 個月，並得延長為 4 個月，若考察期間發現欠妥時，得否決其入黨。[56]

　　由上可知，要加入青年黨還需經過一番嚴密考核，方准入黨。然彼時在大陸，國民黨控制較鬆，且大陸幅員廣大，仍有多省為實力派軍人所掌控，政府實際能控制的地盤僅在華南、長江流域一帶。因此，青年黨曾以學校為中心，積極吸收黨員，與國、共兩黨積極爭取學生。當年青年黨基本上是個「書生集團」，黨員同志多半以教書為業，或在大學、專科當教授，或在中小學當校長及教員。而在反對「聯俄容共」的二〇年代，同遭國、共兩黨圍剿，在不得已的情況下，青年黨曾一度與軍閥合作，透過辦教育的方式，將孫傳芳的「金陵軍官學校」、張學良的「東北講武堂」和唐繼堯的「雲南講武堂」，幾乎弄成是國家主義的專屬學校。而在北大、清華等校，也經由李璜的北大教授關係，吸納了不少優秀學生入黨。[57]

　　但是來到臺灣以後，情況就不一樣了，因為只剩下臺灣這塊復興基地，國民黨為維持其政權，對在野的青、民兩黨，採取百般的分化、打壓、排擠、監視和威脅利誘的策略，深怕在野黨茁壯而危及政權。對此，李璜曾感慨的提到，「我深知在表面上，執政黨不能不要一兩個在野黨來裝飾門面，而骨子裏，其防止在野黨的發展，與防共無異。」[58]李又痛陳，在臺灣凡是有青年黨色彩者，連在社會職業上立腳也大感困難，一般公家機關或公立學校，根本排斥青

---

[56] 〈中國青年黨黨員入黨程序暫行辦法〉，同註49，頁 334-335。

[57] 吳國樑，〈國共以外的選擇：中國青年黨之研究（1923-1949）〉（香港：香港中文大學研究院歷史學部哲學碩士論文，1998 年 5 月），頁 32-34。及陳雲卿，〈中國青年黨的創建與初期發展（1923-1929）〉（臺北：國立臺灣師範大學歷史研究所碩士論文，民國 77 年 6 月），頁 169-204。

[58] 李璜，〈青年黨是因何衰敗，應如何振興——有感於荊知仁教授與吳三連先生的慰勉而作〉，見沈雲龍編，《李璜先生近五年言論集》，頁 235。

年黨員，青年黨人僅能在私人公司或私立學校教學。[59]試想，在亟為「稻粱謀」的時代，有多少人敢為理想、信念而入青年黨呢？更有多少青年黨員敢冒去職之危機，而公然在校吸收學生入黨呢？更何況在威權時代，連大專院校都還有國民黨的知識青年黨部在監控著。

　　職是之故，青年黨來臺後，雖然也有省黨部和各縣市地方黨部，但是吸收黨員情況似乎欠佳。當時青年黨吸收黨員的辦法，是與臺灣在野反國民黨的政治菁英結合，而鼓勵其代表青年黨參與角逐各項中央與地方民意代表選舉。前期較著者有郭雨新；後期如黃順興當選臺東縣長和曾文坡當選臺中市長及張淑真當選立法委員。至於在地方選舉方面，最有名的即為雲林縣的蘇洪月嬌與宜蘭縣的游錫堃，此2人曾代表青年黨當選過臺灣省議員。[60]

　　當然，上述辦法是直接從臺灣本土政治菁英就地取材，至於一般普通黨員的吸收則情況不明，因為是以秘密方式為之，免得引起國民黨當局之注意。何以如此，李璜曾有一段告白說到：「大陸失守太快，青年黨人撤退不及，大批忠實而有能力的幹部都失陷了。辦黨全靠精幹忠貞的老幹部，而到臺的人數既有限，必須從頭開始。而開始宣傳物色，必須精選，不能廣收。在這一點主張上，我就與在臺的老同志李萬居兄主張相左，他要設立青年黨的省黨部，公開招收新同志；而他據我深知，是不長於辦黨的人，對於我主張只是地下活動，精選幹部，慢慢的來，他既不贊成，我便知道一定要弄糟。本黨一定被滲透、分化以至於不可收拾。所以其後在臺同志再三請我來臺，我都堅持第一取消在臺的公開招收同志的辦法。[61]

59　李璜，〈對「民主乃有業者之事」補充兩句〉，見沈雲龍編，《李璜先生近五年言論集》，同上註，頁31-32。

60　《中央日報》（民國70年11月22日）第3版。

61　同註58，頁235-236。

李璜的說法是有道理的，原因是當時國民黨安排甚多眼線潛伏在青年黨內部，如林權敏是國民黨第 6 組派來青年黨臥底的，因為怕青年黨跑得太快，故特別安放一塊絆腳石來搗亂，其成立高雄南部中央與北部「中園」的正統青年黨對抗，背後完全是國民黨支持的。[62]又例如曾經擔任過青年黨臺北市黨部主任委員的李祖培，其出身亦來自於國民黨的調查局。[63]如此這般，青年黨欲公開招攬黨員，在內有眼線監視的情形下，敢公開入黨者自然寥寥無幾。而秘密入黨者，是有此一管道，但人數多少，恐怕亦難以稽查了。

四、與《自由中國》共同爭取言論自由

在民國 38 年國共內戰，政局日趨惡化之際，知識份子面臨幾種選擇路向，其中胡適、傅斯年、雷震、殷海光等，選擇了支持國民黨，反對中共的路向，渡海來臺共赴國難。在反共的鬥爭中，胡、雷等人認為只有堅定站在民主自由這邊，宣揚自由民主之價值，督促政府改革，以成為民主政府，方能有效對抗共產勢力。而政府為爭取國際支持，博得民主自由形象，亦樂於與自由主義派知識份子合作，甚至極力支持之。[64]於此前提下，是年 11 月 20 日，以胡適任發行人，雷震為社長的《自由中國》半月刊終於發刊問世了。

《自由中國》創刊時，胡適擬了 4 條宗旨：（1）宣傳自由與民主的真實價值，督促政府切實改革政治經濟，努力建設自由民主的

---

[62] 李璜，〈中華民國臺灣省觀光去來〉，《中國時報》（民國 66 年 9 月 24 日）。

[63] 〈調查局怎樣扶植青年黨中整會〉，李敖編，《調查局研究》（臺北：李敖出版社，1988 年 6 月初版），頁 153-160。

[64] 任育德，《雷震與臺灣民主憲政的發展》（臺北：國立政治大學歷史學系出版，民國 88 年 5 月初版），頁 76。

社會；（2）支持國民黨的反共政策；（3）幫助共產黨地區的人民恢復自由；（4）使整個中華民國成為自由中國。[65]

　　此宗旨，基本上與青年黨的民主反共政治理念不謀而合，是故，在五〇年代的民主自由運動中，青年黨亦成為不可或缺的一環。當時青年黨參與民主自由運動份子可分兩股勢力：一為左舜生、李璜等以香港為基地，從事所謂的「第三勢力」運動，其中左舜生所辦的《聯合評論》，更是海外自由份子的總論壇。[66]二是島內青壯派如夏濤聲、朱文伯等，結合青年黨籍臺灣政治菁英，如李萬居、郭雨新等，以《公論報》為本營，和《自由中國》相呼應。兼以左舜生、李璜與胡適、雷震、張君勱等人均有過從，於是形成以《自由中國》為軸心，包括青年黨、民社黨部分成員在內的「反共批蔣」組織。[67]

　　他們對外有美國奧援，對內有合法黨組織為護符，在五〇年代「反共批蔣」方面，曾發揮若干影響力。青年黨反共歷史之久遠與立場的堅定，無庸置疑暫且勿論。僅就批蔣方面論之：首先對軍隊「黨化」一事，左、李2人即痛批蔣氏父子在軍中成立「國民黨支部」，是明顯違反《憲法》第138條規定的「全國陸海空軍，須超出個人、地域及黨派關係以外，效忠國家，愛護人民」的規定。此舉大大違背青年黨當年力主「軍隊國家化」的制憲基本訴求。[68]

---

[65] 《自由中國》半月刊，自創刊起至停刊止，每期均刊此「宗旨」。見《自由中國》第1卷第1期（民國38年11月20日），頁1。

[66] 黃嘉樹，《第三隻眼看臺灣》（臺北：大秦出版社，民國85年6月再版），頁267。

[67] 周淑真，《中國青年黨在大陸和臺灣》，（北京：中國人民大學出版社，1993年11月1版），頁278-279。

[68] 青年黨35年，參加政治協商會議，針對國共爭議不休的「軍隊國家化」問題時，曾提出六項的解決辦法，其中一項即：實行軍黨分立，以免政爭變為兵爭。見〈中國青年黨代表曾琦等五人提停止軍事衝突實行軍隊國家化案〉，見立華編，《政治協商會議文獻》（北平：中外出版社，民國35年4月初版），頁106-109。或〈曾琦對軍隊國家化提案之說明〉，陳正茂等編，《曾琦先生

當年中華民國憲法能順利制定完成，正是國民黨同意了這一條，才得到青、民兩黨一致的支持。如今在臺灣，蔣違背此承諾，青年黨當然極為憤慨。左、李 2 人即說，蔣此種做法，同舊軍閥昔日在大陸的行徑無異。「獨裁壟斷而不思建設民主政治，這種家天下的政治，總有一天要失敗的」。[69]青年黨左、李 2 人反對國民黨違反《憲法》在軍隊設立國民黨組織一事，自然激怒當時掌控軍中政工系統的蔣經國。民國 45 年 12 月，國民黨展開反擊，在野黨的青年黨自不例外，左、李 2 人甚至被視為「共產黨的同路人」。為操縱青年黨，一則以金錢利誘；再則遣人滲透分化內部，青年黨在臺之處境，由此亦可想而知了。[70]

其次，籌組反對黨也是青年黨此時之積極作為，由於青年黨自知身為反對黨的無力，因此一直希望臺灣能有個強有力像樣的反對黨。左舜生屢屢在《自由人》發表文章，闡明大陸失敗非是軍事之敗，實係失敗於政治的不民主，才是癥結所在。因此他認為「中國必須徹底實行民主，始足以適合今後中國的需要」，而把此希望寄託於當今之政黨，顯然各黨條件均不夠。因此只有重新「毀黨造黨」，將國、民、青 3 黨及一切有志之士，揉成一團，由各黨派出代表，

文集》（上），同註，頁 487-489。

[69] 雷震，《雷震回憶錄》（香港：七十年代雜誌社出版，1978 年 11 月初版），頁378-379。

[70] 〈政黨合作之道──社論〉，《民主潮》第 4 卷第 1 期（民國 43 年 3 月 16 日），頁 2。另李萬居曾在省議會質詢時也說到：「這兩個小黨（按：指民、青兩黨）……內部被一些不知來自何方的特工人員滲透進去，在裡面翻天攪地，搞得不成個樣子，如何達成『反對』的任務，如何能達到監督的目的。我們這個國家如果要做到名實相符的民主國家，應該准許人民自由組黨。」，《臺灣省議會公報》2 卷 23 期（民國 49 年 4 月 12 日），頁 961。

針對所有重要問題，全盤檢討。然後形成兩大黨，一在朝、一在野，互相監督制衡。[71]

　　為此，左舜生還特地撰〈申述政黨改造的我見〉與〈中國未來的政黨〉等文，提出 8 項條件以為其理想的政黨要素。[72]左舜生的強力主張兩黨政治，與《自由中國》強調的民主政治是今天普遍的要求，沒有健全的政黨政治就不會有健全的民主；沒有強大的反對黨也不會出現健全的政黨政治的看法是一致的。民國43年初，胡適還天真的向蔣建議，將國民黨分為兩個對立的大黨，以奠定兩黨政治的基礎，唯蔣並未採納。[73]反而要求民青合併為一黨，但民、青兩黨在國民黨的操縱分化下，各自內部已是派系林立，要兩黨合而為一談何容易。[74]

　　此外，爭取言論自由和確立輿論權威，也是以《自由中國》為核心的包括青年黨多數成員在內追求的共同目標。左舜生曾在《自由人》接連發表〈正本清源論〉、〈確立輿論權威〉、〈團結之道〉等文章，提到政府在臺毫無作為，甚至連件洽心如意事也少見。因此在今天「需要有力的輿論加以批評督促，比較過去的任何一個時期都來得格外的迫切。」[75]為配合爭取言論自由和民主政治，李萬居

---

[71] 左舜生，〈申述改造現有政黨的我見〉，見陳正茂主編，《左舜生先生晚期言論集》〈上〉（臺北：中央研究院近代史研究所發行，民國85年5月初版），頁84-86。

[72] 同上註。

[73] 蔣勻田，〈淚如泉湧悼念胡適之先生〉，見馮愛群編，《胡適之先生紀念集》（臺北：學生書局出版，民國62年9月再版），頁159-161。胡適，〈從爭取言論自由談到反對黨〉，《自由中國》第18卷第11期（民國47年6月1日），頁342。又見馬之驌，《雷震與蔣介石》（臺北：自立版，民國1993年11月1版），頁394-396。

[74] 陳正茂編著，《左舜生年譜》（臺北：國史館印行，民國87年12月初版），頁231。

[75] 左舜生，〈確立輿論權威〉，《左舜生選集—政論集》（臺北：大西洋圖書公司

的《公論報》與夏濤聲等辦的《民主潮》都不斷大聲疾呼，要求國民黨尊重言論自由的基本人權。在省議會內，青年黨籍的李萬居、郭雨新等，亦經常向政府當局提出尖銳質詢，揭露官員之營私舞弊和貪贓枉法的行為，並要求政府確實保障言論自由及人權。[76]

青年黨和《自由中國》爭取言論自由之爭，到〈祝壽專號〉和〈憲政體制〉的論辯達到最高潮。民國 45 年 10 月，蔣欲察納雅言，提出要聽聽海內外同胞對國是之意見。《自由中國》以機不可失，紛紛提出建言，總計含社論和 15 篇文章，在該年 10 月 31 日蔣壽誕之日以〈祝壽專號〉名義，正式出版。[77]15 篇文章由胡適、雷震、徐復觀、陶百川、陳啟天、蔣勻田等撰寫。其中胡適親撰的〈述艾森豪威爾總統的兩個故事給蔣總統祝壽〉，要求蔣要做一個「無智、無能、無為」的總統，勉蔣努力做一個無智而能御眾智、無能無為而能乘眾勢的元首。更令蔣惱火的是〈祝壽專號〉的真正目的，即為反對蔣違憲競選第 3 任總統。[78]

針對《自由中國》推出的〈祝壽專號〉，國民黨認為情勢嚴重，須馬上立即反擊。是年 12 月初，國民黨以國防部總政治部名義，下達「極機密特種指示」，要求對「毒素思想總攻擊」，發動圍剿《自由中國》及自由主義份子。諷刺的是適得其反，反而擴大了〈祝壽專號〉之影響，數月內再版 11 次（一說 13 次）之多。[79]

出版，民國 57 年元月初版），頁 12-15。

[76] 轉引自蘇瑞鏘，《戰後臺灣組黨運動的濫觴——「中國民主黨」組黨運動》（臺北：稻鄉出版社出版，民國 94 年 4 月初版），頁 49-68。

[77] 〈祝壽專號〉除社論外，上有胡適、徐復觀、夏道平、陳啟天、陶百川、劉博崑、蔣勻田、雷震、毛子水、徐道鄰、王師曾等在野領袖、學者專家所寫的 15 篇為蔣介石祝壽之文。見《自由中國》第 15 卷第 9 期（民國 45 年 10 月 31 日）。

[78] 〈雷震日記〉（1959 年 12 月 21 日），傅正主編，《雷震全集》〈40〉（臺北：桂冠版，1990 年 9 月初版），頁 210。

[79] 薛化元，《自由中國與民主憲政——1950 年代臺灣思想史的一個考察》（臺

五、與雷震籌組「中國民主黨」的協力

　　五、六〇年代，臺灣於威權統治下，政治史上最波瀾壯闊的，當屬雷震的從《自由中國》之批評時政，到籌組新黨「中國民主黨」的這段過程。此過程為在野黨派，包括青、民兩黨，及自由主義知識份子和追求民主自由的臺灣政治菁英，為反抗國民黨的專制獨裁，在苦悶無聲的五〇年代，留下撼動人心的篇章。在戰後臺灣史上，他們為突破國民黨「一黨政治」之格局，投身於籌組反對黨的民主運動，為臺灣民主政治的啟蒙與積累，仍然是功不可沒的。

　　當年亦參與籌組「中國民主黨」的民社黨大老謝漢儒，在《早期臺灣民主運動與雷震紀事——為歷史留見證》一書指出：中國民主黨組黨運動乃由五〇年代臺灣民主運動的三股主流匯聚而成。按其重要性排列，依序分別是：《自由中國》半月刊（第一股主流），民社黨與青年黨（第二股主流）、本土民主人士對選舉的批判（第三股主流）。揆之民國 49 年組黨時的 16 名召集人：雷震（大陸籍、原國民黨，時為無黨籍）、李萬居（臺籍、青年黨）、高玉樹（臺籍、民社黨）、夏濤聲（大陸籍、青年黨）、吳三連（臺籍、無黨籍）、郭雨新（臺籍、青年黨）、齊世英（大陸籍、無黨籍）、楊毓滋（大陸籍、民社黨）、石錫勳（臺籍、無黨籍）、王地（臺籍、無黨籍）、楊金虎（臺籍、民社黨）、許世賢（臺籍、原國民黨，時為無黨籍）、黃玉嬌（臺籍、民社黨）、郭國基（臺籍、原國民黨，時為無黨籍）、李源棧（臺籍、無黨籍）、謝漢儒（大陸籍、民社黨）等。由這紙名單看來，謝氏之說大體不差。[80]

北：稻鄉版，民國 85 年 7 月初版），頁 137。

[80] 謝漢儒，《早期臺灣民主運動與雷震紀事——為歷史留見證》（臺北：桂冠版，2002 年 9 月初版），頁 6-10。又見李筱峰，〈知識分子與政治革新運動〉，中國論壇編輯委員會主編，《知識分子與臺灣發展》（臺北：聯經版，民國 78

當年民、青兩黨之所以參與組織新黨工作，其原因有幾個：一為「韓戰」後，美國重新支持國府，國民黨政權相對鞏固許多，蔣氏威權統治日甚一日，無須借助「自由派」來裝點門面，對「反對黨」壓迫、監控，甚至分化日漸加強。二為民、青兩黨雖為合法反對黨，但長期以來積弱不振，無法有效監督國民黨，故時有將兩黨合併為一有力在野黨的呼聲，以監督政府。三為國民黨歷次地方選舉的不公，激發本土籍政治菁英的不滿，更強化聯合民、青兩黨籌組反對黨的決心。[81]《自由中國》即發表：「前在國大二次會議時，社會輿論認為該兩黨（按：指民、青兩黨）可以自行解散，聯合社會人士，重新組織強而有力的反對黨」。[82]

就整個組黨運動的發展過程而言，民國 46 年的地方選舉，提供大陸籍人士與本土政治菁英合作的契機。在是年選前，本省籍政治士紳王燈岸即向石錫勳建議，要先將參加第 2 屆公職人員無黨派候選人，民主社會人士，民、青兩黨人士聯繫起來籌組一個聯誼會，互相交換意見，共同研擬選務改進方案。一方面向政府提出建議，交涉及防止選舉舞弊對策；另一方面，另籌組民主法治啟蒙團，仿傚日治時期的文化協會的文化演講，赴全省各地舉辦啟蒙演講。[83]

王、石二氏以建議可行，乃向內政部申請召開「選務改進座談會」，民國 46 年 4 月 11 日下午，該「座談會」終於在臺中召開。會中建議政府應公正地辦理選務，會中也通過一項決議，要求青年黨

年 10 月初版），頁 255-260。及蘇瑞鏘，《戰後臺灣組黨運動的濫觴——「中國民主黨」組黨運動》，同註，頁 19。

[81] 蘇瑞鏘，《戰後臺灣組黨運動的濫觴——「中國民主黨」組黨運動》，同註，頁 55-89。

[82] 〈在野黨及無黨無派人士舉行本屆地方選舉檢討會紀錄摘要〉《自由中國》第 22 卷第 11 期（民國 49 年 6 月 1 日），頁 354。

[83] 王燈岸，《磺溪一老人》（彰化：作者自印，1980 年），頁 129。

籍的李萬居在本屆選舉後，召開一次選舉檢討座談會。4 月 21 日，
第 3 屆縣市長及省議員選舉，郭國基、吳三連、李源棧、郭雨新、
李萬居、許世賢當選省議員，被稱為「五龍一鳳」，此乃日後「中國
民主黨」組黨運動的核心人物。[84]

但此次選舉，國民黨全面動員軍公教，拒絕反對人士參加監選
工作，造成選舉過程不公。選後，李萬居即依之前決議，奔走各地
聯絡，終於在 5 月 18 日，假臺北蓬萊閣召開一場選舉檢討會，參加
者有高玉樹、楊金虎、郭雨新、李萬居、余登發等主要無黨籍政治
人物與民、青兩黨人士。與會者一致抨擊此次選舉之諸多弊端，並
提出檢討改進選舉的辦法，也邀請雷震參加，這次會議對日後「中
國民主黨」的籌組影響深遠。[85]會議最重要之決議是通過青年黨李
萬居提出之「中國地方自治研究會」（「臺灣自治法規研究委員會」），
實際上就是後來組織反對黨的第一步，顯示反對勢力已有將組織「常
設化」之企圖，另外也是民、青兩黨菁英首次與本土政治人物大規
模的集結，象徵意義重大。[86]

而關於在選舉弊端方面，李萬居在省議會痛陳此次選舉「實在是
臺灣地方自治史上永遠無法洗滌的一個大污點」[87]；同黨的郭雨新也
批評「政府辦理選舉不公應嚴格糾正並改善」。[88]青年黨刊物《民主潮》

---

[84] 李筱峰，《臺灣民主運動 40 年》（臺北：自立版，民國 76 年 10 月 1 版），頁 71。
[85] 蔡憲崇，〈中國民主黨──不希望取得政權的政黨〉，收入其自印的《鑼聲若
響──臺灣島上的反對黨》（臺北：作者自印，1983 年），頁 23-24。〈雷震
日記〉（1957 年 5 月 18 日），傅正主編，《雷震全集》〈39〉（臺北：桂冠版，
1990 年 7 月初版），頁 93-95。
[86] 〈在野黨及無黨無派第三屆縣市長暨省議員競選人共同聲明〉，《民主潮》第
7 卷第 12 期（民國 46 年 6 月 16 日），頁 19。
[87] 李萬居在省議會之質詢見《臺灣省臨時省議會公報》第 10 卷第 14、15 期（民
國 46 年 1 月 8 日），頁 10117。
[88] 郭雨新在省議會之質詢見《臺灣省臨時省議會公報》第 10 卷第 14、15 期（民
國 46 年 10 月 8 日），頁 10083。

發表了楊金虎、郭雨新、余登發、李萬居、黃玉嬌、高玉樹、郭國基
等 26 人在選後的共同聲明，指出此次選舉弊端有四：（1）公教及治安
人員公開助選，（2）選務機構違法，（3）監察人員不公，（4）政府機
關藉巧妙名目為掩護，利用公款以協助執政黨提名之候選人競選。[89]

　　由於國民黨對民、青兩黨的滲透分化，民國 48 年 12 月 10 日，
青年黨籍的李萬居曾指出：「這兩個小黨，內部被一些不知來自何方
的特工人員滲透進去，在裡面翻天攪地，搞得不成樣子，如何達成
『反對』的任務，如何能達到監督的目的。我們這個國家如果要做
到名實相符的民主國家，應該准許人民自由組黨」。[90]由此看出，此
時李萬居對民、青兩黨已不大抱存希望，另組新政黨的企圖已十分
明顯，此乃李萬居在組黨運動中漸形重要，甚至成為主要領袖之一
的原因。

　　49 年 2 月 5 日，李萬居提到「中國自治研究會」未被批准之事，
猶氣憤的表示「反對黨是幹的問題，不是政府批准的問題」。[91]是時，
蔣欲違憲競選第 3 任總統的訊息已甚囂塵上，又恰逢南韓也發生政
潮，青年黨的機關刊物《民主潮》在 3 月間，藉機連續發表社論，
藉南韓李承晚統治當局的違憲連任，和對反對黨的不能容忍，來影
射臺灣的蔣及國民黨政權亦如出一轍。[92]

　　該年 3 月，李萬居、郭雨新、高玉樹、吳三連、許世賢、楊金
虎等人，召開選舉座談會，青年黨夏濤聲與民社黨的蔣勻田亦受邀

[89] 同上註。

[90] 李萬居在省議會之質詢見《臺灣省議會公報》2 卷 23 期（民國 49 年 4 月 12
日），頁 961。

[91] 〈雷震日記〉（1959 年 2 月 5 日），傅正主編，《雷震全集》〈40〉（臺北：桂
冠版，1990 年 9 月初版），頁 21-22。

[92] 〈我們對韓國政局的感想──社論〉，《民主潮》第 10 卷第 9 期（民國 49 年
5 月 1 日），頁 2。

參加。[93]4 月，臺灣舉行的地方選舉，國民黨的選舉不公依舊，使得在野民、青兩黨與本省籍政治菁英忍無可忍。《自由中國》批評當局選舉不公後，即表示：「今後唯一有效的補救方法，就是要靠這些篤信民主政治的人士，大家聯合起來組織一個強有力的反對黨，以與國民黨抗爭」。[94]4 月 29 日，青年黨的夏濤聲、李萬居、郭雨新和雷震聚會，談及這次選舉舞弊情形，咸認為有必要約無黨籍人士，共商組織反對黨的可能性。[95]5 月 15 日，民、青兩黨重要人士與本省政治人物一起討論將來反對黨經費的籌措及敦促胡適出來領導等問題，於是才有 5 月 18 日，選後座談會中正式組黨之議。[96]5 月 18 日，終於在臺北市民社黨總部召開「在野黨及無黨無派人士本屆地方選舉檢討會」。當天參與者共計 72 位，其中青年黨參加者有李萬居、郭雨新、夏濤聲、朱文伯、沈雲龍、葉時修、劉永濟、王嵐僧、蘇東啟等人，幾乎網羅本土政治菁英與民、青兩黨高層代表人物，而最重要的決議是一致主張組黨。[97]6 月 15 日，根據「518 會議」決議，「地方選舉改進座談會」發表 6 月 11 日通過的一篇聲明，強調兩個決定：即成立「選改會」與籌組新政黨。[98]此後，「中國民主

---

[93]　李筱峰，《臺灣民主運動 40 年》（臺北：自立版，民國 76 年 10 月 1 版），頁 74。

[94]　〈這樣的地方選舉能算「公平合法」嗎？——社論〉，《自由中國》第 22 卷第 9 期（民國 49 年 5 月 1 日），頁 276。

[95]　〈雷震日記〉（1959 年 4 月 29 日），傅正主編，《雷震全集》〈40〉（臺北：桂冠版，1990 年 9 月初版），頁 298。

[96]　〈雷震日記〉（1959 年 5 月 15 日），傅正主編，《雷震全集》〈40〉，同註，頁 307-308。又見蘇瑞鏘，《戰後臺灣組黨運動的濫觴——「中國民主黨」組黨運動》，同註，頁 85。

[97]　〈在野黨及無黨無派人士舉行本屆地方選舉檢討會紀錄摘要〉，《自由中國》第 22 卷第 11 期（民國 49 年 6 月 1 日），頁 352-356。

[98]　〈選舉改進座談會的聲明〉，《自由中國》第 22 卷第 12 期（民國 49 年 6 月 16 日），頁 18。

黨」的籌組工作，即以「選改會」為主體而展開。6 月 19 日，「選
改會」在臺北《自由中國》社召開第 3 次主席團會議，青年黨夏濤
聲、郭雨新等出席，會中確定座談會委員 46 人，召集人 15 人，雷
震表示，此次會議名為座談會，實則為新黨籌備會。[99]6 月 25 日，「選
改會」召開第 1 次委員會議，主席團主席李萬居在開會致辭時表示：
「這一個月來，我們所積極籌劃的工作是『地方選舉改進座談會』，
實際上是在替組織新的反對黨做鋪路的工作」。[100]隨後通過該會簡
章、會議規則，並推定 17 人為召集人，而由李萬居、高玉樹及雷震為
發言人。[101] 6 月 26 日，「選改會」在臺北《自由中國》社召開第 1
次召集人會議，決定各委員會召集人、發言人的人選，以及與民、
青兩黨協商之人選，籌組反對黨的領導階層，至此已大致確定。[102]

　　8 月 27 日，夏濤聲起草新黨黨章，雷震認為仍是舊套，不適用。
並對外宣布新黨可能於 9 月底成立。8 月 28 日，「選改會」再度召
開召集人會議，會中討論新黨的政綱、政策、黨章等事項，以及即
日與民、青兩黨進行協商外，並決定黨名為「中國民主黨」。[103]

　　9 月 4 日，就在組黨運動進入高潮之際，國民黨決定先下手為
強，當日雷震遭警備總部逮捕，另外尚有馬之驌、傅正與劉子英亦

---

[99]　〈雷震日記〉(1959 年 6 月 19 日)，傅正主編，《雷震全集》〈40〉(臺北：
　　桂冠版，1990 年 9 月初版)，頁 332。

[100]　〈李萬居先生在選舉改進委員會議第一次會議中致開會辭全文〉，《自由中
　　國》第 23 卷第 1 期 (民國 49 年 7 月 1 日)，頁 16。

[101]　《公論報》(民國 49 年 6 月 27 日) 第 2 版。

[102]　〈雷震日記〉(1959 年 6 月 26 日)，傅正主編，《雷震全集》〈40〉，同註 99，
　　頁 336。

[103]　關於該黨之名稱，據雷震指出，「原本大家主張用「中國自由黨」，胡適說那
　　個倒了霉的名字不必再用，我們今日組黨是為改善選舉，是爭民主，就叫『中
　　國民主黨』好了。」，傅正主編，《雷震全集〈12〉：雷震回憶錄——雷案回
　　憶〈2〉》(臺北：桂冠版，1989 年 3 月初版)，頁 349。

被捕，史稱「雷震案」。至此，籌組中的「中國民主黨」遺憾的胎死腹中，而《自由中國》也就此停刊。[104]

9 月 11 日，「雷震案」爆發後，對「中國民主黨」雖是致命的打擊，但李萬居和高玉樹特別表示，組黨工作不會因雷震被捕而受到影響。當天「選改會」並召開第 5 次召集人會議，決定撤銷「選改會」，成立「中國民主黨籌備委員會」（以下簡稱「籌委會」），由李萬居和高玉樹負責。9 月 25 日召開第 1 次「籌委會」召集人會議，由代理主席李萬居主持，會中討論地方人士對組黨運動以及雷案的看法。[105]10 月 17 日，「籌委會」對外表示：「新黨運動絕不會因此停止，只不過稍延成立時間而已。」「中國民主黨」已領回組黨文件，決定不久宣布成立。且聲明雷案根本就是「政治事件」。[106]到了 10月，「中國民主黨」的人事安排似乎已大致決定，將設「政策委員會」，由李萬居、夏濤聲、齊世英主持；另「組織委員會」由郭雨新、「財務委員會」則由高玉樹等人負責。[107]

其後，「籌委會」雖仍信誓旦旦「中國民主黨」必將成立，但在國民黨一片恐怖肅殺的氣氛下，以及主客觀條件尚欠成熟的情況下，籌組「中國民主黨」之事，遂逐漸沉寂。民國 50 年 1 月舉行的臺灣省第 5 屆縣市議員的地方選舉，可說是檢驗「籌委會」之試金石，雖說「籌委會」推派了高玉樹、李萬居、郭雨新、許世賢、王地、許竹模、李秋遠、楊金虎、李連麗卿、黃玉嬌、郭國基等 11 人組織助選

---

[104] 〈臺灣警備總司令部呈報國防部已依法將雷震等人逮捕到案〉，收入陳世宏等編輯，《雷震案史料彙編：國防部檔案選輯》（臺北：國史館印行，2002年），頁 191。

[105] 《公論報》（民國 49 年 9 月 26 日）第 1 版。

[106] 〈中國民主黨籌備委員會聲明〉，《民主潮》第 10 卷第 21 期（民國 49 年 11月 1 日），頁 20。

[107] 蘇瑞鏘，《戰後臺灣組黨運動的濫觴——「中國民主黨」組黨運動》，同註，頁 215。

團，且此次選舉，全省也有 20%的新黨人士當選，但離原先欲拿 1/3 席次的目標尚遠。嚴格而言，其結果選的並不理想，中國民主黨因未達到預期目標，使得此次選舉成為新黨人士的「最後一役」。[108]

同年 1 月 23 日，中國民主黨籌備委員會，在臺北舉行第 5 屆縣市議員選舉檢討座談會，但此後即無再進行任何活動，組黨運動自此歸於沉寂。同年 8 月，高玉樹在接受採訪時表示「組黨不組黨已不是重要的事了」，亦即正式中止「中國民主黨」的組黨運動。因此，使得尚未面世的「中國民主黨」不得不胎死腹中，留下臺灣民主運動史上相當遺憾的一章。

六、積極營救雷震

基本上，「雷案」爆發後，青年黨的領袖如左舜生、李璜、陳啟天等人，曾予以積極營救。其中左舜生更是情緒激動，批判力道十足。民國 49 年 9 月 9 日，在「雷案」發生不到一週內，左舜生旋即為文，認為「雷案」根本是國民黨當局一個預定的陰謀，其目的不僅在使《自由中國》不能繼續出版，同時也在使籌組中的「中國民主黨」無法成立。[109]左舜生言：「這不一定是雷震等個人的不幸，實在是中華民國民主憲政前途，以及人民一切基本自由與人權保障一種空前的威脅！……這一民國政治史上空前的重大事件，將繼續發展，其給予海內外一般人心刺激的深刻，以及可能發生的惡果，目前尚難預測」。[110]因此，左舜生希望政府，立即釋放雷震。

---

[108] 同上註，頁 216-217。

[109] 陳正茂編著，《左舜生年譜》（臺北：國史館印行，民國 87 年 12 月初版），頁 251。

[110] 左舜生，〈主張立即釋放雷震〉，《聯合評論週刊》第 107 號（民國 49 年 9 月 9 日）。

　　同日，他和李璜與香港民主人士，在香港格蘭酒店召開記者會聲援雷震，參加者有新亞書院教授及新聞文化界人士。左等認為雷震是愛國的、反共的，也是為民主政治運動的奮鬥者。臺灣當局此舉，香港方面的民主人士，將依據聯合國《人權宣言》，向聯合國控訴，請求人權保障。[111]10月5日，見國民黨毫無釋放雷震的跡象，左舜生與李璜、李達生、岑盛軒、梁友衡、徐亮之、許子由、許冠三、黃宇人、陳芝楚、孫寶剛、勞思光、劉子鵬、劉裕略、羅鴻等多人，聯名特別致函聯合國人權委員會，呼籲聯合國有關組織及時聲援雷震。電文中言：「國民黨當局以《自由中國》半月刊的言論『構成叛亂的罪證，其為斷章取義，故入人罪，已昭然若揭。中華民國政府當局此等迫害言論出版自由及蹂躪人權的不法行為，實為對聯合國人權宣言第三、第九、第十一及第十九條款的公然蔑視。倘不及時予以制止，則人權宣言必將失去其存在的意義』」。[112]

　　10月14日，「雷案」判決後，左舜生沉痛指出：「總而言之，統而言之，臺北當局要消滅《自由中國》這本雜誌，要消滅雷震這個人，要消滅一個將要出現的新黨，這是他們早已確定的決心，無論上訴也罷，不上訴也罷，他們一定要蠻幹到底，其他一切的『手式』，一切的『表情』，一切的『穿插』，不過只是加重這一事件戲劇化的氣氛，大抵無關宏旨。所可惜的，他們編戲的技術過於拙劣，因之漏洞百出，讀者如果真要了解臺灣這十年究竟是什麼人在幕後胡鬧，我便奉勸先看看我那篇〈由『吳案』『孫案』到『雷案』〉的長文，才比較的能得要領。我們繼此要說的話還很多，這件事決不會如此了結，這是可請大家放心的」。[113]

---

[111] 傅正主編，《雷案震驚海內外》（臺北：桂冠版，1990年9月初版），頁112。

[112] 雷震，《雷震回憶錄》（香港：七十年代雜誌社出版，1978年11月初版），頁180-181。

[113] 左舜生，〈雷案判決感言〉，《聯合評論週刊》第112號（民國49年10月14日）。

12 月 2 日，左舜生再度發表對「雷案」覆判後的感想，對於蔣之不能特赦雷震，嚴辭譴責其表現了一種軍人蠻幹到底的特質，不失為東方一個碩果僅存的標準獨裁者；同時也通明透亮表示了他對民主絲毫不能理解，絲毫不感興趣，不惜以走極端的態度，甘冒天下之大不韙，向國內外一切主持公道與正直的人士挑戰。[114]

至於夏濤聲、朱文伯、李萬居、郭雨新等則在《公論報》、《民主潮》等刊物發表聲明，支援雷震。另外，青年黨籍的監委陳翰珍、劉永濟等，亦在監察院內為雷震鳴不平，希望政府重新調查「雷案」。青年黨的營救雷震雖未成功，但它最起碼表明了青年黨對國民黨迫害言論出版自由以及踐踏人權行為的強烈不滿。[115]直到民國 53、54 年，蔣總統為團結反共力量，反攻大陸，決定舉行「陽明山會談」和召開「反共建國聯盟會議」，廣邀在野黨領袖回臺參加會議。但是左舜生、李璜和民社黨領導人張君勱等表示，渠回臺的條件是當局必須立即釋放雷震，在雷震尚屬「階下囚」時，他們無法來臺作「座上客」。由於國民黨當局不肯接受其要求，最後他們拒絕赴臺。[116]

總而言之，青年黨基於對民主憲政理念的追求，不願任憑國民黨擺佈，不願只充當國民黨政府的附庸政黨，它積極參與籌組新黨運動，僅此一點，即可印證青年黨對民主憲政體制的執著追求，在客觀上亦有功於臺灣民主政治的發展進程。不僅如此，青年黨為此還付出慘痛代價。李璜即言：「由於雷先生組黨失敗，青年黨人亦因以大受犧牲，如李萬居同志《公論報》被奪，夏濤聲同志之氣憤頹喪而致中風，郭雨新同志的奇怪落選，逼得流浪異域。而青

---

[114] 左舜生，〈雷案與團結〉，《聯合評論週刊》第 119 號（民國 49 年 12 月 2 日）。

[115] 周淑真，《中國青年黨在大陸和臺灣》，（北京：中國人民大學出版社，1993 年 11 月 1 版），頁 292。

[116] 同上註，頁 292-293。

年黨本身也從此被分化、打擊、監視，以致無法振作至於今日之困境」。[117]

　　雖然青年黨曾有心支持雷震的「新黨運動」，但國民黨也早有因應之策，就在新政黨籌組工作於緊鑼密鼓之際，國民黨對民、青兩黨也開始積極拉攏。基本上，青年黨的「大華新村派」如夏濤聲、王師曾、朱文伯及本省籍之李萬居、郭雨新等人，雖積極參與組織新政黨工作，但就在新政黨「中國民主黨」即將組成之際，除本省籍的郭、李二氏加入外，其他大陸籍人士反而瞻前顧後裹足不前了。陳啟天、王師曾等既想參加政府分享權力；又怕反對黨成為臺灣黨而沒參加，甚至郭、李 2 人參加還受到黨內的指責，而連全程參與的朱文伯，最終也缺席沒有參加。[118]朱曾自我辯解說：「我鑒於青年黨的紛爭不已，青年時期就共患難同生死的一群愛國反共同志，中年以後竟因細故變成『同舟敵國』，不敢深信組織新黨的人可以善始善終，所以雖然參加了選舉改進座談會，但並沒有參加中國民主黨。」又說：「如果青民兩黨和無黨無派者合組新黨，我當然是組成份子，如果在兩黨以外另行組黨，我只能合作，不便參加。」[119]之所以如此，一個最關鍵的因素，是他們原本就有一個自己的黨，要他們放棄原黨而加入「中國民主黨」，實非易事。

　　雷震曾說：「反對黨之組成，並非易事，在野人士甚熱心，而民、青兩黨甚冷淡，除夏濤聲外，大都不贊成，主要是他們自己有一個

---

[117] 李璜，〈雷儆寰先生逝世十週年紀念感言〉，傅正主編，《雷震全集（1）：雷震與我〈1〉》（臺北：桂冠版，1989 年 3 月初版），頁 114。

[118] 張忠棟，〈雷震與反對黨〉，收入張忠棟，《胡適・雷震・殷海光──自由主義人物畫像》（臺北：自立版，民國 79 年 12 月 1 版），頁 139。

[119] 朱文伯，《朱文伯回憶錄》（臺北：民主潮社發行，民國 74 年 2 月初版），頁 195。又見朱文伯，〈憶雷震與胡適兩先生〉，傅正主編，《雷震全集〈1〉：雷震與我〈1〉》，同註 117，頁 46。

黨存在」，這點雷震倒是看得很清楚。[120]在這些原因的影響下，導致許多原本熱衷參與組黨工作的民、青兩黨人士，最終還是沒能加入「中國民主黨」。然無論如何，在五〇年代籌組反對黨的過程中，他們為臺灣民主政治的貢獻仍是功不可沒的。

七、結論──民主憲政之討論

實行民主憲政，為青年黨一貫主張，在抗戰期間，參加國民參政會，即呼籲政府早日召開國民大會，制定憲法，使國家步入民主憲政之坦途。民國 35 年與國民黨、民社黨及無黨無派的社會賢達，毅然參加制憲國大，制定中華民國憲法。會議期間，對人身自由的保障、國家基本政策的訂定，以及軍隊國家化，政治民主化，無記名投票法的確定，尤其對法官、教師、及地方與中央級民意代表，在執行職務時，均應超出黨派以外等意見，均有確定的主張。[121]

民國 42 年 3 月，針對蔣復行視事 3 週年，左舜生特別撰文向蔣建議，今後政治趨向的總方針宜實行民主政治。[122]民國 46 年元旦起，青年黨所辦的刊物《民主潮》以〈新春三願〉的社論為題，無意中掀起了一場持續兩年的關於「憲政體制」的論辯。在〈新春三願〉的第一願中，青年黨提出「切實實行憲政體制」，青年黨認為在臺灣現行的《中華民國憲法》是部「民主憲法」，其中如「有關中央政治體制，規定行政院為國家最高行政機關，須向立法院負責」；有

---

[120] 孟戈，〈略知雷震（儆寰）先生〉，傅正主編，《雷震全集〈1〉：雷震與我〈1〉》，同上註，頁 144。

[121] 陳正茂，《在野的聲音──青年黨人的時代關懷及其政治參與》〈臺北：新文京開發出版有限公司出版，民國 93 年 12 月初版〉，頁 149-246。

[122] 左舜生，〈讀蔣總統「三一」文告書後〉，《自由人半週刊》第 210 期（香港：民國 42 年 3 月 7 日）。

關國家軍隊，「全國陸海空軍須超出個人、地域及黨派關係以外，效忠國家，愛護人民」；另外如司法獨立，也是要求法官須超出黨派以外，依據法律，獨立審判，不受任何干涉；至於黨派平等及組黨自由，亦規定「中華民國人民，無分男女、宗教、種族、階級、黨派，在法律上一律平等，並且人民有集會結社之自由」。[123]

　　這些條文均有其深意與特點，如能徹底遵循，必能引導國家走上民主憲政的常軌，奠定國家長治久安之基礎。惜自行憲以來，國民黨始終沒有真心信守憲法，才使國家淪落至此。黨的黑手深入各階層，舉凡軍隊、法院、學校都不放過，至於組黨自由，那更是天方夜譚沒有的事。青年黨不客氣的說：「時至今日，學校教育，機關訓練，集會儀式，乃至標語口號，無不以奉行遺教為先，而很少提到憲法」。「這無異於自毀歷史，自壞長城，實為民國前途一大隱憂」。[124]青年黨對國民黨違憲的全面批判，不僅盡了反對黨的職責，其勇氣尤足嘉許，故曾引起島內一陣熱烈回響和輿論的廣泛注意。

　　為應和島內民主憲政之討論，在香港的青年黨領袖左舜生與李璜也分別撰文響應，其中以左舜生的批評最具代表性。3月11日，左於《自由陣線》發表〈嚴重的局勢必得打開〉，強調「軍事第一」固然重要，但「政治刷新」與「經濟建設」的重要性決不在軍事之下；而政治上的民主自由，更是國民黨革新之契機。接著在憲政問題上，左舜生又說：「以實際的情形來說，今天的憲政，早已名存實亡，其所以還保持若干在憲法上可以找出名稱的機構，這只是為了應付國際的一種方便，否則便連這種徒擁虛名的機構也早已一筆勾銷了」。他具體批判道：「今天的立法院並沒有一個強有力的反對黨，絕對多數的立法委員都是國民黨員，從體系上說，除非國民黨內發

---

[123] 沈雲龍，〈新年三願〉，《民主潮》第 7 卷第 1 期（民國 46 年 1 月 1 日），頁 6-8。
[124] 同上註。

生了無可調停的派系鬥爭，否則這班國民黨的立法委員無法不接受黨的領導」。又如「行政院長不僅是國民黨員，而且一般是中央委員，如今天的俞鴻鈞，所以，從黨的系統上講，行政院不可能對立法院負責」。而說到更高層「中華民國的總統，同時又是國民黨的總裁，在立法院與行政院發生衝突的時候，蔣先生如果覺得不便以總統身份干涉立法院，他卻可以國民黨總裁身份去制止國民黨的立法委員，如果他們不聽話，輕則可以遭受訓斥，重則開除黨籍或禁止其出席」。[125]

由上述之連帶關係，青年黨在臺刊物《民主潮》，也呼應左舜生之批評，不客氣的說：「今天的行政院只是對總統負責，也可以說是對國民黨負責，或對國民黨的總裁負責，決無所謂對立法院負責的這回事，這與憲法的原意是剛剛相反的」。[126]左舜生、李璜等青年黨領導人，連諷帶嘲的透過香港《自由人》三日刊的批評國民黨當局的違憲不守法，簡直是捅了國民黨的馬蜂窩，國民黨當局不但查禁《自由人》，不准其進口；還透過黨喉舌《中央日報》連發批駁文章，左、李等人甚至還被指責為「中共同路人」。[127]

例如當時臺灣在野人士有組織反對黨之議，這本是憲法賦予人民之權利，但中國何以不曾有像樣的反對黨出現。左直言中國之所以不曾有強有力反對黨之出現，係因執政的當局都有所謂的「黨軍」，而更澈底的一點說，「黨軍」與民主制度是無可並存的。只要一個國家以內有了所謂「黨軍」存在，政權便只能隨武力為轉移；

---

[125] 左舜生，〈嚴重的局勢必得打開〉，《自由陣線週刊》第 30 卷第 11 期（香港：民國 46 年 3 月 11 日）。

[126] 這些社論如〈監察院行使彈劾權引起的憲法爭議問題〉、〈行政院院長在憲法及法律上的地位〉；王師曾的〈憲政與國運——行憲十週年紀念的一點感想〉等，俱發表於《民主潮》第 8 卷第 1-3 期（民國 47 年 1 月 1 日-2 月 1 日）。

[127] 周淑真，《中國青年黨在大陸和臺灣》，同註 115，頁 289。

如果有兩個以上的黨一樣都擁有武力，其勢不造成相互或循環的所謂革命，便惟有招致國家的分裂。所以左對臺灣熱心建黨的朋友，不無挖苦執政當局言：「假定你們不能促成『黨軍』制的廢止，即令你們建黨有成，其結果依然要歸於失敗；整個民主制度既決不會在中國實現，而一個有力的反共政治號召，也終於無法形成」。[128]

47 年 10 月 22 日，左對於國民黨人習慣以「革命」來剿匪之錯誤觀念，苦心孤詣的提出逆耳忠言。左說：「中國能有一部民主的憲法，這是中國人經過半世紀奮鬥所得到的一個成果，今天要剿匪有效，惟有依照憲法去培養人民的民主習慣，使人民習於民主的生活，然後才能提高其反共的決心」。

民國 48 年 6 月 19 日，左舜生在香港的《聯合評論》又發表〈搶救中華民國的時間已經不多了〉，將憲政體制的論辯推至最高潮。此文一出，迅即在港臺引起軒然大波，遭到國民黨當局的圍剿與批判。左舜生在這篇文章中，嚴辭抨擊「私」字誤了中國 60 年，並忠言逆耳的批評政府遷臺後，未能深思熟慮的制定一套長遠的「治臺方案」，因循苟且依舊，常此而後，後果堪憂。故左舜生向政府及蔣獻策，提出治臺的 16 條原則。其要點為：（1）根除一黨壟斷；（2）精減政府機構；（3）加強地方自治；（4）實行司法獨立；（5）保障人民基本自由；（6）發展科學教育；（7）發展外資、僑資以及民營企業；（8）裁減軍隊人數等等。

其中對臺灣憲政體制影響最巨者為精減政府機構，為此，左舜生還特別提出組「臨時政府」主張，強調不需要有臺灣省政府，只要有一留臺的「臨時政府」即可。「臨時政府」的機構視需要而增減，總之以無冗員無廢事為主。另外，絕對廢止大陸時期的中央政府型

---

[128] 左舜生，〈中國何以不曾有像樣的反對黨出現？〉，《聯合評論週刊》第 8 號（民國 47 年 10 月 3 日）。

態，由留臺的國大代表、立法委員、監察委員和世界上凡有僑胞萬人以上而又有僑胞正式團體的地區推選出 200 人組成臨時最高民意機關。「臨時政府」對此最高民意機關負責，停止國大、立監委行使憲法上賦予之職權，解散由國大代表組成的「光復大陸設計委員會」等。[129]

依左舜生之建議，簡直要國民黨放棄其所有的政治權力和壟斷地位，國民黨一黨獨裁的政治體制必需改變，國民黨政權成了「臨時政府」與「地方政府」，這當然嚴重觸犯國民黨當局「維護法統」之大忌，為國民黨所堅決反對與不許。此文被視為左舜生反蔣及反臺灣國民黨當局的代表作，披載之後，曾引起海內外軒然大波及一陣圍剿，但左仍力排眾議，堅持原則不為所動，時港、臺各地謂之「左文事件」。[130]

左此文發表後，國民黨當局報紙如《中央日報》、《新生報》等迅即組一圍剿集團，連篇累牘的對左舜生發動猛攻反擊，指斥左的建議根本是「危害國家利益的荒謬主張」，他「想作中華民國的掘墓人」。[131]除此之外，連青年黨的「中央黨務整理委員會」冷彭、陳祖貽、董微、蘇子、楊岸等人也提出嚴厲批判。[132]左舜生此文雖遭黨內外一片撻伐，然以今日眼光視之，此文實為當時第一篇敢於正面探究臺灣政權體制弊端的文章，左視野之遠，連當時的胡適、雷震亦不及之。[133]

---

[129] 左舜生，〈搶救中華民國時間已經不多了！〉，《聯合評論週刊》第 44 號（民國 48 年 6 月 19 日）。

[130] 陳正茂編著，《左舜生年譜》，同註 109，頁 247。

[131] 〈社論〉，《中央日報》（民國 48 年 6 月 29 日）。

[132] 〈中國青年黨中央黨務整理委員會對左舜生荒謬言論聲明〉、〈本黨籍立委冷彭、董微、陳祖貽駁斥左舜生荒謬主張〉等文，俱見《醒獅月刊》復刊第 7 期（民國 48 年 8 月 1 日），頁 7。

[133] 黃嘉樹，《第三隻眼看臺灣》，（臺北：大秦出版社，民國 85 年 6 月再版），

　　民國 48 年下半年，圍繞於蔣連任第 3 任總統是否違憲問題，在島內爆發了「護憲和修憲」的大辯論。在這次論戰中，青年黨絕大多數成員是堅定反對修憲的立場。左舜生、李璜、夏濤聲、朱文伯等紛紛於《自由中國》撰文，表達反對之意。其中左舜生在海外連連砲轟國民黨與蔣，言論之犀利，令國民黨十分頭痛與難堪。[134]

　　48 年 5 月 20 日，左挑明為文，其何以不贊成蔣連任第 3 屆總統，「我承認反攻復國依然少不了蔣先生的領導，可是蔣先生站在總統的地位來領導，所領導者只是一小部分顧及既得權位的人；離開總統的地位來領導，則所領導者為一切反共者的全體……這關係蔣先生個人的成敗還小，關係國家的命運者則甚大，故期待蔣先生毅然作下最後的決定」。接著，為表明其立場，針對當時臺灣島內甚囂塵上的擁護蔣連任第 3 任總統，左再度撰文提出嚴厲批評，他說：「中國的總統，依據現行憲法是六年一任，而且硬性規定，任何人擔任總統，最多只以兩任為限，換言之，即無論如何不能超過十二年。過了十二年還要做下去，聽憑你變出何等花樣，不是毀法，便是違法」。[135]

　　為了維護憲法的尊嚴，對蔣執意 3 連任總統，破壞憲政體制，左苦口婆心的在是年 10 月 23 日，再度為文〈對蔣總統連任問題一個最後的陳述〉言及：「我之所以不贊成蔣總統連任，決不是我否定蔣總統個人的威望確實高出今天臺灣的任何個人之上，乃是希望蔣總統退居國民黨總裁的地位，趕快找出一個替人，加以提挈與扶持，使其人的威望也逐漸可以養成，凡此都是為了如何拖的一種打算。

　　頁 382。

[134] 周淑真，《中國青年黨在大陸和臺灣》，同註 115，頁 290。

[135] 左舜生，〈蔣總統連任問題〉，《自由人半週刊》第 856 期（民國 48 年 5 月 20 日）、左舜生，〈再談蔣連任問題〉，《聯合評論週刊》第 41 號（民國 48 年 5 月 29 日）。

如果對內靠蔣總統一人的威望以資鎮撫，對外也靠蔣總統一人的威望以資維繫，一旦到了蔣總統終於不能不倦勤的一天，那個時候急切求一替人而不可得，臺灣在內外形勢交逼之下，便難免不發生空前的危險，乃至無法可以渡過這一難關，這是我個人四、五年來所抱的一種隱憂，到了今天，我不能不坦率的說出」。[136]

12 月中，國民黨派胡健中至港，主要任務在勸此間國大代表返臺投票，為蔣連任勸說。左舜生不為所動，並私下對胡健中表示：「如蔣先生完全不顧一切，後果實極嚴重，中華民國傾覆，大家同歸於盡」。[137]

49 年 2 月 19 日，左舜生與李璜、張君勱、張發奎、黃宇人、勞思光、伍藻池、謝扶雅、許冠三、李金髮、王厚生、趙聰等數十人，於《聯合評論》上刊載〈我們對毀憲策動者的警告〉一文，堅決反對蔣毀憲競選第 3 任總統。文中提到：「我們在這裡警告國民黨當權派，及在臺灣的國大代表：我們要認清，這一毀憲連任的事件，在歷史上將成為分別邪正和決定成敗的大關鍵；它考驗中國人的智慧，也考驗中國人的良心。我們切盼國民黨當權派能夠懸崖勒馬，也深望各位國大代表能夠自愛自重，不要做毀憲禍國的歷史罪人，不要讓敵人稱心快意而坐收其利」。[138]

總之，有關青年黨對民主憲政的堅持，連一向被視為親國民黨與蔣關係良好的陳啟天也說：「四十三年及四十九年國民大會兩次集會，皆有人主張修憲。但我們恐因此動搖政本，不敢贊同。即國民大會所擬提前實施創制複決兩權辦法，我們也認為是否宜於在臺實

---

[136] 左舜生，〈對蔣總統連任問題一個最後的陳述〉，《聯合評論週刊》第 62 號（民國 48 年 10 月 23 日）。

[137] 傅正主編，《雷震秘藏書信選》（臺北：桂冠版，1990 年 9 月初版），頁 419-420。

[138] 〈我們對毀憲策動者的警告〉，《聯合評論週刊》第 78 號（民國 49 年 2 月 19 日）。

施，尚有慎重考慮的必要。這是我們維護憲法的一個例證。我們認為反攻復國大業非常艱鉅，必須蔣總統繼續領導，始易於早日完成。所以我們又贊成修改戡亂時期臨時條款，規定：動員戡亂時期，總統之緊急處分，不受憲法第三十九條或第四十三條所規定程序之限制；總統得連選連任，不受憲法第四十七條關於總統連任一次的限制。待大陸光復以後，再恢復該條的適用效力。這是我們顧全大局的一個例證。」

又民國 49 年 2、3 月間，當第 3 次國民大會在臺北開幕，改選總統、副總統時。會中曾論及憲法與憲政的問題，對此，陳啟天代表青年黨再度發表談話謂：「吾人此次參加國民大會之主旨，在一面維護憲法，一面顧全大局。為維護憲法，故吾人不贊成修改憲法及臨時條款。為顧全大局，吾人亦願與各方協商，以便促成全國大團結之實現。」

此次大會主張修憲者之目的有二：其一為擴大國民大會之職權，其二為取消憲法第 47 條總統連選得連任一次之限制。如擴大國大職權，則整個憲政制度必為之大變，陳啟天說，青年黨從不贊成此類目的之修憲，也反對國民大會行使創制複決兩權。至取消總統連選得連任一次之限制，雖在當前情勢上有其必要，然若直接修憲，則恐牽動憲法全局，故吾人亦不敢贊同。[139]

至於大會中所討論的修憲案，則著重於臨時條款修正案。在臨時條款內，新增兩項規定：其一、為「總統、副總統得連選連任，不受憲法第四十七條連任一次之限制。」其二、為「設置國民大會憲政研討委員會，研擬創制複決兩權之行使辦法及有關修改憲法各案，以備總統作為決定召集國民大會臨時會會期之參考。」其中第

---

[139] 陳啟天，《寄園回憶錄》（臺北：商務版，民國 54 年 12 月初版），頁 60。

1 條最重要，因為修改臨時條款即等於修改憲法，它代表著維繫國家根本大法憲法之尊嚴。

　　會中，青年黨雖有心維護民主憲政，但在國大代表人數只佔全體國大 6% 的情形下，自毀承諾，並未堅持反對修改臨時條款，美其名是顧全大局，實際上是屈服於國民黨的壓力，此為相當遺憾之事。因為怕得罪蔣與國民黨，噤若寒蟬連反對的勇氣也沒有，實有失反對黨的身份。對此朱文伯不無自我解嘲的說：「當中國青年黨的國大代表參加四十九年三月召開的第一屆國民大會第三次會議時，看到聽到那些曲解與搖撼國家大經大法的言論與文字時，由於人少勢單，只有肉跳心驚，目瞪口呆而已」。[140] 在國民黨強勢操控下，這場論爭終以修改憲法臨時條款，讓蔣成功連任第 3 任總統而收場。

　　蔣就任第 3 任總統後，民國 52 年 11 月 15 日，國民黨第 9 次全國代表大會在臺北召開，左舜生對國民黨仍有期待，以「忠言逆耳利於行，良藥苦口利於病」之心情提出建言，希望國民黨當局務必體察「反攻必須與清明良好的政治配合始得有效，也才能一勞永逸」。而清明良好之政治，端視政府有無實現民主的誠意，左舜生說：「以我這樣一個主張逐漸實現民主的人，決不反對一黨執政，但我確也無法贊成無所不專的一黨專政。因為果然做到了一黨專政而無所不專，則所謂在野黨，便決沒有生存的餘地。一個在事實上不容許在野黨存在的立憲國家而空談團結，這是一件不會使大家感到興趣的事」。[141]

　　民國 55 年 3 月，國民大會第 4 次會議在臺北市中山堂召開，國民黨的徐堪、張知本領銜，提出了一個增訂臨時條款案，欲在原條

---

[140] 朱文伯，〈追念曾慕韓先生對本黨國大代表的指示〉，收入朱文伯，《懷舊集》，（臺北：民主潮社發行，民國 63 年 12 月出版），頁 98。

[141] 左舜生，〈寫在國民黨九全大會的開會期中〉，《聯合評論週刊》第 270 期（民國 52 年 11 月 15 日）。

款第 3 項之下，增列下述條文：（1）動員戡亂時期，得設置動員戡亂委員會，決定動員戡亂有關問題之大政方針，並有處理戰地政務之全權。（2）動員戡亂委員會為適應動員戡亂需要，得增減、調整中央政府所屬各機關，並對於依選舉產生之中央公職人員，因人口增加或任期屆滿，而能增選或改選之自由地區及光復地區，均得制定辦法實施之。

這一提案見報後，不僅國大代表為之驚訝，立、監兩院亦大為震撼，咸認為這等於凍結了憲法條文，一致反對。青民兩黨代表召開聯席會議，發表書面聲明，要求執政黨重加考慮。如果強制提付表決，兩黨代表不惜退席，以示抗議。執政黨知道事態嚴重，乃由蔣親自出馬，邀請民、青兩黨人士及無黨籍的于斌、王雲五等開會協商，希望大家支持，予以通過。晤談中，陳啟天以茲事體大，當著蔣的面，力陳本案牽動太大，既牽動法律，又牽動憲法，容易使人產生誤會，如照本案做去，則恐動搖法統，內而影響全國人心，外而影響國際觀感，對國家及國民黨均無益，希望政府鄭重考慮。蔣聽後，對本案略加詮釋，繼續徵詢大家意見。其後，陳啟天又表示：「如果修改為調整中央政府之行政及人事機構，而不涉及其他機構，則我可以贊同。」與會人士及國大代表，對陳氏之維護憲法，顧全大局的精神非常佩服。[142]

主張設置動員戡亂委員會，對於中央政府所屬各機關的增減、調整、編制與職權，得由總統訂頒辦法實施之。當時執政黨內部亦有人覺得茲事體大，如有變動，恐怕要動搖國本。陳啟天當蔣之面，力陳利弊得失，謂中央政府所屬各機關，包括總統府及五院在內，未免範圍太廣，牽動太大，宜加修改，以免影響憲政體制及政府基

---

[142] 郭榮生，〈念修老〉，陳啟天先生紀念集編輯委員會編輯，《陳啟天先生紀念集》（臺北：中國青年黨中央黨部發行，民國 74 年 8 月出版），頁 218-219。

礎。他建議將該案修改為「總統為適應動員戡亂之需要,得調整中央政府之行政與人事機構。」這樣由五院縮小範圍,僅包括行政院及考試院的銓敘部,立監兩院不受影響,憲政體制完整無缺。時在座的王雲五及于斌兩氏,也都贊成修改。結果原提案人採納了各方的意見,撤回原案,酌予修改,以 2 次修正案提出國大會議,卒獲通過。[143]

其後,青年黨的李公權又對民主憲政制度之設計提出:(1)制定〈省縣自治通則〉──臺灣的地方自治,應該由行政命令進入法律,省主席實際就是省長的產生,可以由委派進入選舉。促使省縣自治通則提出來討論,使我們的法治更進一步,模範、楷模的遠景更具體。(2)制定選舉法──政府遷臺以來,所辦的各種選舉,除 58 年中央公職人員的增補選,61 年中央公職人員的增額選舉,有憲法及臨時條款的依據;及立法院、監察院院長、副院長的選舉,各有法律依據外,其餘各級地方自治的選舉,都是以行政命令來辦理的,並無法律的依據。要奠定理想法治的基礎,在〈省縣自治通則〉制定以前,宜先制定選舉法,使地方自治的各種選舉,取得法律的地位,使我們民主憲政的規模邁進一步,也讓省縣自治通則有從容討論的餘地。(3)制定國家賠償法。[144]這些均是青年黨為國家長治久安所提出之憲政藍圖規劃,切合臺灣現實需求,為民主憲政立基之鴻圖遠見。

總的來說,青年黨對民主憲政的堅持,主要表現在維護國家民主憲政體制,反對修憲,但可支持增訂臨時條款,俾使法統維繫於

[143] 朱祖貽,〈憶修平吾師〉,陳啟天先生紀念集編輯委員會編輯,《陳啟天先生紀念集》,同上註,頁 223-224。

[144] 李公權,〈以「大有為的施政」獻言政府──為中國青年黨建黨五十週年紀念而作〉,《中國青年黨建黨五十週年紀念特刊》(臺北:中國青年黨中央黨部編印,民國 62 年 12 月出版),頁 38-41。

不墜，而為救亡圖存，主張制定反共救國綱領，團結海內外人心，以求早日光復大陸。[145]其對於民主憲政之苦心孤詣，李璜晚年有一段深情的回憶，講的最愷切，李璜說：「我們青年黨在臺灣三十年來所受的執政黨不平等待遇，可以說是一言難盡，滿腹牢騷。有少數同志無法忍受，或為之鬱鬱以死，或為之廢然去國。我們維護這部得來不易的憲法，不管千迴百折，總得要推進民主憲政，非此不足以立國，更不足以實現本黨五十年來的『愛國、反共、民主』的一貫宗旨。」[146]由李璜這段痛苦的告白，亦道出青年黨為維護民主憲政的一番辛酸歷程。

---

[145] 吳昌樑，〈景仰高風，永垂不朽──為紀念修平先生逝世周年而作〉，陳啟天先生紀集編輯委員會編輯，《陳啟天先生紀念集》，同註142，頁286-287。

[146] 〈朝野亟需共識但討論切忌情緒化──社論〉，《民主潮》第32卷第12期（民國71年12月26日），頁2。

第十一章　滄桑五十年
——記民社黨在臺灣

一、前言——來臺前之黨史

中國民主社會黨，簡稱民社黨，乃是由民主憲政黨（以下簡稱民憲黨）與中國國家社會黨（以下簡稱國社黨）合併而成。國社黨的產生，其淵源始於清末的憲政運動，係由康梁之保皇黨、進步黨與研究系一脈相承而來。[1]它是由張君勱、梁實秋、羅隆基、羅文幹、徐傅霖、湯薌銘、張東蓀、胡石青、徐君勉、王搏沙、陳博生、諸青來、陸敍百、胡子笏、顧維鈞及萬武等所發起。[2]

關於國社黨的誕生，先是民國 19 年，張君勱已屢有文章在上海《時事新報》發表，積極鼓吹國家社會主義，繼則組織「再生社」，擬發行《再生雜誌》來公開宣傳國社黨之主張。[3]21 年 4 月 16 日，以時機已漸成熟，遂在北平正式進行籌備工作，主要發起者為張君勱、張東蓀、胡石青、羅文幹、王博沙、湯住心等人。[4]是年 5 月 20 日，《再生雜誌》創刊於北平，並正式對外發行。[5]民國 22 年，籌備就緒，「再生社」遂召集臨時代表大會，決定成立國社黨。[6]

---

[1]　孫子和編，《民國政黨史料》（臺北：正中版，民國 70 年 10 月初版），頁 393。

[2]　汪祖華，《中國現代政黨結社搜秘》（臺北：大眾時代出版社，民國 84 年 7 月初版），頁 472。

[3]　孫子和編，《民國政黨史料》，同註 1。

[4]　吳相湘，〈張君勱老鶴萬里心〉，見吳相湘，《民國百人傳》第三冊（臺北：傳記文學出版社印行，民國 60 年元月初版），頁 19。

[5]　向構父，〈張君勱先生事略〉，見《國史館現藏民國人物傳記史料彙編》第一

　　民國 23 年 9 月 18 日，國社黨終於在天津召集第 1 次全國代表大會，各地出席代表有徐傅霖、鍾介民、羅文幹、胡瑞麟、吳文藻、陳圓白、諸青來、瞿菊農等暨中央總務委員約 50 餘人。會中公推張君勱、張東蓀、徐君勉 3 人為主席團，羅隆基為秘書長。會議凡 5 日，會後發表宣言及黨章、政綱，並選舉張君勱、張東蓀、湯住心、胡石青、羅隆基、徐君勉、梁秋水、黃任之、諸青來、陸敍百、胡子笏等 11 人為中央總務委員。張君勱為總秘書，宣傳為張東蓀、組織由羅隆基負責、財務委梁秋水，主要工作幹部尚有蔣勻田、王西靖、馮今白等人，至此，國社黨可謂正式宣告成立。[7]

　　《再生》雜誌發行後，國社黨為擴大在全國之影響力，民國 23 年 12 月 15 日，張東蓀於香港又辦《宇宙旬刊》，是為國社黨的第 2 黨刊，在華南一帶頗暢銷。[8]其時，國社黨之黨務，長江流域由湯住心、諸青來、陸敍百等負責；珠江廣東區域委潘光旦、梁思成、張逸清、馬森來、魏際青主持；香港黨務則由徐傅霖領導，精神領袖則為張君勱。[9]

　　民國 26 年 7 月，抗戰爆發後，國社黨積極擁護政府抗戰國策，黨魁張君勱也參加國防參議會。27 年 4 月 13 日，張氏代表中國國家社會黨於武漢上書蔣委員長，表示支持擁護「抗戰建國綱領」，並與國民黨蔣總裁相互交換承認文件，團結一致，共赴國難，是為國

　　輯（臺北：國史館編印，民國 77 年 6 月出版），頁 426-427。

[6]　江勇振，《中國歷代思想家 53──張君勱》（臺北：商務版，民國 67 年 6 月初版），頁 59。

[7]　程文熙，〈張君勱先生年譜長編初稿（23）〉，《民主潮》第 30 卷第 6 期（民國 69 年 6 月 16 日），頁 14。

[8]　〈張君勱〉，見劉紹唐主編，《民國人物小傳》第二冊（臺北：傳記文學出版社出版，民國 66 年 6 月初版），頁 165。

[9]　程文熙，〈張君勱先生年譜長編初稿（24-2）〉，《民主潮》第 30 卷第 8 期（民國 69 年 8 月 16 日），頁 17。

家社會黨公開活動之始。[10]是年 7 月 6 日，第 1 屆國民參政會開幕
於漢口，該黨張君勱、張東蓀、羅隆基、梁實秋、胡石青、陸鼎揆、
張肖梅等 7 人參加，其後歷屆均有該黨人士參加。[11]

　　國社黨為一反共政黨，在其絕對的愛國主義之主張上，該黨極
力反對階級鬥爭及暴力革命。[12]27 年 12 月，張君勱曾致毛澤東一封
公開信，要求中共放棄武裝割據，實現國家統一，引起中共強烈不
滿。[13]30 年 1 月，「新四軍事件」發生後，國社黨以國民黨已無抗戰
初期的民主氣象，而抗日方殷，國共合作又再度破裂，亟需在野黨
派組織一股「中間力量」，以調和國共衝突，此乃張君勱參與發起「中
國民主政團同盟」（即以後的「民主同盟」）之初衷。「中國民主政團
同盟」於 30 年 3 月 19 日成立於重慶，國社黨之張君勱與羅隆基被
推為該盟中央執行委員，該盟中心主張為要求政府實行民主，開放
政權，結束一黨專政。[14]

---

[10]　蔣勻田，〈張君勱先生一生大事記〉，《傳記文學》第 14 卷第 4 期（民國 58
　　年 4 月），頁 84。

[11]　〈國民參政會歷屆參政員姓名索引〉，國民參政會史料編纂委員會編纂，《國
　　民參政會史料》（臺北：國民參政會在臺歷屆參政員聯誼會出版，民國 51 年
　　11 月 12 日出版），頁 637-642。

[12]　張君勱，〈中國國家社會黨宣言〉，原名為〈我們所要說的話〉，初發表於《再
　　生》創刊號，民國 27 年 4 月改為〈中國國家社會黨宣言〉。轉引自中國第二
　　歷史檔案館編，《中國民主社會黨》（北京：檔案出版社出版，1988 年 8 月 1
　　版），頁 40-79。

[13]　張君勱，〈致毛澤東先生一封公開信〉，中國第二歷史檔案館編，《中國民主
　　社會黨》，同上註，頁 83-85。據蔣勻田回憶，毛於民國 34 年 9 月飛抵重慶
　　會談時，與其晤面，曾抱怨當年張君勱發表公開信，勸其交出槍桿子。毛向
　　蔣勻田不滿的說：「君勱先生勸我交出軍隊，老實說，沒有我這十幾萬支破
　　槍，我們固不能存在，你們恐也無人理睬。」蔣勻田，〈張君勱先生一生大
　　事記〉，同註 10，頁 84。

[14]　姜平，《中國民主黨派史》（武漢：武漢大學出版社出版，1987 年 8 月 1 版），
　　頁 163。

　　至於後來與國社黨合併的「民主憲政黨」，雖成立於抗戰時期，然溯其歷史淵源，可追至清末康梁變法維新失敗後，流亡海外組織保皇黨、政聞社，繼續推動君主立憲運動之理想。其後事雖未就，黨亦瓦解；然其在美的「保皇憲政黨」依舊存在，時海外還有不少華僑入其黨。辛亥鼎革，民國成立後，該黨與其他政黨結合，改組為「憲政黨」。該黨初推梁啟超為領袖，梁逝世後由徐勤領導，繼由伍憲子主持。該黨思想保守，在抗戰前猶掛五色國旗，由此可見一斑。該黨與政府關係亦不佳，唯總部在海外，對國內政局毫無影響。[15]

　　抗戰期間，該黨主張和平解決國、共紛爭，抗戰勝利後又反對內戰，國社黨與共產黨皆想拉攏該黨為己用。而伍憲子見有機可乘，也積極展開活動。34 年 11 月，該黨在加拿大蒙得里歐城，舉行全美洲第 1 次代表大會，並改黨名為「民主憲政黨」，推伍憲子為總長，李大明為副總長，李善元為書記長，設總部於紐約，對外號稱擁有 10 萬黨員。[16]33 年 12 月間，國社黨黨魁張君勱遊美，因海外民主憲政黨人士要求合作，期以增進民主力量，雙方遂有合併之議。

　　基本上，國社黨與民憲黨，政治主張差距頗大，唯因兩黨同承康梁餘緒，精神上較易溝通；兼以民憲黨孤懸海外，國內毫無組織基礎，欲開創局面只有植基國內一途。適張君勱於 33 年 12 月遊美，與伍憲子懇談後，伍亦自願放棄過去立場，為民主憲政而努力，遂有兩黨合併，組織「中國民主社會黨」的共識。幾經協商後，民國35 年 8 月 15 日，兩黨在上海召集各地代表會議，始正式合併更名為「中國民主社會黨」，兩黨終於完成正式合併。會後並成立組織委

---

[15]　伍憲子，〈中國民主憲政黨黨史〉，轉引自程文熙，〈張君勱先生年譜長編初稿（34-2）〉，《民主潮》第 32 卷第 1 期（民國 71 年 1 月 16 日），頁 33。

[16]　〈伍憲子〉，見劉紹唐主編，《民國人物小傳》第六冊（臺北：傳記文學出版社出版，民國 73 年 7 月初版），頁 30-31。

員會，眾推張君勱為主席，執行黨務，伍憲子為副主席，除以原有兩黨為黨員外，復吸收一部分洪門致公黨及其他社會人士參加。[17]

　　民社黨成立後，對外宣布對國是之基本主張：為實行民主社會主義，以漸近方式，實現社會主義之目標，反對暴力方式實行社會主義。對於政治主張直接選舉，對於過度時期之國內政治，則完全擁護政協決議，希望早日實現和平統一。[18]

　　唯該黨結合成立後不久，內部糾紛旋起，初因參加國大問題，造成張東蓀與張君勱在政治立場上的對立與分手；繼以參加政府人事問題再次分裂，雙方意見不合爭端擴大，終於造成分裂現象。[19]反張君勱的伍憲子、李大明另組「革新委員會」，另樹一幟。擁張派人士，則掌握組織委員會，即中央委員會，堅持其主張原則，推行黨務。分裂擴大後，因雙方歧見已難繼續合併，最後，原民憲黨的領導人退出民社黨。[20]

　　民國 35 年 11 月 15 日，該黨與青年黨毅然參加制憲國民大會，中華民國憲法架構，基本上是以張君勱的憲政理想草擬的，故張氏有中華民國憲法之父稱號。[21]36 年 4 月 16 日，張君勱與青年黨的曾

17　程文熙，〈張君勱先生年譜長編初稿（35-1）〉，《民主潮》第 32 卷第 3 期（民國 71 年 3 月 16 日），頁 36-37。

18　〈中國民主社會黨政綱〉，轉引自中國第二歷史檔案館編，《中國民主社會黨》（北京：檔案出版社出版，1988 年 8 月 1 版），頁 152-155。

19　蔣勻田：《中國近代史轉捩點》（香港：友聯出版社，1976 年 11 月出版），頁 169-172。

20　〈中國民主社會黨革新委員會告全國同仁書〉，轉引自中國第二歷史檔案館編，《中國民主社會黨》，同上註，頁 414-417。

21　劉東巖，〈中國民主憲政之母——張君勱先生〉，見王雲五等著，《張君勱先生七十壽慶紀念論文集》（臺北：張君勱先生七十壽慶紀念論文集編輯委員會發行，民國 45 年 1 月出版），131-132。又見李鴻禧，〈張君勱先生的民主憲法思想〉（臺北：紀念張君勱先生百齡冥誕學術研討會論文集編輯委員會編，紀念張君勱先生百齡冥誕學術研討會出版），頁 1-17。潘光哲‧劉季倫‧孫善豪訪問，《顧紹昌先生訪談錄》（臺北：國史館印行，民國 91 年 12 月初

琦及社會賢達莫德惠、王雲五等人共同簽訂施政綱領，於是 3 黨聯合政府成立，此舉也象徵民社黨正式參加政府。[22]

同年 7 月 24 日，民社黨召開第 1 次全國黨員代表大會於上海，選舉張君勱為主席，徐傅霖等 84 人為中央執行委員，石志泉等 15 人為中央監察委員，後由中央執行委員會選出中央常務委員 20 人，組成該黨的最高決策核心。[23]民社黨的第 1 次全國代表大會意義重大，大會不僅通過總章與政綱，並以實現民主社會主義為宗旨，而最終目的是想在國共兩條路線以外，另闢民主社會主義路線，以漸進的民主方式，實施一個政治民主化、經濟社會化的社會主義理想。[24]

另外，大會對民社黨的政治主張，也有進一步的闡明，強調該黨服膺國家社會主義，反對共產思想與一黨專政。其標榜的國家社會主義，內容有三：一為絕對的國家主義，特別強調國家本位與民族本位、二為修正的民主政治、三為漸進的社會主義。[25]雖然政治理念闡述的很清楚，但平情而言，因該黨的組成分子，大多為少數上層社會菁英，並無群眾基礎，又乏組織力量，所以在大陸時期，黨勢開展並不順遂。

民國 37 年春，第 1 屆國民大會召開於南京，該黨之各地代表均抵京參加大會，且推徐傅霖代表該黨參加副總統選舉，唯並未當選。[26]基

版），頁 96。

[22] 郭廷以編著，《中華民國史事日誌》第四冊（臺北：中央研究院近代史研究所出版，民國 74 年 5 月初版），頁 630。

[23] 程文熙，〈張君勱先生年譜長編初稿（36-1）〉，《民主潮》第 32 卷第 9 期（民國 71 年 9 月 16 日），頁 34-35。

[24] 〈中國民主社會黨第一次全國代表大會宣言〉，轉引自中國第二歷史檔案館編，《中國民主社會黨》，同註 12，頁 172-180。

[25] 〈中國民主社會黨的政治路線〉，《再生周刊》第 186 期（民國 36 年 10 月 18 日）。

[26] 〈徐傅霖〉，見劉紹唐主編，《民國人物小傳》第六冊，同註 16，頁 207。

本上，民社黨於大陸時期最大的貢獻，還是來自黨魁張君勱。在民國政治舞臺上，張君勱扮演角色有二：其一為結合同志組成反對黨〈國社黨－民社黨〉，堅持以和平、改革的方式對抗國民黨的一黨專政；其二為終其一生為推動中國的民主憲政而奮鬥，於草擬《政協憲草》而努力不懈，現行《中華民國憲法》即以其《政協憲草》為基礎而制定的。[27]

二、在臺分裂之經過

36 年 10 月 1 日，民社黨臺灣省黨部成立，為該黨在臺灣扎根之始。[28]適逢戰後臺灣省臨時參議會選舉，是年 12 月 18 日，國民政府電告臺灣省當局已遴定 6 名本省參議員，民、青兩黨各 3 名。青年黨為呂永凱、陳清棟、何義；民社黨為任公藩、葉榮鐘、李緞。結果青年黨 3 位均就職，民社黨 3 位卻皆未報到，其中李緞因當選監察委員，其他兩位原因不詳。繼則國府僅電派謝漢儒接替任公藩，民社黨尚有缺額兩席未及遴補。[29]

民國 38 年，張君勱在港召開該黨中央常務委員會議，宣布民社黨主義與共產主義絕不相容，今後政治路線為堅決反共，與政府切實合作。是年冬，大陸即將淪陷之際，該黨主席張君勱來臺，決定移設中央總部於臺北，張氏旋應聘赴國外講學，不克在臺處理黨務。[30]39 年 5 月，張氏親函委託中常委徐傅霖為代理主席，14 日得

---

[27] 薛化元，《民主憲政與民族主義的辯證發展──張君勱思想研究》（臺北：稻禾出版社出版，民國 82 年 2 月初版），頁 275-281。

[28] 薛正良編譯，〈臺灣政治經濟年表〉，《宇宙》第 18 卷第 2 期（民國 77 年 2 月 25 日），頁 33。

[29] 鄭牧心，《臺灣議會政治 40 年》（臺北：自立版，民國 76 年 10 月 1 版），頁 101。

[30] 江勇振，《中國歷代思想家 53──張君勱》，同註 6，頁 82。

該黨中常會第 12 次臨時會議決議同意，委該黨大老中常委徐傅霖為代理主席。[31]

民社黨中央總部隨國府遷臺，原先在大陸的既有組織架構亦跟著轉移到臺灣，各省市的組織負責人也陸續抵臺。因此該黨中央決定在臺恢復大陸各省市地方黨部的組織。換言之，等於是成立流亡黨部，以表示全國性組織仍在。其後黨中央分裂，代理主席徐傅霖即以各省市黨部的力量向中央奪權。[32]

唯民社黨黨部遷臺後，黨務一直被國民黨系統把持操縱，當時甚至在黨部有句流傳的話，說民社黨黨員裡起碼有 85%是國民黨的人。民社黨中央總部遷臺後，因主要領袖張君勱沒來，中樞無主，黨內各方勢力遂鬧得不可開交，幾同政變。且因張君勱時在海外從事所謂的「第三勢力」運動，既反共又反蔣，國民黨甚為不悅。曾幾次邀請張氏回臺主持黨務好就近監控，但張氏仍未來臺，所以製造民社黨內部分裂，也不失為掣肘的好方法。[33]

有關國民黨分化民社黨經緯，先是民國 39 年 3 月，蔣介石復行視事後，由陳誠掌行政院，基於大陸時期 3 黨合作的關係，民社黨雖未擔任部會首長，但仍派人出任政務委員一職。時國民黨單方面宣布由蔣勻田擔任政務委員，然因為蔣勻田的出線，並非循民社黨的內部機制產生，所以引起黨內擔任國大代表、監察委員的群起攻之。

民社黨為此召開各省市的黨部聯合會議，以投票方式提名楊毓滋代表民社黨出任政務委員，如此兩派人馬遂僵持不下。其後，親國民黨的代理主席徐傅霖，與蔣勻田結盟，撤銷楊毓滋之提名資格，由蔣勻田取代。但徐傅霖在民社黨內，原本與黨員的感情就不太融

---

[31] 孫子和編，《民國政黨史料》，同註 1，頁 397。

[32] 潘光哲・劉季倫・孫善豪訪問，《顧紹昌先生訪談錄》，同註 21，頁 40。

[33] 同上註，頁 40、45-46。

洽，如今壟斷了所有黨內政治資源，又和蔣勻田派結盟，黨的內聲
勢更大；兼以徐與國民黨的合作無間，終於引起黨內擁張君勱派系
的不滿。

張君勱因徐為其推薦代理，不便表示意見，但擁張勢力卻以徐
背叛張君勱之名而大加撻伐，甚至還開庭控告徐傅霖，唯最後不了
了之。經此之後，民社黨內部派系的鬥爭，公然浮上檯面且更形白
熱化。反徐勢力曾經還張貼開除徐傅霖黨籍布告，惹來兩派人馬的
大打出手。[34]

民國 42 年，國民黨為進一步打擊張君勱，乃主導以代理主席徐
傅霖為中心，召開全黨代表大會，推舉徐為正式主席，欲排除張之
勢力。徐為民社黨南方元老級政治人物，與國民黨淵源甚深，因此
張君勱擇徐代理，正好中國民黨主意，國民黨積極拉攏徐傅霖，希
望在他主導下的民社黨，能夠配合國民黨的政策。國民黨欲扶正徐
為正式主席，立即引起擁張氏為領導中心的「八常委」之不滿，並
嚴辭聲明否認。此舉，遂使民社黨在國民黨的分化下，分裂為擁徐
的「徐傅霖派」與擁張的「八常委派」兩派。[35]

除國民黨的分化外，其實該黨代主席徐傅霖與中常委公開決裂
也是原因之一，分裂的導火線，係徐傅霖於民國 43 年 3 月 29 日，
手令解除該黨中常委兼組織部副部長程文熙之副部長兼職而引起。
因徐免程職，事先並未徵求該黨中常會同意，因而引起該黨在臺 10
位中常委中，8 位中常委楊毓滋、蔣勻田、崔心一、戢翼翹、萬鴻
圖、孫亞夫、金侯城、程文熙（一說向構父）的不滿，認為徐此舉

[34] 同上註，頁 48-50。

[35] 魏大剛，〈民社黨糾紛一筆賬〉，《新聞天地週刊》（民國 48 年 11 月 19 日），
頁 12。又見謝漢儒，《早期臺灣民主運動與雷震紀事──為歷史留見證》（臺
北：桂冠版，2002 年 9 月初版），頁 29。

有違該黨黨章。[36]因此「八常委」乃於 43 年 4 月 15 日，在臺北市新生南路召開臨時中常會，會中「以徐氏迭經違犯黨章，破壞本黨體制，應予撤銷同意，即日解除其代理主席職務」，一致通過解除徐傅霖代理主席的職務，並強調該黨黨務以後完全由該黨中常會全權處理。[37]

針對「八常委」的大動作，「徐傅霖派」亦不甘示弱，火速於當天在臺北市內江街 96 號舉行會議，一致主張發起護黨運動。會上中常委梁朝威以民社黨主席是由該黨全國代表選出，中常委也係由全代會選出之中執委選出，照黨章規定，中常委根本無權解除主席職務。同時依黨章規定，中常會只有主席有權召集，中常會由中常委自動召集係屬違法，自然更無權解除徐代理主席之職務。且徐是張君勱以書面委託之代理主席，現張君勱業已正式辭去主席職務，徐已為合法代理人，非至民社黨全代會重行改選，任何人均無權解除其代理主席職務。「擁徐派」甚至建議徐傅霖將該黨「八常委」破壞黨紀之行為，提交中央監察委員會予以懲處。[38]

至此，民社黨的分裂矛盾已公然浮上檯面，「八常委」間各據山頭，其彼此合縱連橫，各有影響力。基本上，「八常委」仍效忠於張君勱，但對張君勱在海外搞「第三勢力」運動，卻有不同的看法與意見，大體上，批評和支持者均有，如此就給了國民黨一個見縫插針的機會，兼以「反共抗俄宣傳費」的利誘，民社黨內部從此多事之秋矣！[39]

---

[36] 〈民社黨中央突起糾紛〉，《聯合報》（民國 43 年 4 月 16 日）。〈中國民主社會黨中央總部啟事〉，《中央日報》（民國 43 年 4 月 17 日）。

[37] 〈中國民主社會黨中央常務委員會通告——為撤銷徐傅霖代理主席職務並依法由本常會負責處理黨務由〉，《中央日報》（民國 43 年 4 月 17 日）。

[38] 〈民社黨中央突起糾紛〉，同註36。

[39] 沈雲龍，〈民社黨拒受國庫補助反共宣傳費〉，沈雲龍，《耘農七十文存》（臺

　　另外,「八常委」對徐氏處理黨務,也非常有意見,一致不服其領導。於是才有 43 年 4 月 15 日的分裂之事,雙方各自召開常會,成立黨部。對此,「徐傅霖派」先以民社黨發言人梁朝威名義,解除該黨秘書長金侯城、宣傳部長楊毓滋、中央常務委員會秘書劉中一等 3 人職務。而「八常委派」也馬上展開反擊,透過該黨「中央常務委員會」發言人崔心一表示所開常會為合法,並罷黜徐傅霖代理主席之職務。[40]

　　當時在民社黨內的派系,可分為擁護代理主席徐傅霖的「擁徐派」和反徐傅霖的「八常委派」兩大派。「擁徐派」的首腦為劉政原,為已故監察院副院長劉哲之子,此派政治立場較接近政府,和國民黨關係也較好。「八常委派」則包括蔣勻田、萬鴻圖、孫亞夫等人,其中較具代表性人物為蔣勻田。[41]蔣資格較老,在大陸時期已頗有知名度,民國 39 年蔣復職時,蔣勻田以民社黨代表身分簽名支持,唯此項支持簽名事,並未得到張君勱的同意,曾引起部分黨內高層的不滿。蔣勻田後來與陳誠走的很近,因此開罪於蔣經國,在蔣經國逐漸掌權後,蔣勻田在黨內外都不支持的情況下,遠走美國,其後返回大陸,遭民社黨開除黨籍。[42]民社黨內歸蔣勻田派有劉中一、程文熙、胡浦清等人,他們對政府持若即若離態度,在政治上採取有條件的合作,《民主中國》為其機關喉舌。[43]

　　除上述兩大派外,民社黨還「派中有派」,各以代號區分,彼此奪權。如:(一)四號──指的是臺北新生南路黨部的人,為張君勱

　　北:汲古書屋出版,民國 68 年 11 月初版),頁 524-526。魏大剛,〈民社黨糾紛一筆賬〉,《新聞天地週刊》,同註 35,頁 12。

[40] 〈民社黨糾紛僵持未決〉,《中央日報》(民國 43 年 4 月 18 日)。

[41] 同註 35。

[42] 潘光哲・劉季倫・孫善豪訪問,《顧紹昌先生訪談錄》,同註 21,頁 126-129。

[43] 同註 35。

的嫡系子弟，從上海來的，楊毓滋、王世憲屬之。王世憲與張君勱是妻舅關係，成為張君勱在臺代表，在民社黨內取得相當地位。另一領導人物楊毓滋的影響力也不容小覷，民國 39 年，蔣復行視事，即聘楊為國策顧問，陳誠主閣時，楊亦擔任行政院政務委員。民國 49 年，楊擔任臺北市黨部主任委員及民社黨中央總部副秘書長和秘書長。楊任民社黨臺北市黨部主委時，副主委是顧紹昌，當時主要工作為辦雜誌。

楊過去是《宇宙》的總編輯，任臺北市黨部主委期間，將《宇宙》雜誌復刊，並成為市黨部的刊物，楊自任發行人，顧紹昌為總編輯。早從國社黨時代起，《宇宙》和《再生》就是國社黨的招牌雜誌。所以四號有《宇宙》當言論喉舌，對外頗具號召力量。民國 58 年，楊又任民社黨主席團主席及中央選舉委員會委員（主任委員是周至柔）與《民主中國》、《再生》、《宇宙》等雜誌發行人，曾代表民社黨參加民國 50 年秋的「陽明山會議」，對國是建言甚多，頗獲政府信賴。[44]

（二）五號——徐傅霖親信或相關人物，是來向四號奪權，五號以省黨部為中心，如李鍛一派勢力。（三）六號——為國民黨安插進來之勢力，如向構父，欲滲透四號，但計畫並沒有成功。（四）統委會——其組織目的是，認為民社黨內部派系分裂太多了，所以提出要統合民社黨的主張，最後就形成了統委會。（五）各省黨部聯誼會，是四號正統之間分出來的，並無具體的個別領導人，大部分是集體領導。這些聯誼會起因有二：一是內部利益分配不均所致；二為受到國民黨的利用。一旦有一派特別強勢的時候，就聯合另外一

---

[44] 潘光哲訪問，〈楊毓滋先生回憶錄〉（一），《再生》臺復字 2 卷 2 期（民國 77 年 2 月 10 日），頁 17-23。又見潘光哲・劉季倫・孫善豪訪問，《顧紹昌先生訪談錄》，同註 21，頁 111-125。

派來打壓強勢的那一派。基本上，當時國民黨對於其他政黨的政策，是「既聯合又分化」。換言之，即聯絡上層、打擊中層、苦悶下層。[45]

　　基本上，民社黨內部雖有這麼多五花八門的派系，但真正擁有實力的是，加入民社黨的臺灣本土地方政治菁英。如臺灣地方公職人員選舉，花蓮縣第 1 屆縣長楊仲鯨、基隆市長林番王、高雄市長楊金虎、第 2 屆臺北市長高玉樹等臺籍政治人物，均曾加入過民社黨。[46]

　　在民社黨中央總部未遷臺前，臺籍士紳顏欽賢就加入民社黨，顏為非常資深黨員，曾擔任過臺灣省省府委員。而曾任臺北市長的吳三連，也早在民社黨還是國社黨時期，即已加入。另外，民社黨來臺後，臺北縣的李秋遠（李秋遠和黨部關係較深，與程文熙關係最近）和嘉義市的許世賢也同時加入；另外尚有桃園縣的黃玉嬌、花蓮縣長楊仲鯨、基隆市長林番王也是民社黨員。[47]

　　當然，上述本省籍政治人物加入民社黨者，最著名除吳三連外，尚有兩位指標性人物，即高玉樹和楊金虎二氏，高玉樹在民國 40 年登記參選第 1 屆民選臺北市長時，因須尋求政黨組織力量奧援，在曾任警務處長王成章的介紹下，加入民社黨，但旋即對該黨表示失望。據《高玉樹回憶錄》記載，當其欲以民社黨身份競選臺北市長時：「民社黨立即表示願全力支持，並在中華路臺陽煤礦公司開歡迎會，由在『二二八事件』中受到委屈而加入該黨的臺陽董事長顏欽賢作東，席開三十多桌，觥籌交錯，笑鬧聲不絕，卻沒有一個人提到要如何支持、如何贏得選票的事，該黨會淪為政治花瓶，不是沒有原因的。因此，以後我除了跟民社黨少數高層如蔣勻田、王培基

---

[45]　潘光哲‧劉季倫‧孫善豪訪問，《顧紹昌先生訪談錄》，同註 21，頁 51-54。
[46]　謝漢儒，《早期臺灣民主運動與雷震紀事──為歷史留見證》，同註 35，頁 29。
[47]　潘光哲‧劉季倫‧孫善豪訪問，《顧紹昌先生訪談錄》，同註 21，頁 54-56。

等前輩尚有私交外，我不再對該黨寄以任何希望而獨自奮鬥了。」
這是高玉樹始終與民社黨關係若即若離的主要原因。[48]楊金虎則不
同，高雄市長楊金虎在當選第 1 屆國大代表後就加入民社黨，37 年
到南京參加第 1 屆國民大會時，還特別在上海與張君勱見面，其黨
性很強，始終與民社黨保持相當親近的關係。另一臺籍人士為李賜
卿，李與蔣勻田派較接近，曾參加過《宇宙》編輯，後接手張君勱
遺留在海外的《自由鐘》編務。[49]

　　總之，民社黨來臺後，雖然黨中央分裂，派系林立，但對高層
選務仍積極參與，較青年黨熱衷。如民國 43 年 2 月 19 日，第 1 屆
國民大會第 2 次會議在臺北市中山堂舉行開幕，選舉總統、副總統，
民社黨國大代表 63 人出席。2 月 24 日，該黨代表徐傅霖、劉政原 2
人當選為主席團主席。3 月 7 日，民社黨中央決定推舉該黨代理主
席徐傅霖、監察委員石志泉二位為第 2 任總統、副總統候選人，並
經國大代表連署提名，於 3 月 17 日依法公告，然以「陪選」性質，
未能當選。[50]其實徐傅霖與石志泉代表民社黨競選第 2 屆總統、副
總統，即是國民黨安排的「陪選」，以襯托國府民主之形象，以利對
外宣傳。然徐、石之陪選，對民社黨仍有好處，最起碼引起社會大
眾注意到民社黨的存在，另外亦可促進與國民黨的關係；當然其中
可能還有金錢利益的交換。[51]

　　民國 44 年 8 月 15 日，民社黨在臺北市「新蓬萊」舉行第 1 屆
2 中全會，由代主席戢翼翹主持，孫亞夫任大會秘書長。[52]46 年 9

---

[48] 林忠勝撰述、吳君瑩紀錄，《高玉樹回憶錄》（臺北：前衛版，2007 年 7 月
　　初版），頁 54。
[49] 潘光哲・劉季倫・孫善豪訪問，《顧紹昌先生訪談錄》，同註 21，頁 55-56。
[50] 同註 31，頁 397。
[51] 潘光哲・劉季倫・孫善豪訪問，《顧紹昌先生訪談錄》，同註 21，頁 47-48。
[52] 《中央日報》（民國 44 年 8 月 16 日）第 2 版。

月 21 日，由徐傅霖、戢翼翹、石志泉 3 人協商同意，得張君勱之許
可，擬在臺籌開第 2 次全國代表大會。在該黨主要幹部企求團結，
及國、青與社會人士積極奔走斡旋下，雙方重行團結，決定在該黨
第 2 次全國黨員代表大會召開前，先成立主席團，並推徐傅霖、戢
翼翹、石志泉 3 人為主席團主席，負責處理黨務。[53]47 年元月，徐
傅霖病逝後，民社黨中央重組，仍由張君勱遙領主席職務，戢翼翹、
石志泉為副主席，繼續執行主席團職務。

　　民社黨自徐傅霖去世後，黨內分化為三派，但仍以張君勱代表
之中央總部為主流。然因張君勱常年在國外講學，未能返臺主持黨
務，權宜之計乃舉行全國黨員代表大會，其間曾先行成立全國黨員
代表大會籌備委員會，終因代表名額協商不果而作罷。[54]其後，又
推選 5 位副主席，組織「副主席會議」，代行主席職務。5 位副主席
為石志泉、蔣勻田、王世憲、郭虞裳和孫亞夫。其中石志泉和郭虞
裳 2 位副主席，其實不大管事，實際主持黨務為蔣勻田、王世憲、
孫亞夫 3 位副主席，而以蔣勻田對黨務持較積極態度。[55]

　　民國 48 年 8 月 15 日，民社黨在臺北市內江街 96 號，舉行慶祝
12 週年黨慶大會。與會者有向構父、李緞、劉政原、向樹漢等 125
人。大會通過提案，並發表緊急宣言，否認片面召開的全代會，且
決議籌開第 3 屆全國代表大會。同日，民社黨還召開第 2 次全國黨
員代表大會，到會者有石志泉、戢翼翹、蔣勻田、金侯城、萬鴻圖、
孫亞夫、郭虞裳、楊毓滋等 160 餘人，會議由該黨主席團主席戢翼
翹主持，並選出張君勱續任該黨主席，石志泉、蔣勻田、王世憲、
孫亞夫、郭虞裳 5 人為副主席，在臺北負責推行黨務。[56]

---

[53]　同註 31，頁 397。
[54]　同上註。
[55]　潘光哲訪問，〈楊毓滋先生回憶錄〉（一），同註 44，頁 22。又見謝漢儒，《早
　　　期臺灣民主運動與雷震紀事──為歷史留見證》，同註 35，頁 39、66。
[56]　《聯合報》（民國 48 年 8 月 16 日）第 3 版。

　　民國 49 年，圍繞蔣是否違憲競選第 3 任總統爭議，已在海內外鬧的沸沸揚揚，民社黨黨魁張君勱與青年黨領袖左舜生都同聲主張，不能修憲，臨時條款也是憲法的一部份，也不能修改。希望蔣不要違憲連任，專任國民黨總裁。在國民黨看來，那是無關宏旨的，只要在臺灣的青、民兩黨中央黨部，號召該兩黨將近百名的國大代表支持修改臨時條款，國民黨的目的就達到了。由於國民黨全力主導修改憲法臨時條款，以使蔣能順利連任。民、青兩黨中央，經不起國民黨分別向各該黨的國大代表及其製造分化的派系之威脅利誘，予以各個擊破，所以修憲連任大局，基本上塵埃落定。[57]

　　但民社黨的副主席會議，在主席張君勱始終反對修憲連任的精神號召下，召開中常會作最後的表態。中常會作成兩點決議：（1）貫徹不修憲（包括臨時條款），及不提名總統、副總統競選的主張。（2）將黨的此項主張，由本黨國大代表團負責草擬聲明書，提出國民大會聲明。這是民社黨在國民黨主導修改臨時條款的大局已定之後，於 49 年 3 月 5 日下午召開臨時中常會所作的決議，也是民社黨對大局深感無奈的最後悲鳴。[58]

　　49 年 2 月 20 日，第 1 屆國民大會第 3 次會議在臺北市中山堂揭幕，民社黨國大代表 52 人出席。2 月 26 日，該黨國大代表王培基、孫亞夫、劉政原 3 人當選為國大主席團主席。為達到修改臨時條款，讓蔣連任於憲法有據，國民黨擺出低姿態與青、民兩黨中央懇切協商，希望支持修改臨時條款，同時也以威脅利誘軟硬兼施的手段，直接迫使兩黨國代贊同修改臨時條款。

---

[57]　謝漢儒，《早期臺灣民主運動與雷震紀事──為歷史留見證》，同註 35，頁 65-66。

[58]　同上註，頁 66-67。

　　所以，國民黨不但在第 3 次國民代表大會修改了憲法的臨時條款，也使蔣順利連任第 3 屆總統。由於 3 黨協商過程的不愉快，影響了民社黨進一步的被分化。原本已四分五裂的民社黨，內部互鬥益甚，從此欲振乏力，同時也使中華民國整個政治生態發生變化，從高唱民主憲政，回歸到大陸時期國民黨的一黨獨裁局面。[59]民國 51 年 4 月，該黨創黨人張君勱由美來信，號召該黨團結，以配合政府反共復國，並函託該黨元老戢翼翹、金侯城等斡旋，於 52 年 5 月 11 日達成協議，結束分裂。並對外發出團結通告，推向構父、郭虞裳、孫亞夫、蔣勻田、王世憲、李緞等 6 人為召集人，負責處理黨務，對外代表該黨，並推楊毓滋擔任秘書長，民社黨的分裂局面，表面上暫告團結統一。[60]

　　民國 55 年 2 月 19 日，第 1 屆國民大會第 4 次會議於臺北召開，民社黨國大代表 49 人出席。2 月 25 日，民社黨國大代表黃孟剛、王培基、孫亞夫 3 人，當選為國大主席團主席。[61]

　　民國 58 年 2 月 23 日，該黨創黨人張君勱病逝美國。是年 11 月 1 日，該黨在臺北舉行臨時全國黨員代表大會，通過該黨黨章及臨時條款，選舉向構父、郭虞裳、蔣勻田、王世憲、孫亞夫、李緞、楊毓滋、梁朝威、黃森、劉中一、廖競存等 11 人為該黨主席，組織主席團，負責黨務，對外代表該黨。並由大會授權主席團遴選王漢生、成開勛、周宏基等 105 人為中央政策委員，劉道行等 15 人為中央監察委員，復由中央政策委員會選出中央常務委員 21 人，秘書長則由黃孟剛擔任。[62]

---

[59] 同上註，頁 51-52。

[60] 孫子和編，《民國政黨史料》，同註 1，頁 397-398。

[61] 《中央日報》（民國 55 年 2 月 26 日）第 2 版。

[62] 〈中國民主社會黨〉，中華民國年鑑社編輯，《中華民國年鑑》（臺北：正中書局發行，民國 69 年 11 月出版），頁 109。

　　總而言之，在國民黨的存心分化下，民社黨來臺後，黨中央一直內亂不斷，派系林立，互相攻擊，衝突不止，根本無法有效安定黨部。直到民國58年，主席張君勱逝世美國，民社黨中央總部成立了主席團，共推11位主席，形勢才有所改觀。主因是，這11位主席，兼顧了黨內各派系的均勢和平衡，在權力均享均衡的情勢下，民社黨的各立山頭，派系分裂的情況才暫告平息。

三、參與雷震籌組「中國民主黨」

　　五、六○年代，臺灣在威權統治下，政治史上最波瀾壯闊的，當屬雷震的從《自由中國》之批評時政，到籌組新黨「中國民主黨」的這段過程。此過程為在野黨派，包括青、民兩黨，及自由主義知識份子和追求民主自由的臺灣政治菁英，為反抗國民黨的專制獨裁，在苦悶無聲的五○年代，所留下最撼動人心的篇章。在戰後臺灣史上，他們為宣揚民主自由理念和抨擊國民黨一黨專政之非，投身籌組反對黨之民主運動，為臺灣民主政治的啟蒙與積累，其影響和貢獻是功不可沒的。

　　有關民社黨參與籌組「中國民主黨」的經過，該黨大老謝漢儒，在其《早期臺灣民主運動與雷震紀事——為歷史留見證》一書中有非常詳盡的敘述。謝漢儒認為，中國民主黨的組黨運動，乃是由三股主流匯聚而成。即以雷震為主的《自由中國》半月刊為班底，聯合民社黨與青年黨和結合本省籍在野政治菁英等三股力量所形成的。[63]

　　就民社黨而言，當年參與之成員有兩類，一為大陸籍的民社黨員，如楊毓滋、謝漢儒等；二為臺籍之民社黨員，像高玉樹、楊金

---

[63]　謝漢儒，《早期臺灣民主運動與雷震紀事——為歷史留見證》，同註 35，頁 6-10。

虎、黃玉嬌等本土政治菁英。至於民、青兩黨之所以參與組織新黨運動，其原因有幾個：

一為「韓戰」後，美國在圍堵共產主義的冷戰大架構下，重新支持國府。有了美國的協防，國民黨有恃無恐，在政權日益鞏固後，威權統治日甚一日。鑒於大陸時期「民主同盟」與共產黨沆瀣一氣之慘痛經驗，對「在野黨」再也不能掉以輕心，因此壓迫、監控，甚至分化日漸加強。

二為民、青兩黨雖為合法反對黨，但因乏政治資源，沒有群眾基礎，長期以來即積弱不振，無法有效監督國民黨，故嚴格而言，臺灣當時根本沒有在野黨的監督力量。田弘茂評其為「花瓶政黨」，在當局的利誘下，也不具備反對黨之性格。

三為國民黨歷次地方選舉的不公，想方設法的賄選舞弊，激發本省籍政治菁英的不滿，而有了強化聯合民、青兩黨籌組反對黨的決心。[64]《自由中國》曾代表民意指出：「社會輿論認為該兩黨（按：指民、青兩黨）可以自行解散，聯合社會人士，重新組織強而有力的反對黨」。[65]而民社黨的謝漢儒也談到：「國民黨政府對選舉的種種不擇手段的控制、操縱以及公然舞弊的惡行，使各縣市不論當選或落選的這些參加公職競選的政治活動者，大為不滿」。[66]

---

[64] 此背景探討除民社黨大老謝漢儒已有精闢論述外，同上註。另學者薛化元、任育德、蘇瑞鏘等，也有深入的分析。見薛化元，《「自由中國」與民主憲政──1950年代臺灣思想史的一個考察》（臺北：稻鄉版，民國85年7月初版）；任育德，《雷震與臺灣民主憲政的發展》（臺北：國立政治大學歷史學系出版，民國88年5月初版）；蘇瑞鏘，《戰後臺灣組黨運動的濫觴──「中國民主黨」組黨運動》（臺北：稻鄉版，民國94年4月初版）。

[65] 陳正文，〈有感於南韓新反對黨的誕生〉，《自由中國》第13卷第8期（民國44年10月16日），頁255。

[66] 謝漢儒，《早期臺灣民主運動與雷震紀事──為歷史留見證》，同註35，頁7-8。

　　既然大家都不滿國民黨在選舉時的各種舞弊惡行，兼以民、青
兩黨的不爭氣，因此大家有志一同，都有了另行組黨的念頭。而就
整個組黨運動的過程而言，民國46年的地方選舉，提供民、青兩黨
人士與本土政治菁英合作的契機。[67]為營造一個公平的選舉環境，
選前，本省籍政治士紳王燈岸即向石錫勳建議，要將參加第2屆地
方公職人員無黨派候選人，及民、青兩黨人士聯繫起來，籌組一個
聯誼會，大家互相交換意見，共同研擬選務改進方案。

　　如此做法目的有二：一方面向政府提出建議，交涉及防止選舉
舞弊對策，再方面，籌組民主法治啟蒙團，仿日治時期文化協會的
文化巡迴演講模式，赴全省各地展開啟蒙演講。[68]

　　王、石二氏以建議可行，乃向內政部申請召開「選務改進座談
會」，民國46年4月11日下午，「選務改進座談會」終於在臺中召
開，會中建議政府應公正地辦理選務，也一致通過，選舉後，擬召
開一次選舉檢討座談會。[69]4月21日，第3屆縣市長及省議員選舉
結果揭曉，郭國基、吳三連、李源棧、郭雨新、李萬居、許世賢等
本省在野政治菁英，當選為省議員，時稱為「五龍一鳳」，爾等日後
均成為「中國民主黨」組黨運動的核心人物。[70]

　　但此次選舉不公的情況依舊沒有改善，反而更嚴重，國民黨全
面動員軍公教人員投票，且公然拒絕反對人士參加監選工作，造成
選舉過程不公。選後，在李萬居的奔走聯絡下，依之前決議，5月
18日，假臺北蓬萊閣召開一場選舉檢討會，參加者有民社黨的高玉

---

[67] 蘇瑞鏘，《戰後臺灣組黨運動的濫觴──「中國民主黨」組黨運動》，同註
64，頁60。

[68] 王燈岸，《磺溪一老人》（彰化：作者自印，1980年），頁129。

[69] 蔡憲崇，〈中國民主黨──不希望取得政權的政黨〉，收入蔡憲崇，《鑼聲若
響──臺灣島上的反對黨》（臺北：作者自印，1983年），頁23。

[70] 李筱峰，《臺灣民主運動40年》（臺北：自立版，民國82年元月1版），頁71。

樹、楊金虎；青年黨的郭雨新和李萬居，以及余登發等無黨籍政治
人物。會中，大家群情激憤砲聲隆隆，與會者一致抨擊此次選舉之
諸多弊端，並提出檢討改進選舉的辦法，這次會議對日後「中國民
主黨」的籌組影響深遠。[71]

　　此會議最重要的決議是，通過李萬居之提議，籌組「中國地方
自治研究會」機構，此組織，實際上就是後來成立反對黨的先聲，
顯示反對勢力已有將組織「常設化」之企圖。不過，經過兩次的申
請，國民黨當局都以「非常時期人民團體組織」法規不合而不准其
設立，但這無損於籌組新政黨的決心。另外，這次的會議，也是民、
青兩黨菁英，首次與本土政治人物結合的開始，象徵意義重大。[72]

　　至於在選舉弊端方面，民社黨的楊金虎、高玉樹、黃玉嬌及李
萬居、郭雨新、余登發、郭國基等 26 人，在選後即發表共同聲明，
指出此次選舉弊端有四：（1）公教及治安人員公開助選，（2）選務
機構違法，（3）監察人員不公，（4）政府機關藉巧妙名目為掩護，
利用公款以協助執政黨提名之候選人競選。[73]

　　楊金虎曾在國民大會提〈倡導護憲運動實行政治反攻案〉，除呼
籲政府「協助組織強大反對黨」外，也不諱言批評「第三屆縣市長
及臨時省議員的選舉，政府辦理有欠公平」。因此，楊金虎提出，希
望今後選舉宜（1）修正選舉法規，（2）軍公教人員絕對不得協助競
選，（3）辦理選務人員絕對公平，（4）投開票所監察人員允許派用
各政黨人士共同負責等建言。[74]

---

[71] 蔡憲崇，〈中國民主黨──不希望取得政權的政黨〉，同註 69，頁 23-24。

[72] 蘇瑞鏘，《戰後臺灣組黨運動的濫觴──「中國民主黨」組黨運動》，同註 64，
頁 62-63。

[73] 〈在野黨及無黨無派第三屆縣市長暨省議員競選人共同聲明〉，《民主潮》7
卷 12 期（民國 46 年 6 月 16 日），頁 19。

[74] 楊金虎，《七十回憶》（臺北：龍文版，1990 年），頁 195-201。

　　由於「中國地方自治研究會」未被批准之事，兼以是時蔣欲違憲競選第 3 任總統的訊息已甚囂塵上，49 年 3 月，民社黨的高玉樹、楊金虎和蔣勻田，邀請青年黨李萬居、郭雨新、夏濤聲和吳三連、許世賢等人，召開選舉座談會，以謀求選務之改進和組黨事宜。[75]4 月，臺灣舉行的地方選舉，國民黨操縱選舉不公依舊，使得在野民、青兩黨與本省籍政治菁英忍無可忍。《自由中國》批評當局選舉不公後即表示：「今後唯一有效的補救方法，就是要靠這些篤信民主政治的人士，大家聯合起來組織一個強有力的反對黨，以與國民黨抗爭」。[76]

　　5 月 15 日，民、青兩黨重要人士齊聚一堂，由李萬居和楊金虎擔任主席，邀請夏濤聲、蔣勻田、謝漢儒、齊世英、雷震和郭雨新、吳三連等本省籍政治人物一起討論反對黨事宜，如經費的籌措及敦促胡適出來領導等問題。[77]此次聚會可說是組黨的決定性會議，於是才有 3 天後，5 月 18 日選後座談會中，正式組黨之議。5 月 18 日，醞釀多時的「在野黨及無黨無派人士本屆地方選舉檢討會」終於在臺北市和平東路 3 段 225 巷 6 號民社黨總部召開。當天參與者共計 72 人，其中民社黨參加者有高玉樹、謝漢儒、楊基振、蔣勻田、孫亞夫、萬鴻圖、楊毓滋、王漢生、李賜卿、楊金虎、李秋遠、石錫勳等人，幾乎網羅了本土政治菁英與民、青兩黨高層代表人物，會中最重要的決議是，一致主張組黨。[78]

---

[75]　李筱峰，《臺灣民主運動 40 年》，同註 70，頁 74。

[76]　社論，〈這樣的地方選舉能算「公平合法」嗎？〉，《自由中國》22 卷 9 期（民國 49 年 5 月 1 日），頁 276。

[77]　傅正主編，《雷震全集（40）：雷震日記（1959 年-1960 年）——第一個十年（8）》（臺北：桂冠版，1990 年 8 月初版），頁 307-308。

[78]　〈在野黨及無黨無派人士舉行本屆地方選舉檢討會紀錄摘要〉，《自由中國》22 卷 11 期（民國 49 年 6 月 1 日），頁 352。

　　楊金虎即言：「將來臺灣的選舉能夠辦好，我們把希望寄託在執政黨，那是永遠沒有希望的。除非各位先生，大家能聯合團結起來，組織一個強有力的在野黨，來對抗國民黨，否則是沒有辦法的」。[79]楊氏意見得到與會多數人的贊同，祇是對組織方式仍有不同意見。6月15日，根據「518會議」決議，「地方選舉改進座談會」發表6月11日通過的一篇聲明，強調兩個決定：即成立「選改會」與籌組新政黨，「選改會」執行秘書由民社黨謝漢儒擔任。[80]此後，「中國民主黨」的籌組工作，即以「選改會」為主體而展開。[81]6月19日，「選改會」在臺北《自由中國》社召開第3次主席團會議，民社黨高玉樹、楊毓滋、楊金虎、謝漢儒等出席，會中確定座談會委員46人，召集人15人，雷震表示此次會議名為座談會，實則為新黨籌備會。[82]

　　6月25日，「選改會」召開第1次委員會議，到會者30餘人。首先由主席團主席李萬居致開會詞，繼由民社黨高玉樹報告5月18日以來的籌備經過。隨後通過該會簡章、會議規則，並推定17人為召集人，由李萬居、高玉樹及雷震為發言人。[83]6月26日，「選改會」在臺北《自由中國》社召開第1次召集人會議，決定各委員會召集人、發言人的人選，以及與民、青兩黨協商之人選。籌組反對黨的領導階層，至此已大致確定。遺憾的是，民社黨的高玉樹，

[79] 〈在野黨及無黨無派人士舉行本屆地方選舉檢討會紀錄摘要〉，同上註，頁353。
[80] 謝漢儒，《早期臺灣民主運動與雷震紀事──為歷史留見證》，同註35，頁277。
[81] 蘇瑞鏘，《戰後臺灣組黨運動的濫觴──「中國民主黨」組黨運動》，同註64，頁90-91。
[82] 傅正主編，《雷震全集（40）：雷震日記（1959年-1960年）──第一個十年（8）》，同註77，頁332。
[83] 《公論報》（民國49年6月27日）第2版。

因與郭國基積怨甚深，辭去主持財務委員會，並表示不幹而早早退去。[84]

　　基本上，民社黨對新黨之組成是相當樂觀其成的，連一向並不十分熱衷的蔣勻田都向雷震表示：目前正是組黨的好時機，因為美國朝野的政策是希望臺灣有一個反對黨出現，所以新黨僅僅一點表示，即得到廣大之反應與同情。他們今天守住民社黨這塊牌子，免為國民黨派人把持。[85]當時新黨積極到全臺各地舉辦座談會，與地方人士溝通意見，專門負責安排部署者，即為民社黨之謝漢儒和傅正兩人，而如新竹座談會，也是在中壢民社黨籍的黃玉嬌處召開，由此可見民社黨積極參與組黨活動於一斑。[86]8 月 5 日，王世憲與謝漢儒赴雷震處，討論新黨黨綱問題，咸認為黨綱不能用陳腔濫調，因其無號召力量。[87]8 月 22 日，〈雷震日記〉也記載其訪問民社黨大老萬鴻圖，邀萬參加「選改會」，萬表示對新黨樂觀其成，唯個人參加則無意義，但他贊成民、青兩黨合併後參加，造成強有力的政黨，以與國民黨相抗衡。[88]8 月 28 日，「選改會」再度召開召集人會議，會中討論新黨的政綱、政策、黨章等事項，以及即日與民、青兩黨進行協商外，並決定黨名為「中國民主黨」。[89]

---

[84] 傅正主編，《雷震全集（40）：雷震日記（1959 年-1960 年）——第一個十年（8）》，同註 77，頁 336。

[85] 〈雷震日記〉（1960 年 7 月 8 日），傅正主編，《雷震全集（40）：雷震日記（1959 年-1960 年）——第一個十年（8）》，同註 77，頁 344。

[86] 《公論報》（民國 49 年 8 月 14 日）第 2 版。蘇瑞鏘，《戰後臺灣組黨運動的濫觴——「中國民主黨」組黨運動》，同註 64，頁 128。

[87] 〈雷震日記〉（1960 年 8 月 5 日），傅正主編，《雷震全集（40）：雷震日記（1959 年-1960 年）——第一個十年（8）》，同註 77，頁 363

[88] 〈雷震日記〉（1960 年 8 月 22 日），傅正主編，《雷震全集（40）：雷震日記（1959 年-1960 年）——第一個十年（8）》，同註 77，頁 382。

[89] 〈雷震日記〉（1960 年 8 月 28 日），傅正主編，《雷震全集（40）：雷震日記（1959 年-1960 年）——第一個十年（8）》，同註 77，頁 389。

9 月 4 日，就在組黨運動進入最高潮之際，國民黨決定先下手為強，當日雷震遭警備總部逮捕，另外尚有馬之驌、傅正與劉子英亦被捕，史稱「雷震案」。至此，籌組中的「中國民主黨」遺憾的胎死腹中，而《自由中國》也就此停刊。[90]9 月 11 日，「雷震案」爆發後，對「中國民主黨」雖是致命的打擊，但李萬居和高玉樹仍表示，組黨工作不會因雷震被捕而受到影響。當天「選改會」並召開第 5 次召集人會議，決定撤銷「選改會」，成立「中國民主黨籌備委員會」（以下簡稱「籌委會」），由李萬居和高玉樹負責。[91]

9 月 25 日召開第 1 次「籌委會」召集人會議，會中討論地方人士對組黨運動以及雷案的看法。[92]10 月 17 日，「籌委會」對外表示：「新黨運動絕不會因此停止，只不過稍延成立時間而已」、「中國民主黨」已領回組黨文件，決定不久宣布成立，且聲明雷案根本就是「政治事件」。[93]到了 10 月，「中國民主黨」的人事安排似乎已大致底定，將設「政策委員會」，由李萬居、夏濤聲、齊世英主持，民社黨高玉樹等人則負責「財務委員會」。[94]

其後，「籌委會」雖仍信誓旦旦言「中國民主黨」必將成立，但在國民黨一片恐怖肅殺的氣氛下，以及主客觀條件尚欠成熟的情況下，籌組「中國民主黨」之事，遂逐漸沉寂。民國 50 年 1 月舉行的

---

[90] 蘇瑞鏘，《戰後臺灣組黨運動的濫觴──「中國民主黨」組黨運動》，同註 64，頁 159。〈臺灣警備總司令部呈報國防部已依法將雷震等人逮捕到案〉，收入陳世宏等編輯，《雷震案史料彙編：國防部檔案選輯》（臺北：國史館印行，2002 年），頁 191。

[91] 〈中國民主黨籌備委員會聲明〉，《民主潮》10 卷 18 期（民國 49 年 9 月 16 日）。

[92] 《公論報》（民國 49 年 9 月 26 日）第 1 版。

[93] 〈中國民主黨籌備委員會聲明〉，《民主潮》10 卷 21 期（民國 49 年 11 月 1 日）。按：此篇有別於《民主潮》於 10 卷 18 期所發表的〈中國民主黨籌備委員會聲明〉，同名但內容不同。

[94] 蘇瑞鏘，《戰後臺灣組黨運動的濫觴──「中國民主黨」組黨運動》，同註 64，頁 215。

臺灣省第 5 屆縣市議員的地方選舉，「籌委會」決定奮力一搏，推派了高玉樹、李萬居、郭雨新、許世賢、王地、許竹模、李秋遠、楊金虎、李連麗卿、黃玉嬌、郭國基等 11 人組織助選團助選，最後結果，全省雖有近 20%的新黨人士當選，但離原先欲拿下 1/3 席次的目標尚遠。故嚴格而言，選的並不理想，中國民主黨因未達到預期目標，使得這次選舉成為新黨人士的「最後一役」。[95]

民國 50 年 1 月 23 日，中國民主黨「籌委會」在臺北舉行第 5 屆縣市議員選舉檢討座談會後，就再也無任何政治活動，新黨運動自此歸於沉寂。同年 8 月，民社黨的高玉樹在接受採訪時坦承，「組黨不組黨已不是重要的事了」，此話無疑代表著，中國民主黨的組黨運動，已宣告中止。[96]因著國民黨的打壓，使得尚未面世的「中國民主黨」不得不胎死腹中，留下臺灣民主運動史上相當遺憾的一章。「中國民主黨」組黨運動雖告失敗，但民主的火苗已然埋下，其對臺灣爾後民主運動之發展，仍有一定的歷史意義與貢獻。

當然，參與中國民主黨的籌組工作，在野的民、青兩黨也有澆灌的一分心血在裡頭。在中國民主黨籌備會議時，民社黨代表楊毓滋和謝漢儒，與青年黨代表夏濤聲和王師曾，在顧及黨內尚有不同聲音時，雖共同作出決定，民、青兩黨暫不解散，但還是準備要和新成立的中國民主黨形成聯盟，作為有效制衡國民黨的反對黨結盟行動。[97]比較民、青兩黨對新黨的支持程度，平情而言，民社黨是較積極的。民社黨自己坦承，既然影響不了國民黨，所以對雷震新黨的成立是採取肯定態度的。民社黨對新黨具體支持的做法，表現

---

[95]　蘇瑞鏘，《戰後臺灣組黨運動的濫觴——「中國民主黨」組黨運動》，同上註，頁 216-217。

[96]　〈新黨人士處境艱窘〉，《時與潮》40 期（民國 49 年 9 月 26 日），頁 6。

[97]　蘇瑞鏘，《戰後臺灣組黨運動的濫觴——「中國民主黨」組黨運動》，同註 64，頁 151-152。

在支持楊毓滋等，參加中國民主黨的組黨會議可知，民社黨對楊等之行動，不僅予以同意，且還特別經由中常會開會決定以示支持，充分表明民社黨對此事的強烈力挺。

另外，為讓楊等民社黨員沒有後顧之憂，民社黨還同意，楊毓滋等做為新黨的籌備委員，在新黨組成後，仍可以擁有民社黨員的身分。換言之，准許楊毓滋等可以跨黨，楊等既然可以跨黨，其他欲參加新黨的民社黨員自然也可以。為此，民社黨中常會曾作成決議，允許黨員跨黨，凡是要參加新黨的人，其民社黨黨員的身分仍然可以保留。[98]由政黨背書一事看來，民社黨鼎力支持新黨的程度，是超過了另一在野黨青年黨，因為青年黨還沒有到同意跨黨的地步，朱文伯在臨門一腳時的退縮，沒有加入中國民主黨，就是一個最明顯的例子。[99]

再舉一例說明之，謝漢儒曾回憶其和青年黨的王師曾提到臺灣地方自治選舉的基本態度問題。王說青年黨與民社黨立場一樣，那就是爭取 3 黨共同參加辦理選舉，共同監察選舉，這是原則問題。如果國民黨願意這樣做，在技術上的問題，可以再作進一步的協商。王師曾希望民社黨對此問題再緩些時候再談，謝漢儒說：很明顯的，青年黨對此事是被動的，抱持消極的態度，沒有像民社黨的一頭熱。[100]

民社黨參與新黨之事甚早，在李萬居組織「地方自治研究會」時，及後來的「選改會」，該黨都非常熱衷參與新黨活動。由該黨謝漢儒與傅正，在新黨舉行各地座談會時，風塵僕僕的往返於各縣市安排部署，即可見一斑。[101]之所以如此，是因為民社黨知道，其雖

---

[98] 潘光哲・劉季倫・孫善豪訪問，《顧紹昌先生訪談錄》，同註 21，頁 59。

[99] 張忠棟，〈雷震與反對黨〉，收入張忠棟，《胡適・雷震・殷海光——自由主義人物畫像》（臺北：自立版，民國 79 年 12 月初版），頁 139。

[100] 謝漢儒，《早期臺灣民主運動與雷震紀事——為歷史留見證》，同註 35，頁 64。

[101] 見謝漢儒，《早期臺灣民主運動與雷震紀事——為歷史留見證》一書，有非

為合法在野黨，但在現實政治環境下，自己能發揮的功能十分有限，所以在臺灣組成一強大反對黨有其必要性，對我國民主憲政的發展，更能有所助益。[102]所以當雷震欲正式組黨時，民社黨內部雖仍有不同意見，但大體上是決議要支持新黨的，由高玉樹、王世憲、楊金虎、黃玉嬌、謝漢儒和楊毓滋的全程參與，可以為證。是以，五〇年代中國民主黨對臺灣民主政治的影響，民社黨身為其中一股力量，是有其一定的歷史地位和貢獻。

四、結論──民社黨與臺灣地方自治選舉

五〇年代政府戡亂失利，困居臺灣一隅之地，時共軍集結對岸，隨時欲渡海攻臺，而美國發表「對華白皮書」後，棄臺之意十分明顯。幸「韓戰」爆發，美國第 7 艦隊協防臺灣，國府情勢才轉危為安，各項施政漸上軌道，其中辦理地方自治選舉，更是重要的一環。臺灣自從舉辦地方自治選舉以來，每屆選舉，民社黨均提名參加各項競選。10 年來，不計成敗，無役不與。民社黨希望藉由選舉的民主，走向民主憲政的康莊大道。高舉實現民主政治的大纛，希望激起全體民眾的民主意識，用選票來維護自己的尊嚴，用選票來喚起社會的正義。[103]民國 39 年，臺灣實施第 1 屆民選縣市長，民社黨臺灣省黨部組織處長莊琮耀即出馬競選臺北市長，最後由吳三連高票當選。[104]

常詳盡之敘述。

[102] 同註 98。

[103] 謝漢儒，《早期臺灣民主運動與雷震紀事──為歷史留見證》，同註 35，頁 24-25。

[104] 吳三連口述・吳豐山撰記，《吳三連回憶錄》（臺北：自立版，民國 80 年 12 月 1 版），頁 142。

　　為投入地方自治選舉，民社黨覺得要先強化各縣市黨部組織，當務之急是在全省各重要地區，必須有新血主持黨務，藉以鼓勵黨員鬥志。時民社黨即以了解要在臺灣生根，必須要與臺灣草根性的政治人物結合。所以該黨在臺灣各地的黨務負責人，相當多都是本省籍地方政治菁英。如顏欽賢擔任臺灣省黨部主任委員，臺北市黨部主任委員是曾任臺北市議員的李賜卿、臺北縣黨部主任委員由曾任省議員的李秋遠擔任、彰化縣黨部主任委員由曾競選過彰化縣長的石錫勳膺任。[105]

　　總計，在五〇年代初期，民社黨在臺灣各屆地方自治選舉中，除省議員、縣議員不計外，先後當選縣市長者有：花蓮縣長──楊仲鯨、臺北市長──高玉樹、基隆市長──林番王、臺中市長──楊基先、臺南市長──葉廷珪、高雄市長──楊金虎。[106]算是成果頗豐，大大出乎國民黨的預料之外。

　　也因民社黨對歷屆選舉的熱烈投入，且在全省各縣市先後均有當選縣、市長者。因此引起國民黨的驚愕，遂佈下天羅地網，視民社黨為敵，千方百計，從四面八方作無情的打擊。從中央到地方，捏造謠言，挑撥離間，造成民社黨的四分五裂，加以傳聞張君勱在海外搞第三勢力，破壞尤甚。[107]從民國42年僅有「八常委」與徐傅霖8與2之比的兩派對立，演變而為3個派系，使黨中互相猜疑，相互攻訐。國民黨動員所有不同的情治單位滲透民社黨中予以分化、恫嚇、利誘兼施。在民社黨中滲透一些「流氓」與「打手」，製造事端。導致一個在大陸曾經和國民黨結為「民主伙伴」的友黨，參與制憲和行憲的民社黨，淪為形同四分五裂的「幫派」。[108]

[105] 潘光哲・劉季倫・孫善豪訪問，《顧紹昌先生訪談錄》，同註21，頁54-55。
[106] 謝漢儒，《早期臺灣民主運動與雷震紀事──為歷史留見證》，同註35，頁29。
[107] 同上註，頁28-29。
[108] 同上註，頁25。

　　五〇年代，民社黨曾針對國民黨選舉的舞弊風氣，積極與國民黨協商共同辦理選舉和監察選舉，惜協商失敗。然國民黨的蠻橫，亦使全省選民及參選的候選人，深切體會到國民黨不改其一黨獨裁、包辦選舉的作風，益增他們對民主的渴望，因而影響其後的臺灣民主運動至為深遠。

　　總而言之，民社黨在隨政府來臺後，初期尚具有若干影響力，曾經一度積極參與雷震籌組新黨的工作，對臺灣民主政治有其一定的貢獻。但其後因內部派系林立，外受國民黨分化控制而積弱不振，如今在臺灣已成泡沫政黨。

第十二章　五○年代臺灣組黨運動之重挫
──記胎死腹中的中國民主黨

一、前言──雷震、《自由中國》與國民黨

　　民國 38 年，國共內戰逆轉，政府勘亂失敗被迫遷臺，美國發表白皮書，有棄國府之意。財政經濟崩潰，軍事連連失利，社會人心惶惶，對政府而言，真是處於風雨飄搖、危急存亡之秋。在此混亂局勢下，為與中共展開思想上的鬥爭，一部分國民黨忠貞之士結合若干自由主義份子，毅然決然主張，宜在理智上建立反共信念，非有一宣揚民主自由、堅持愛國反共的言論喉舌不可。於是以胡適為名義，雷震為主導的《自由中國》雜誌，即在這風雨如晦、兵荒馬亂的時局下孕育而生。[1]

　　《自由中國》創刊於 38 年 11 月 20 日，發行宗旨由胡適草擬，基本上以自由、民主、反共為該雜誌之言論主軸。[2]《自由中國》創辦之初與國民黨的關係頗佳，透過雷震還得到蔣介石的資金援助，且被軍方列為定購刊物。[3]國民黨之所以贊助支持該刊，其實也有在

---

[1]　薛化元，《「自由中國」與民主憲政──1950 年代臺灣思想史的一個考察》（臺北：稻鄉版，民國 85 年 7 月初版），頁 56-59。

[2]　胡適，〈自由中國的宗旨〉，《自由中國》創刊號（民國 38 年 11 月 20 日）。

[3]　雷震曾云：「午間在總裁墳莊午飯，共六人，總裁及經國外為我等一行四人也。余將《自由中國》社組織經過及出版計劃大致報告，渠表示贊成並願贊助。」〈雷震日記〉（1949 年 4 月 4 日），可見雷震創辦的《自由中國》，最早是得到蔣介石支持與贊助的。見傅正主編，《雷震全集》（31）（臺北：桂冠版，1989 年 3 月初版），頁 174。

困厄中，試圖以新形象來爭取海內外民心之目的。[4]但在 39 年「韓戰」爆發後，杜魯門總統下令第 7 艦隊協防臺灣，美國針對共產主義的擴張，重新部署其在西太平洋的圍堵戰略。為此，在冷戰大戰略的前提下，美國不得不正視臺灣的重要性，尤其是臺灣對抗中共的優異戰略地理位置。基於此種因素，美國與臺灣的國府當局重修舊好，關係日愈密切。[5]

因為國際局勢的變化對國府日漸有利，使得臺灣政局亦漸趨穩定，兼以《自由中國》雜誌社裡頭這些充滿理想化的自由主義份子，天真的以為可以用民主自由來改造國民黨，於是《自由中國》與當局衝突的因子隱然埋下。[6]民國 40 年，夏道平在《自由中國》發表〈政府不可誘民入罪〉，針對政府金融管制引起的一宗情治人員貪污舞弊事件提出嚴厲批評，點燃與國民黨衝突之火苗。[7]其後，民國 43 年又因為刊載一篇〈搶救教育危機〉的讀者投書，強烈指責「救國團」公然介入校園之不當，得罪了蔣經國，更引起高層不悅。[8]原本與國民黨關係已日漸緊張的雷震，更為此遭到國民黨開除黨籍。[9]

---

[4]　李筱峰，《臺灣民主運動 40 年》（臺北：自立版，民國 76 年 10 月 1 版），頁 58。

[5]　張淑雅，〈美國對臺政策轉變的考察〉，《中央研究院近代史研究所集刊》（19）（臺北：1990 年 6 月），頁 470-485。

[6]　蘇瑞鏘，《戰後臺灣組黨運動的濫觴——「中國民主黨」組黨運動》（臺北：稻鄉版，民國 94 年 4 月初版），頁 33。

[7]　社論，〈政府不可誘民入罪〉，《自由中國》4 卷 11 期（民國 40 年 6 月 1 日），頁 4。

[8]　其實雷震《自由中國》刊登批評救國團的文章，早從民國 41 年 9 月 16 日的《自由中國》第 7 卷 6 期以〈對於我們教育的展望〉社論，對籌備中的青年反共救國團提出建言而得罪蔣經國。民國 43 年 12 月，《自由中國》第 11 卷 12 期，刊登余燕人等的投書〈搶救教育危機〉，文中表達對教育黨化的不滿。余燕人（等），〈搶救教育危機〉，《自由中國》第 11 卷 12 期（民國 43 年 12 月 16 日），頁 32。

[9]　〈雷震日記〉（1954 年 12 月 29 日），傅正主編，《雷震全集》（35）（臺北：

　　然真正使《自由中國》與當局撕破臉的導火線，還是在民國45年，該年10月31日正逢蔣介石70大壽，蔣向全國發出「婉辭祝壽，提示問題，虛懷納言」的意思。[10]信以為真的雷震，在該期的《自由中國》搞了一個「祝壽專號」，並請胡適、徐復觀、毛子水、徐道鄰、陳啟天、陶百川、蔣勻田、夏道平等人為文，分別對蔣及國民黨執政缺失，提出種種建言與檢討。該期問世，銷路大增，增印多次，當然高層更是氣憤痛恨不已。[11]

　　《自由中國》的甘冒大不韙，終於激怒了當局，國民黨透過各種媒體力量，展開全面圍剿。國防部甚至印行一本名為《向毒素思想總攻擊》的小冊子，嚴辭抨擊《自由中國》「思想走私，為共匪鋪路」。[12]而自「祝壽專號」後，《自由中國》也是豁出去了，不僅對時局的批評愈趨激烈，且探討問題直接切入核心。

　　民國46、47年間，《自由中國》接連提出15篇的〈今日的問題〉以〈是什麼，就說什麼〉的態度立論，對政府施政的種種弊端，舉凡反攻大陸、軍事、財政、經濟、政治、美援、新聞自由、教育、反對黨等諸多議題，提出全盤的檢討。其後，《自由中國》的言論，節節昇高，逐漸觸犯當局禁忌。[13]民國49年後，更因「修憲風波」及「政黨承認」與「蔣連任問題」的討論，《自由中國》與執政當局的衝突對立已達白熱化的地步。[14]

　　桂冠版，年月初版），頁385；張忠棟，〈離開權力核心的雷震〉，《胡適・雷震・殷海光——自由主義人物畫像》（臺北：自立版，民國79年12月1版），頁62。

[10]　馬之驌，《雷震與蔣介石》（臺北：自立版，1993年11月1版），頁210-211。

[11]　任育德，《雷震與臺灣民主憲政的發展》（臺北：國立政治大學歷史學系出版，民國88年5月初版），頁161。

[12]　周國光，《向毒素思想『總攻擊』》，全文載於雷震，《雷震回憶錄》（香港：七十年代雜誌社，1978年11月初版），頁107-141。

[13]　薛化元，《「自由中國」與民主憲政——1950年代臺灣思想史的一個考察》，同註1，頁144-145。

[14]　同上註，頁160-168。

二、《自由中國》與國民黨關係的惡化

　　民國 49 年的「中國民主黨」組黨運動，在臺灣政黨史與民主政治發展史上，均有其劃時代之歷史意義。五〇年代的組黨運動，早先有蔣廷黻在美國倡導，欲拱胡適出來領導的「中國自由黨」的醞釀。[15]後因胡適意願不高，且「中國自由黨」只是彼時海外「中國民主自由大同盟」運動之一環，故它雖曾制定了綱領，但最後仍不了了之，並未正式成形。[16]

　　其後，海外雖有高唱「反共亦反蔣」的「第三勢力」運動，但在臺灣島內的政治活動倒是一片沉寂。其故何在，原因為「228 事件」後，國民黨的高壓肅殺，使得臺灣人普遍將政治視為畏途，大家噤若寒蟬，不願從政。五〇年代初，國府遷臺更是談共色變，在恐共陰影下，極力撲殺有共產主義思想嫌疑者，對象不管是本省人或外省籍，因此造成了所謂五〇年代的白色恐怖，處此氛圍下，臺灣人更是對政治產生了莫名的恐懼症。[17]

　　但是經過《自由中國》提倡民主自由理念後，這些原本在日治時代就有留學背景，或親炙「大正民主」時代的臺灣本土菁英，本

---

[15] 在 1950 年初，蔣廷黻在美國發表「中國自由黨」章程時，雷震曾致函蔣廷黻表示支持，並言：「今日中國一般人，不信任國民黨，很希望有一新的政治團體出現」，但他認為反共超黨派自由中國運動「較組黨易於號召而能形成力量」。〈雷震致蔣廷黻函〉（1950 年 1 月 24 日），見傅正主編，《雷震全集》(30)——雷震秘藏書信選（臺北：桂冠版，1990 年 9 月初版），頁 66-67。

[16] 馬之驌，《雷震與蔣介石》，同註 10，頁 141。「中國自由黨組織綱要草案」分兩次刊載於《自由中國》2 卷 1 期（民國 39 年 1 月 1 日），頁 33；及 2 卷 2 期（民國 39 年 1 月 16 日），頁 25。

[17] 關於臺灣本土菁英在「228 事件」中所受到的嚴重打擊，可參閱李筱峰，《臺灣戰後初期的民意代表》（臺北：自立版，民國 82 年 3 月修訂版），頁 216-224；鄭梓，《戰後臺灣議會運動史之研究——本土菁英與議會政治（1946—1951）》（臺中：作者自印，民國 82 年 5 月增訂版），頁 193-194。

來就對自由民主政治不陌生，只因外在因素使其不敢訴求。如今，
經由《自由中國》的鼓吹，又啟動了他們潛藏心底的從政熱情，所
以五○年代中後期的情勢發展就順理成章了。即《自由中國》的知
識份子與臺灣本土菁英的結合，欲透過選舉管道，達到其實踐民主
政治的理想。[18]

　　誠如李筱峰所言：「『中國民主黨』的組黨運動，主要是由兩股力
量的結合形成。其一是 1949 年以後大陸來臺的部分自由主義知識份
子；另外是臺灣本地的政治人物和社會菁英。前者以《自由中國》雜
誌為宣傳媒體，再配合後者的地方選舉活動，而形成新黨運動」。[19]

　　《自由中國》刊出「祝壽專號」半年後，46 年 4 月，臺灣舉行
了第 3 屆縣市長及省議員的選舉。第 2 次競選彰化縣長的石錫勳，
連絡郭發與王燈岸，3 人計畫於選舉前籌組「黨外候選人聯誼會」，
目的為研究選務，並仿日治時期文化協會的模式，舉辦全省巡迴演
講與民眾座談會。[20]是月 11 日，此構想終於初步成形，眾推彰化縣
長候選人石錫勳、臺中縣長候選人楊基振、臺中市長候選人何春木
為發起人，在臺中召開第 3 屆臨時省議會及各縣市長候選人關於選
務改進的座談會，會後並提出 5 項議案，同時共推民、青兩黨代表，
為本建議案向提出政府交涉，且決議待本屆選完後，由青年黨的李
萬居負責儘速召集一「選舉檢討座談會」。[21]

　　該次選舉，臺北市的郭國基、臺南縣的吳三連、高雄市的李源
棧、宜蘭縣的郭雨新、雲林縣的李萬居、嘉義縣的許世賢均當選省

---

[18]　蘇瑞鏘，《戰後臺灣組黨運動的濫觴——「中國民主黨」組黨運動》，同註 6，
　　　頁 42-48。

[19]　李筱峰，《臺灣民主運動 40 年》，同註 4，頁 55。

[20]　王燈岸，《磺溪一老人》（彰化：作者自印，1980 年），頁 129。

[21]　蔡憲崇，〈中國民主黨——不希望取得政權的政黨〉，收入蔡憲崇，《鑼聲若
　　　響——臺灣島上的反對黨》（臺北：作者自印，1983 年），頁 23。

議員，此即以後省議會「五虎將」和「五龍一鳳」稱號的由來，亦為日後「中國民主黨」組黨運動的核心人物。[22]雖然非國民黨籍候選人頗有斬獲，但選舉期間，國民黨舞弊賄選等選舉不公時有所聞。[23]故在選後，在李萬居的熱心奔走下，5 月 18 日，召集全省各地的無黨籍及民、青兩黨人士假臺北市蓬萊閣召開選舉檢討會。雷震代表《自由中國》也參加了這次檢討會，並在會上發表演說，與會者一致抨擊此次選舉的諸多弊端。[24]

此次檢討會後，為進一步凝聚在野力量，李萬居、吳三連、郭雨新、高玉樹、楊金虎、王地、許世賢等決定擴大行動，乃聯合與會的 78 人為發起人，決議籌組「中國地方自治研究會」，顯示反對勢力已開始有將組織「常設化」的企圖，許多組黨人士甚至將該會視為反對黨的先聲。[25]此會的組織實源於 46 年 5 月的選舉檢討會，該會檢討第 3 屆縣市長與省議員選舉，認為弊端太多，咸認距離理想太遠，於是決議籌備臺灣地方自治法規修改意見研究會。[26]

「中國地方自治研究會」的宗旨是「響應政府建立並鞏固民主政治，以闡揚民主理論，研究自治制度，以期促進完善之地方自治」。是年 7 月向臺北市政府申請設立，但遭駁回。8 月轉往省政府登記，

---

[22] 李筱峰，《臺灣民主運動 40 年》，同註 4，頁 70-71。

[23] 謝漢儒，《早期臺灣民主運動與雷震紀事——為歷史留見證》（臺北：桂冠版，2002 年 9 月初版），頁 30-38。

[24] 蔡憲崇，〈中國民主黨——不希望取得政權的政黨〉，同註 21，頁 23-24。

[25] 郭雨新對雷震說：「自治研究會將來就是反對黨」，見〈雷震日記〉（1958 年 8 月 16 日），傅正主編，《雷震全集》（39）（臺北：桂冠版，1990 年 7 月初版），頁 352。王地也說：「中國地方自治研究會不是反對黨，將來可能發展為反對黨」，〈雷震日記〉（1959 年 2 月 24 日），傅正主編，《雷震全集》（40）（臺北：桂冠版，1990 年 8 月初版），頁 34。蘇瑞鏘，《戰後臺灣組黨運動的濫觴——「中國民主黨」組黨運動》，同註 6，頁 62。

[26] 〈在野黨及無黨無派第三屆縣市長暨省議員競選人共同聲明〉，《民主潮》7 卷 12 期（民國 46 年 6 月 16 日），頁 19。

然亦不准成立。[27]該會雖然未能獲准成立，但卻牽扯出《自由中國》對此議題的一系列深度探討，之前該刊已有反對黨問題的討論，其後胡適返國又發表「從爭取言論自由談到反對黨」的演說，公開主張由知識份子，民主人士與青年出來組織一個在野黨之構想，在野勢力一度為之興奮不已。[28]此所以當局批駁「中國地方自治研究會」的可能原因之一，因為當局聯想到這種結社或許是為組織在野黨鋪路。

　　誠然，「中國地方自治研究會」遭到封殺，但組黨運動仍沿著選舉改進座談會繼續下去，而《自由中國》扮演的角色，即為組黨運動提供理論後盾，且聯合青年黨的《民主潮》和李萬居的《公論報》共組連合陣線，互相呼應，擴大輿論的影響力。[29]在「中國地方自治研究會」成立失敗後，在野人士仍不氣餒，反而覺得在野力量有保持存在的必要，所以仍用「民主人士聯誼會」名義，隨時互相聯繫。到了 49 年地方選舉來臨時，又改稱「選舉改進座談會」，計畫作全省大規模的組合。[30]

三、「中國民主黨」組黨始末

　　而民國 49 年的選舉，直接促成了籌組在野黨的胎動，由於該年 4 月，將展開第 2 屆省議員及第 4 屆縣市長選舉，於是在是年 3 月，

---

[27] 謝漢儒，《早期臺灣民主運動與雷震紀事──為歷史留見證》，同註 23，頁 127。

[28] 胡適，〈從爭取言論自由談到反對黨〉，《自由中國》18 卷 11 期（民國 47 年 6 月 1 日），頁 342。蘇瑞鏘，《戰後臺灣組黨運動的濫觴──「中國民主黨」組黨運動》，同註 6，頁 78-80。

[29] 朱文伯，〈憶雷震與胡適兩先生〉，傅正主編，《雷震全集》(1)──雷震與我（一）（臺北：桂冠版，1989 年 3 月初版），頁 43-55。

[30] 蔡憲崇，〈中國民主黨──不希望取得政權的政黨〉，同註 21，頁 32。

省議員選舉前夕，李萬居、郭雨新、高玉樹、吳三連、許世賢、楊金虎等人，召開了一次「選舉問題座談會」，雷震與青年黨的夏濤聲、民社黨的蔣勻田亦出席參加。[31]會後於3月18日向國民黨及政府提出15點要求，主張國民黨與在野黨協商共同辦理選舉，共同監察選舉以維公平。[32]選後，因國民黨舞弊，在野人士選舉結果欠佳，於是雷震、夏濤聲、郭雨新和李萬居等人，在4月29日的聚會中談到這次選舉的舞弊，想約集無黨派的候選人來開會，順便討論組織反對黨的可能性。[33]

經過20天的籌劃，在5月18日，終於有了無黨籍與民、青兩黨人士，在臺北市和平東路2段225巷6號民社黨總部，所召開的「在野黨及無黨派人士本屆地方選舉檢討會」。與會人員有雷震、吳三連、李萬居、楊金虎、許世賢、高玉樹、王地、郭雨新、謝漢儒、夏濤聲、朱文伯、許竹模、郭國基、蔣勻田、齊世英、成舍我、傅正、李福春、沈雲龍、孫亞夫、萬鴻圖、葉時修、楊毓滋等72人，並推舉雷震、吳三連、李萬居、楊金虎、許世賢、高玉樹及王地等7人為主席團主席。[34]

「518會議」作成四點決議如下：（1）由在野黨和無黨無派當選為本屆的省議員，向省議會正式提案，根據今年3月17日「在野黨及無黨無派人士選舉座談會」向國民黨及政府當局建議改善選舉15點意見，修改有關地方自治法規，並明文規定由各黨及無黨無派

---

[31] 李筱峰，《臺灣民主運動40年》，同註4，頁74。

[32] 來件，〈在野黨及無黨無派人士對於本屆地方選舉向國民黨及政府提出的十五點要求〉，《自由中國》22卷7期（民國49年4月1日），頁234。

[33] 〈雷震日記〉（1960年4月29日），傅正主編，《雷震全集》（40），同註25，頁298。

[34] 〈在野黨及無黨無派人士舉行本屆地方選舉檢討會紀錄摘要〉，《自由中國》22卷11期（民國49年6月1日），頁352。

候選人，共同辦理各投票所開票所的管理工作和監察工作。（2）請民社黨和青年黨兩黨，站在在野黨的立場，繼續要求國民黨透過政府主管單位，促成第 1 項決議的實現。（3）請在野黨和無黨無派的報刊，站在言論界的立場，向政府及社會呼籲，並促起各級民意機構和各縣市選民的瞭解和同情。（4）即日組織地方選舉改進座談會，在座出席人員為當然會員，各地得設分會。為了實行方便起見，由主席團推出約略 30 人，擔任促進選舉改進工作。至於另組新的強大反對黨問題，由座談會與民青兩黨協商進行。[35]

　　檢討會的決議有三點主要是要求改進選舉的方式，第四點主張成立「選舉改進座談會」，並協商組織反對黨之事，史稱「518 會議」，此即「中國民主黨」實際籌組的開始。[36]會中除嚴辭譴責國民黨操縱選舉、作弊不公外，最重要的是楊金虎和郭國基慷慨陳詞的一段話所引起。楊金虎說：「所以想將來臺灣的選舉能夠辦好，我們把希望寄託在執政黨，那是永遠沒有希望的。除非各位先生，大家能聯合團結起來，組織一個強有力的在野黨，來對抗國民黨，否則是沒有辦法的。」[37]而郭國基的話更激昂，他說：「今天民青兩黨的力量委實太小了，所以我希望把民青兩黨整個全部解散，和臺灣一般民主人士共同來組織一個強有力的在野黨，發揮民主的力量。」[38]

　　「518 會議」之後，再加上楊金虎、郭國基等人一席話的刺激，促使大家興起了組黨的念頭。6 月 11 日高玉樹在陽明山寓所召集第

---

[35]　同上註，頁 352-356。

[36]　蘇瑞鏘，《戰後臺灣組黨運動的濫觴──「中國民主黨」組黨運動》，同註 6，頁 88-90。

[37]　楊金虎發言，〈在野黨及無黨無派人士舉行本屆地方選舉檢討會紀錄摘要〉，同註 34，頁 353。

[38]　郭國基發言，〈在野黨及無黨無派人士舉行本屆地方選舉檢討會紀錄摘要〉，同註 34，頁 354。

2次主席團會議，胡適也應邀參加。會中通過「518會議」的決定聲明，並當下決議即日起組織「地方選舉改進座談會」（以下簡稱「選改會」），並在各地設分會。[39]在這次聚會中，精神領袖胡適以非常懇切的語氣對與會人士說：「今後組黨是艱鉅萬分。歷史上政治理想的實踐，都帶艱苦耐勞，無可避免。各位必須有信心苦幹到底，才能貫徹我們中華民族歷史的創舉」。[40]「選改會」的成立，再加上《自由中國》等在野雜誌的鼓吹，使得新黨的籌組工作進入緊鑼密鼓的階段，一連串組黨活動也積極展開。

6月15日，在野黨及無黨無派人士李萬居、雷震、朱文伯、謝漢儒、吳三連、許世賢、郭雨新、楊金虎等55人以「選舉改進座談會」的名義，正式發表一份聲明，強調團結海內外民主反共人士，並與民青兩黨協商，立即籌組一個新的政黨，為真正的反共、真正的民主而奮鬥，務使一黨專政之局，永遠絕跡於中國。[41]聲明稿並證實「選舉改進座談會」正式成立，在不分省籍黨派的原則下，遴選55位委員。其中包括李萬居、吳三連、朱文伯、高玉樹、夏濤聲、郭雨新、楊毓滋、王地、李源棧、葉時修、謝漢儒、石錫勳、蘇東啟、雷震、許世賢、黃玉嬌、楊基振、何春木等。[42]李萬居的聲明要點有二：一是已成立「選舉改進座談會」，二是要籌組新的政黨。此後，組黨運動正式進入實踐階段。「中國民主黨」的籌組，即以「選

39　〈雷震日記〉（1960年6月11日），傅正主編，《雷震全集》（40），同註25，頁327。

40　高玉樹，〈敬念雷震先生〉，收入高玉樹，《高玉樹論著選集》（下）（臺北：東方出版社，1991年），頁351。

41　〈選舉改進座談會的聲明〉，《自由中國》22卷12期（民國49年6月16日），頁18。

42　謝漢儒，《早期臺灣民主運動與雷震紀事——為歷史留見證》，同註23，頁243-247。

改會」為主體展開，到「雷案」爆發後才正式成立「中國民主黨籌備委員會」，來取代「選改會」。[43]

6月19日，「選改會」在「自由中國社」召開第3次主席團會議，會中確定委員46人，張豐緒由郭雨新去徵求同意，召集人即常委，決定15人，通過簡章。雷震表示此次會議名義上是座談會，實際上為新黨籌備會。[44]6月25日，「選改會」召開第1次委員會議，由李萬居主持，首先報告自5月18日舉行選舉檢討會以來的情勢演進。繼由高玉樹主席，報告上次檢討會推定之主席團工作，及其他各項決議案執行情形。[45]會議並推舉雷震、李萬居、高玉樹、夏濤聲、吳三連、郭雨新、齊世英、楊毓滋、石錫勳、王地、楊金虎、許世賢、黃玉嬌、郭國基、李源棧、謝漢儒等16人（一說17人）為召集委員，也是組黨的核心人物。而雷震、李萬居、高玉樹3人兼發言人，負責統一對外發言工作，並決定該會工作人員及今後會務推展事宜。[46]6月26日，「選改會」接著在「自由中國社」召開第1次召集人會議，決定各委員會召集人、發言人的人選，以及與民、青兩黨協商之人選。[47]籌組反對黨的領導階層，至此已大致確定。會後李萬居、高玉樹、雷震等宣布：該會即日起將正式積極展開組織新黨工作；預料在最短期間內新黨當可正式成立。有關新黨的名稱、政綱、政策以及組黨聲明等，屆時同時發表。[48]

[43] 蘇瑞鏘，《戰後臺灣組黨運動的濫觴——「中國民主黨」組黨運動》，同註6，頁91。

[44] 〈雷震日記〉(1960年6月19日)，傅正主編，《雷震全集》(40)，同註25，頁332。

[45] 〈李萬居先生在選舉改進會委員會議第一次會議中致開會辭全文〉，《自由中國》23卷1期（民國49年7月1日），頁16。

[46] 《公論報》（民國49年6月27日）第2版。

[47] 〈雷震日記〉(1960年6月26日)，傅正主編，《雷震全集》(40)，同註25，頁336。

[48] 謝漢儒，《早期臺灣民主運動與雷震紀事——為歷史留見證》，同註23，頁

　　總之，25、26 兩日「選改會」在臺北「自由中國社」的集會，由李萬居、高玉樹、雷震 3 人輪流擔任主席，討論組織新黨問題，他們打算組織一個強大的新的政黨，以促進中國政治之革新與進步。基本上，「選改會」已是籌組新黨的核心，主要人物有李萬居、吳三連、朱文伯、高玉樹、夏濤聲、郭雨新、楊毓滋、王地、李源棧、葉時修、林清景、謝漢儒、石錫勳、蘇東啟、雷震、許竹模、葉炳煌、林維洲、鄭宋柳、李福春、李賜卿、宋霖康、許世賢、李連麗卿、黃玉嬌、楊基振、何春木、楊秋澤等。[49]

　　是年 7 月 19 日起，「選改會」分別於臺中、嘉義、彰化、中壢、高雄等地舉辦座談會，企圖深入各基層，希望為日後新政黨的成立奠定紮實的地方基礎。[50]8 月 28 日，「選改會」召開召集人會議，出席者有雷震、李萬居、楊金虎、高玉樹、郭雨新、齊世英、夏濤聲、楊毓滋、李賜卿、謝漢儒、傅正等。會中討論新政黨的政綱、政策及黨章事項，並公開一個名為「中國民主黨」的新黨即將成立，而整個「中國民主黨」的籌組活動，即以「選改會」之名展開的。[51]會中，楊金虎願意將北投房屋捐助為新黨辦公之用，高玉樹謂新黨成立，捐錢不是問題，李萬居則說警備總部向其施壓，聲明不能發表，唯遭李拒絕。[52]

　　209-230。

[49] 同上註，頁 253。

[50] 張健生（報導），〈選改會中部會議追記〉，《公論報》（民國 49 年 7 月 22 日）第 2 版。

[51] 關於該黨之名稱，據雷震指出，原本大家主張用「中國自由黨」，然胡適說：「那個倒了霉的名字不必再用，我們今日組黨是為改善選舉，是爭民主，就叫『中國民主黨』好了」。傅正主編，《雷震全集》（12）——雷震回憶錄——雷案回憶（2）（臺北：桂冠版，1989 年 3 月初版），頁 349。

[52] 〈雷震日記〉（1960 年 8 月 28 日），傅正主編，《雷震全集》（40），同註 25，頁 389。

四、結論——「雷案」爆發及其餘波

　　而於此同時，國民黨當局與情治單位亦密切注意新黨動態，並詳細蒐集相關資料，待機反擊。9 月 1 日，新黨針對國民黨的干擾提出控訴，聲稱：「由於組織新黨的運動已經是海內外民主反共人士一致的願望，而在國內是由下起來的潮流。我們現在對於新黨的政綱、政策、黨名及黨章等都已有了初步的定案，預定在九月底以前即可宣告成立，我們敢斷定這不是任何干擾所能阻止的。」[53]

　　組黨的態勢與決心似乎如《自由中國》與之呼應的社論〈大江東流擋不住！〉的堅決，但這批本土菁英與天真的自由主義份子，似乎低估了國民黨蠻幹硬幹的能力。[54]9 月 4 日，警備總部即以涉嫌叛亂罪名，逮捕了雷震、傅正、馬之驌、劉子英等 4 人，史稱「雷案」。[55]其後，雖然胡適、蔣勻田、張君勱、李璜、左舜生等海內外民主人士積極展開營救雷震工作，但絲毫改變不了國民黨拘捕雷震的決心。[56]

　　「中國民主黨」宣言及政綱、政策之撰擬，多由雷震執筆。該宣言約 6 千字；屬於政綱部分，包括下列各大原則：(1) 尊重憲法，實施憲政。(2) 從事和平奮鬥，反對流血革命，俾依照民主政治國家常軌，達成合法轉移政權目的。(3) 維護基本人權，反對共產黨一切絕滅人性的作為。(4) 積極反攻大陸，以拯救陷於水火中之大陸匪區同胞。(5) 中華民國應求統一，堅決反對所謂「兩個中國」。

---

[53]　雷震、李萬居、高玉樹（發言人），〈選舉改進座談會緊急聲明〉，《自由中國》
　　23 卷 5 期（民國 49 年 9 月 1 日），頁 144。

[54]　社論，〈大江東流擋不住！〉，《自由中國》23 卷 5 期（民國 49 年 9 月 1 日），
　　頁 132-134。

[55]　《中央日報》（民國 49 年 9 月 5 日）第 1 版。

[56]　蘇瑞鏘，《戰後臺灣組黨運動的濫觴——「中國民主黨」組黨運動》，同註 6，
　　頁 197-206。

　　屬於當前政治主張部分，主張政府應實踐過去諾言，召開反共救國會議，團結反共力量，以解決當前國是。關於中國民主黨的基本態度，高玉樹說採取下面幾項原則：（1）絕對反共，（2）全國性，以溝通本省人與外省人，（3）反對分化中華民國之陰謀，（4）主張自由企業，（5）司法、軍隊脫離黨派，（6）公平選舉，各黨共同辦好選舉。

　　至於中國民主黨的最終目標，雷震以為是：（1）主張以和平合法的手段，促進民主政治的進步，反對流血，更反對革命。（2）新黨是全國性的，不是地方性的，係聯合本省人與外省人共同追求民主的實現。（3）新黨的主要目標是促進臺灣地方選舉之改革。（4）新黨的最終目標是反攻大陸，重建民主憲政。[57]

　　「雷案」爆發後，9 月 11 日，「選改會」發言人李萬居及高玉樹旋即表示，組黨工作不會因雷震被捕而受到影響，同時強調新黨工作絕不因此而退縮，且馬上聲明成立「中國民主黨籌備委員會」（12 日成立，以下簡稱「籌委會」）。13 日，「籌委會」要求當局應立即釋放雷震，並撤銷原有的「選改會」，推雷震、李萬居、高玉樹為發言人。在雷震尚未恢復自由前，暫由李萬居、高玉樹負責。[58]10 月 17 日，「籌委會」李萬居、高玉樹等發表聲明，指出「雷震是一個政治事件，其作用不外（1）表示國民黨政府在此時此地以堅決的決心要加強政治上的控制；（2）打擊新黨的組織；（3）打擊『自由中國』雜誌；（4）威嚇大陸人今後不敢與本省人合作搞政治運動。……為雷案，我們中華民國在國際上的信譽，已蒙受甚大損害，

[57] 文德，〈雷震‧胡適‧中國民主黨——記近代民主運動的一段歷史並悼念雷震先生〉，傅正主編，《雷震全集》（1）——雷震與我（一），同註29，頁17-18。
[58] 〈中國民主黨籌備委員會聲明〉，《民主潮》10 卷 18 期（民國 49 年 9 月 16 日），頁 5。

而所得到的，恐怕最多亦不過把『自由中國』雜誌關門」。新黨運動絕不會因此停止，該會且決定，不久將宣布中國民主黨成立。[59]

其後，雖然「籌委會」仍信誓旦旦「中國民主黨」必將成立，但在國民黨一片恐怖肅殺的氣氛下，以及主客觀條件的不夠成熟，兼以考驗「籌委會」試金石的民國 50 年 1 月，舉行的臺灣省第 5 屆縣市議員的地方選舉，選的並不如預期。雖說該「籌委會」推派了高玉樹、李萬居、郭雨新、許世賢、王地、許竹模、李秋遠、楊金虎、李連麗卿、黃玉嬌、郭國基等 11 人組織助選團。且此次選舉全省也有近 20% 的新黨人士當選，但離取得 1/3 的目標尚遠。故嚴格而言，其結果選的並不理想，中國民主黨因未達到預期目標，使得此次選舉成為新黨人士的「最後一役」。[60]

1 月 22 日，中國民主黨「籌委會」在臺北舉行第 5 屆縣市議員選舉檢討座談會，但此後即無再進行任何政治活動，新黨運動自此歸於沉寂。[61]同年 8 月，高玉樹在接受採訪時表示「組黨不組黨已不是重要的事了」，此亦為中國民主黨的組黨運動劃下休止符。因此，使得尚未正式面世的「中國民主黨」不得不胎死腹中，留下臺灣民主運動史上相當遺憾的一章。[62]

「中國民主黨」的組黨是結合大陸籍菁英，包括國民黨、青年黨、民社黨人士，以及臺灣籍政治菁英，包括地方領袖和民意代表，此組合是有其全面性及合法性的。如果當年「中國民主黨」能夠順利組成，將會拉近不同省籍人士在政治觀點上的差異，營造族群融

---

[59] 《公論報》（民國 49 年 10 月 18 日）第 2 版。

[60] 蘇瑞鏘，《戰後臺灣組黨運動的濫觴——「中國民主黨」組黨運動》，同註 6，頁 216-217。

[61] 《公論報》（民國 50 年 1 月 23 日）第 2 版。

[62] 蘇瑞鏘，《戰後臺灣組黨運動的濫觴——「中國民主黨」組黨運動》，同註 6，頁 217-222。

洽氣氛，為建立自由民主憲政而努力。[63]惜國府當局為鞏固權力，未能審時度勢，眼光如豆，不願見到臺灣有一結合臺灣民意的反對黨出現，乃以「知匪不報」之莫須有罪名逮捕雷震，強行阻斷反對黨之成立。[64]此舉確實在短時間收到震懾作用，延至七〇年代才再有反對人士出現組黨聲浪，但從長遠眼光視之，其實不僅證實國民黨統治的不合法性，也埋下最終下臺之伏筆。

　　雷震及其《自由中國》案子，誠如歷史學者薛化元指出「雷案和自由中國昭示了一個自中國大陸來臺自由派知識份子宣揚民主自由理念，而至進一步尋求努力實踐其理想的例子。雖然這個例子最後以悲劇收場，但是其所播下的思想種籽則影響了從 1970 年代開始，逐漸再抬頭的政治運動」，洵屬公論。[65]

[63] 鄭牧心，《臺灣議會政治 40 年》（臺北：自立版，民國 76 年 10 月 1 版），頁 184。

[64] 傅正主編，《雷震全集》（4）——雷震風波——雷案始末（2）（臺北：桂冠版，1989 年 5 月初版），頁 441-445。

[65] 薛化元，《「自由中國」與民主憲政——1950 年代臺灣思想史的一個考察》，同註 1，頁 391。

附錄

五〇年代香港第三勢力運動史料之介紹與略評

一、中國第三勢力運動發展史略

　　近年來，國內選舉益趨白熱化，朝野的國、民兩黨捉對廝殺，鬥爭的非常激烈。在兩大黨夾擊下，雖屢聞有第三黨欲扮演「第三勢力」的角色，想成為關鍵第三股力量，然觀乎目前國內政治生態，「第三勢力」想殺出一條血路恐怕不易。當今國人對「第三勢力」一詞並不陌生，此為受傳媒影響所致，但對「第三勢力」之認知，可能僅限於國、民兩大黨外的其他較具實力之黨派，如親民黨、臺聯等等，對於過去「第三勢力」之瞭解，恐怕知之甚少，甚且毫無所悉了。其實，過去「第三勢力」運動，不論在中國或其後在香港，都搞的有聲有色，雖不敢言舉足輕重，但最起碼是有若干影響力的，因此，國、共兩黨多少都要拉攏之，賣點面子給他們。

　　在中國，「第三勢力」一詞，也有稱之為「中間勢力」者。[1]基本上，中國的第三勢力運動，可分為兩個階段，前一階段為大陸時期的在野黨派與「民盟」第三方面之政治勢力；後一階段則為五〇年代以香港為大本營的第三勢力運動。前一階段的第三勢力運動，

---

[1]　張君勱即使用此詞，見 Carsun Chang,《The Third Force in China》（New York: Bookman,1952 年）。晚近大陸諸多學者亦用此詞。基本上，「中間勢力」在民國史上，不是個很受人注意的課題。一般研究中國現代史的學者，每多從兩大政黨的角度出發，致力於國民黨與共產黨的鬥爭。這種兩極分化的研究框架，嚴重忽略了夾在兩黨中間的政治力量，此股力量常來自知識份子群，其實他們在中國現代政治史上，仍有其一定之影響力。見張玉法,《近代中國民主政治發展史》（臺北：東大版，1999 年）一書。

時間可追溯至上世紀二○年代初期，彼時國民黨北伐統一中國，開始實施「黨外無黨」的一黨專政，為反對國民黨的一黨專政，一些主張民主自由的有志之士，乃紛紛成立政黨與之抗衡。[2]首先為民國12年曾琦、李璜、何魯之等人在法國巴黎成立的中國青年黨，繼有民國19年鄧演達的第三黨，和23年張君勱的國家社會黨；其後又有所謂的三派：梁漱溟的鄉村建設派、黃炎培的職業教育社與沈鈞儒的救國會，此即大陸學者所說的「民主黨派」。[3]

　　上述諸政黨均標榜為國、共之外的第三股政治勢力，這些中間黨派都有其政治主張與理想，然實力薄弱，尚不足以對國民黨構成威脅。所以雖然言為第三勢力，其實僅略具雛型而已。且當時處在國民黨專政的訓政時期，還常備受國民黨打壓，存在相當不易。民國26年，抗日戰爭的爆發，才為這些中間黨派的生存發展提供了機會，原因是國民黨為營造朝野團結一致，共赴國難的氛圍，主動釋出善意，開始改變對在野黨派的態度。從是年7月「廬山談話會」的召開，誠懇邀請在野領袖共商國是，到其後9月的「國防參議會」之成立，網羅在野人士參加即可見一斑。[4]

　　青年黨領袖曾琦即言：「現政府組織最高國防會議國防參議會，就廬山會議人士中，選聘約二十分之一，意在集中各黨各派人物，共謀應付國難。弟與李幼椿兄均在被聘之列。」[5]此「意在集中各黨各派人物」即為國民黨改善與各黨各派關係之先聲，而亦為渠等中

---

[2] 參閱馮兆基，〈中國一九四○年代的中間勢力〉未刊稿。

[3] 參閱姜平，《中國民主黨派史》（武漢：武漢大學出版社出版，1987年8月1版）一書。

[4] 抗日戰爭開始後，於國防最高會議設國防參議會，選聘各在野黨領袖以及若干有獨立政治主張的人士共24人為成員。見張玉法，《中華民國史稿》（臺北：聯經版，1998年6月初版），頁326。

[5] 曾琦，〈致劉湘書〉，陳正茂等編，《曾琦先生文集》（中）（臺北：中央研究院近代史研究所出版，民國82年11月初版），頁722。

間黨派尋得一有利發展契機，即支持國府抗戰，進而取得合法存在的條件。

民國 27 年，青年黨領袖左舜生與國社黨領導人張君勱和國民黨總裁蔣介石交換信函，在此情況下，兩黨才正式取得合法承認地位。[6]各小黨派雖與國民黨關係大有改進，然追求民主政治仍是其努力奮鬥的目標。因此，即便國家處於抗戰的艱困時刻，它們仍希望在抗戰中推進民主憲政，這使得中間黨派與共產黨的政治主張逐漸契合，從而營造雙方相互援引合作之機。[7]尤其大家在爭民主、自由、憲政理念一致下，在四○年代初期，國民黨專制獨裁又逐漸趨強之際，終於使得這些原本各自為政，甚至政治立場相去甚遠的小黨派，捐棄成見，共組「中國民主政團同盟」，即日後之「民主同盟」。[8]

「民盟」成員來自於「三黨三派」，內部有左右派之分，有親共如救國會者，也有堅決擁護國府，政治立場極右之青年黨者。其雖較缺乏群眾基礎，但因網羅一批學者名流，擁有清望和高知名度，故實力仍不容小覷。[9]戰後國、共劍拔弩張的時代，「民盟」即以「第三方面」調和者身分，穿梭於國、共兩黨高層間，最終雖調解失敗，但卻引起國際間對中國這股標榜自由民主為理想之政治團體的注意，其中尤以美國為最。[10]當時負責調停國、共衝突的美國特使馬歇爾（George C. Marshall），即曾有寄望中國前途於這批自由主義知

---

[6] 陳正茂編著，《左舜生年譜》（臺北：國史館印行，民國 87 年 12 月初版），頁 129-130。

[7] 周淑真，《中國青年黨在大陸和臺灣》（北京：中國人民大學出版社出版，1993 年 11 月 1 版），頁 162-175。

[8] 梁漱溟，〈中國民主同盟發起成立之經過略記〉，見《憶往談舊錄》（北京：中國文史出版社，1987 年 12 月 1 版），頁 161-165

[9] 張軍民，《中國民主黨派史》（北京：華夏出版社，1989 年版），頁 328-340。

[10] 蔣勻田，《中國近代史轉捩點》（香港：友聯出版社出版，1976 年 11 月初版）一書，對「第三方面」調停國、共經過有非常詳實的記載。

識份子之論，馬帥此語隱然已為五〇年代，美國以香港為大本營，積極扶持中國第三勢力運動留下伏筆。[11]

　　四〇年代在中國的第三勢力運動，終因「民盟」分裂及親共，遭國府取締宣布為非法政治團體而瓦解。[12]然民國 38 年，在國、共內戰劇變，大陸淪陷，國府遷臺的風雨飄搖之際，又使得第三勢力有了生存發展的希望，此即五〇年代香港的第三勢力運動。[13]當時這股力量，在美國和桂系李宗仁的支持下，雲集香江一隅，首揭反國、共兩黨大旗，標榜反共、反蔣，堅持民主自由的第三勢力主張，在香港曾盛極一時，喧騰不已。[14]基本上，五〇年代的第三勢力運動，是美蘇冷戰結構下的一環，它背後有美國援助、反蔣勢力副總統李宗仁等之奧援，故有其錯綜複雜的國內外背景因素存在。當時第三勢力之要角有張發奎、顧孟餘、左舜生、李璜、張君勱、張國燾、許崇智、伍憲子、李微塵、童冠賢、邱昌渭、謝澄平、羅夢冊、董時進、許冠三、王厚生、司馬璐、孫寶剛、孫寶毅等。[15]這些人分屬民、青兩黨，部分為國民黨及桂系政治人物。它們在美國金錢

---

[11] 馬歇爾對中國前途寄望自由民主人士，期望甚殷。民國 35 年 12 月 21 日，馬歇爾即言：「解決中國的問題，只有把所有少數黨結合成一個愛國、有組織的自由黨，致力於和平，民主的政府與人民的權力。他遺憾目前少數黨派的自私的領導，造成組成一個真正自由黨的障礙」。12 月 23 日，馬歇爾又說：「中國的希望在於需要組織前進分子為一愛國黨，摧毀反動分子對政府的控制和政府中封建主義的心理」。在馬歇爾使華期間，這類言論甚多。王成勉編著，《馬歇爾使華調處日誌（1945 年 11 月~1947 年 1 月）》（臺北：國史館印行，民國 81 年 5 月出版），頁 179-187。

[12] 中國民主同盟中央文史資料委員會編，《中國民主同盟歷史文獻》（北京：文史資料出版社出版，1983 年 4 月 1 版），頁 355-360。

[13] 陳正茂，〈簡述五〇年代香港「第三勢力」運動〉，《傳記文學》第 71 卷第 5 期（民國 86 年 11 月），頁 65-66。

[14] 陳正茂，〈宣揚第三勢力的自由陣線〉，《全民半月刊》第 12 卷第 10 期（民國 80 年 11 月 25 日），頁 4。

[15] 周淑真，《1949 飄搖港島》（北京：時事出版社，1996 年 1 月 1 版），頁 288-309。

支助下，先後成立了「自由民主大同盟」、「自由民主戰鬥同盟」等組織，並透過報章雜誌宣傳其理念。

其後因「韓戰」爆發，國際局勢丕變，使國府當局所在的臺灣，成為美國在西太平洋圍堵共產主義不可或缺的一環。由於臺灣是美國在東亞的重要戰略要地，使得美國不得不改善與臺灣國府的關係，蔣介石政權重獲美國支持，而先前美國暗中支持的第三勢力運動，也因美蔣關係之轉好而趨黯淡，最終風流雲散矣！

二、第三勢力運動研究概況

基本上，過去在大陸時期的第三勢力運動之學術研究，兩岸三地研究者已多，但是五〇年代香港的第三勢力運動，目前學界研究仍少，甚至知之者亦鮮。坦白說，其實五〇年代香港的第三勢力運動，仍有諸多可供研究之處，尤其可藉此運動之失敗，來深刻探討何以在中國特殊政治文化格局下，第三勢力政治運動，幾乎沒有發展空間之因素何在？此對當今海峽兩岸之政治生態，當可供深思反省之處。筆者過去數年對此議題一直抱有高度興趣，也認真蒐集不少相關資料，欲撰寫《中國第三勢力運動史》一書，後因鑽研其他議題，此一心願將待他日完成。然有鑒於第三勢力運動之研究，有其重要之歷史意義，故筆者想先行介紹，略敘有關這方面的史料，或許有裨於學界或同道之研究。

基本上，過去以「第三勢力」為名撰寫之著作，最早為張君勱先生的《The Third Force in China》（第三勢力在中國）一書。但本書重點是張君勱以民社黨黨魁身份，在戰後國、共內戰期間，以「第三方面」角色奔走斡旋於國、共間的政治觀察。另外，書中亦述及民國以來，孫中山與極權主義浪潮、中共成立及其政策、蔣介石的

崛起與失敗、抗日時期國、共統一戰線之陰影；以及馬歇爾使華與
「政治協商會議」、第三方面人士調停國、共衝突經緯、民社黨參與
制憲和共產黨分道揚鑣、塵埃落定國民黨失去中國及冷戰時期如何
對付共產中國等。[16]

全書雖以「第三勢力」命名，但不啻是張君勱個人的政治回憶
錄，殊非吾人所謂的五〇年代「第三勢力」運動。五〇年代初的第
三勢力運動，張氏其實參與其中，且扮演重要角色，此書出版於民
國 41 年，正是第三勢力如火如荼進行之際，張氏大可以把這段歷史
放進去，之所以未曾言及，是有所顧忌？或另有考量就不得而知了。
總之，張氏之書既然以《第三勢力在中國》為名，卻缺少五〇年代
的第三勢力運動，這是美中不足，也是相當可惜的地方。

真正敘述五〇年代香港第三勢力運動之始末經緯的文章，為化
名焦大耶的〈第三百六十一行買賣〉一長文，取名如此，頗有諷刺
從事第三勢力運動這一行，根本是「買空賣空」之空行的意味。該
文於民國 42 年 10 月 3 日，開始在《新聞天地週刊》連載，共連載
12 回，於是年 12 月 19 日刊載完畢。《新聞天地週刊》最後以《第
三勢力全本演義》之名，發行單行本問世。此書優點為作者可能是
當年參與第三勢力運動人士，故對整個五〇年代香港第三勢力內幕
訊息知之甚詳，可說提供了相當完整的原始資料。但最大缺點是為
賢者諱，文章人物多用假名、化名、甚至英文代號，如此一來，欲
了解從事者真正為何人，稽查十分困難，且行文以演義方式為之，
嬉笑怒罵亦欠嚴謹。又當年參與第三勢力運動，有不少青年黨人士，
據筆者所知，他們在臺灣的青年黨刊物如《醒獅月刊》、《全民半月
刊》等，也撰有不少回憶第三勢力之文章，值得研究者注意。

---

[16] Carsun Chang,《The Third Force in China》（New York: Bookman, 1952 年）。
此書有中譯本，由中華民國張君勱學會編譯，《中國第三勢力》（臺北：稻鄉
出版社發行，2005 年 4 月初版）。

　　另大陸學者楊天石於 1992 年以英文發表〈The Third Force in Hong Kong and North America During the 1950s〉一文，此論文刊載於 Roger B.Jeans 主編的《Roads not Taken：The Struggle of Opposition Parties in Twentieth──Century China》論文集中。本書是 1990 年 9 月，美國維吉尼亞州 Washington and Lee University 舉辦有關 20 世紀中國在野黨研討會之論文集，是西方（美國）探討民國時期少數黨派之首本著作，全書收錄論文 15 篇，極具份量。楊天石於 1998 年將論文改以〈五○年代在香港和北美的第三種力量──讀張發奎檔案札記之一〉刊出中文版，內容與之前英文發表的論文，幾乎完全相同。楊文是利用哥倫比亞大學所藏張發奎口述歷史與文件信函為素材，簡介 1952 年 10 月在香港所成立的「中國自由民主戰鬥同盟」此一組織的形式、文宣與核心份子，並分析其失敗原因。該論文僅以張發奎檔案為主，資料上有其侷限性，對當時之第三勢力運動缺乏全盤之觀照。

　　至於筆者過去撰寫的〈第三勢力在兩岸交流之角色分析〉（《第 2 屆海峽兩岸關係研討會》，1992 年 7 月 8-11 日）、〈簡述五○年代香港「第三勢力」運動〉（《傳記文學》第 71 卷第 5 期，民國 86 年 11 月）、〈宣揚第三勢力的自由陣線〉（《全民半月刊》第 12 卷第 10 期，民國 80 年 11 月）、〈「第三勢力運動」史料述評──以《自由陣線》週刊為例〉（中華民國史專題論文第 4 屆討論會，民國 87 年 12 月）等 4 篇有關第三勢力之文章，亦有可供參考之處。

　　然嚴格而言，〈第三勢力在兩岸交流之角色分析〉僅著重探討第三勢力失敗的原因；而〈簡述五○年代香港「第三勢力」運動〉則略敘五○年代香港第三勢力運動之經緯始末。真正以第三勢力史料，有系統地來闡述分析此運動之理論、內涵的為〈「第三勢力運動」史料述評──以《自由陣線》週刊為例〉一文。然不諱言，筆者那

篇文章仍是非常不足的，裡頭只是對第三勢力的政治主張，作些概括性的敘述，缺乏深入的分析，尤其更缺少全面性的觀照。所以坦白說，兩岸三地學術界，仍乏對第三勢力運動作深入探討之研究者。

三、第三勢力運動重要文獻述評

在第三勢力運動活躍於香港的 10 餘年間，辦雜誌是其最主要，且稍有成效的工作。它們曾辦過《自由陣線》、《獨立論壇》、《祖國》、《大道》、《中國之聲》、《中聲日報》、《中聲晚報》、《主流月刊》、《再生》、《民主與自由》、《今日半月刊》、《聯合評論》等 10 餘種刊物。[17] 揭櫫反共、反蔣旗幟，主張反國、共兩黨，要走自由民主之路的第三勢力之政治主張。在上述諸多刊物中，又以首尾創辦的兩份刊物最具代表性，此即由謝澄平主導的《自由陣線》週刊，和左舜生發行的《聯合評論》週刊。

《自由陣線》週刊，創刊於民國 38 年 12 月 3 日，正逢國府風雨飄搖播遷來臺之際，結束於民國 48 年 6 月，又恰值臺灣政壇擾攘，欲違憲拱蔣介石連任第 3 任總統紛亂之時，其起始與結束，正與其反共、反蔣理念相始終，故有其見證時代的歷史意義在。該刊總計發行了 40 卷 6 期，時間將屆滿 10 年，負責人先是左舜生，後為謝澄平；胡越（司馬長風）、許冠三、陳濯生等則擔任編輯。該刊始為週刊，中間一度改為半月刊，後又恢復週刊形式，為所有第三勢力刊物中，辦的最久、高舉第三勢力旗幟最鮮明之刊物，在所有第三勢力刊物中，可說是一枝獨秀且絕無僅有的。

---

[17] 陳正茂，〈「第三勢力運動」史料述評──以《自由陣線》週刊為例〉（中華民國史專題論文集第四屆討論會，民國 87 年 12 月），頁 1930。

刊物取名為《自由陣線》，由其封面的「沒有自由絕無生路；聯合起來才有力量」的標語可知，它是含有深沉的時代意義。一般人常批評第三勢力最弱的一環為缺乏理論體系之建立，其實在該刊上，針對第三勢力之定義、源起、組織、領導、目標與任務，都有非常明確的闡述。是故，其為第三勢力運動初期，最具重要性的代表刊物，為探討第三勢力運動必備的原始資料。

《聯合評論》週刊則創刊於民國 47 年 8 月 15 日，至民國 53 年 10 月 23 日停刊，共發行 6 年餘，合計 316 號。該刊督印人為黃宇人，黃為反蔣大將；總編輯為青年黨的左仲平（即左舜生），左與蔣淵源甚深，曾經是改善國、青兩黨的關鍵人物。該刊立論宗旨：強調遵守憲法與民主至上，但分析其發行 6 年餘之言論內容，不外乎反共和批蔣兩大基調，故為第三勢力運動後期之主要代表刊物。欲論述五○年代香港第三勢力之政治主張，《聯合評論》可說是最重要之基本素材。據黃宇人回憶，《聯合評論》紐約航空版發行後，迅即成了美國華僑社會的輿論中心，臺灣雖不准進口，不少人仍想盡辦法以求一睹為快；中共亦列為幹部的參考材料，承認該刊具有代表性，美國駐港總領事館也常翻譯該刊社論以供國務院參考，由此可見《聯合評論》影響力於一斑。[18]

大陸學者黃嘉樹即言：「民社黨的黨魁張君勱和青年黨的黨魁左舜生、李璜都未隨蔣介石逃往臺灣，他們在香港，美國等地搞所謂『新第三勢力活動』，即一方面反共，另一方面也批蔣。左舜生在香港創辦的《聯合評論》，是這些人設在臺灣島外的總論壇。」[19]評論甚是。尤其《聯合評論》在批判蔣欲違憲連任第 3 任總統及「自由

---

[18] 黃宇人，《我的小故事》（香港：吳興記書報社，1982 年），頁 42。
[19] 黃嘉樹，《第三隻眼看臺灣》（臺北：大秦出版社，民國 85 年 6 月再版），頁 267。

中國事件」和「雷案」等重大議題上，更是嚴辭譴責抨擊，其言論之犀利、砲火之猛烈，在當時海內外刊物上，可謂一時無雙。[20]

基本上，這兩份刊物之所以重要，有 3 點特色值得一談：（1）此 2 刊物不僅是所有第三勢力刊物中，發行時間較長、影響力最大的兩份刊物，且在發行的時間點上，似乎有接棒傳承的歷史意義在，所以有其代表性。（2）該 2 刊物幾乎網羅所有健筆能文之士，將第三勢力之理論、內容、主張、政策，透過此 2 刊物園地，作淋漓盡致的發揮。故欲研究第三勢力運動者，此 2 刊物為絕對必備參考資料。（3）第三勢力運動之內涵，其實可分為兩個階段：38-47 年為主張「自由中國運動」，謝澄平的《自由陣線》即為此主張之重要喉舌。[21]48-53 年則以「反共、護憲、批蔣」為主軸，左舜生之《聯合評論》可謂為此主軸之急先鋒。

所以，真正代表第三勢力運動，夠稱得上份量的刊物，僅有《自由陣線》與《聯合評論》此 2 刊物。尤其在闡明第三勢力理論與批蔣這部分，這兩份刊物都是當時海外最具代表性的刊物。惜此 2 刊物，因批蔣甚烈，故常遭臺灣當局查扣，或禁其入臺，因此在臺灣欲覓此刊物並不容易，此亦國人及國內學術界對五○年代香港第三勢力運動瞭解不多之主因。

當然除上述這兩份最重要之原始刊物外，有關闡述第三勢力運動理論，尚有黃宇人、程思遠、甘家馨、涂公遂等主編之《獨立論壇》；王厚生主編的《再生》；雷震的《自由中國》；顧孟餘、張發奎、伍憲子、張國燾等創辦之《中國之聲》週刊；張發奎、許崇智、李

---

[20] 陳正茂，〈堅持民主憲政——青年黨與雷震〉，《傳記文學》第 90 卷第 5 期（民國 96 年 5 月），頁 4-23。

[21] 謝澄平，〈為中華民族獨立自由民主而加強奮鬥〉，《自由陣線》第 25 卷第 5、6 期合刊（民國 44 年 12 月 5 日），頁 22。胡雪情，〈論民主中國運動〉，《自由陣線》第 4 卷第 1 期（民國 40 年 1 月 1 日），頁 4。

微塵、顧孟餘之《大道》雜誌；及《中聲日報》、《中聲晚報》、《民主與自由》、《主流》月刊、《前途》等報章雜誌。另外，包括成舍我、王雲五等為發起人，立場稍偏國府，但立論尚稱公正的《自由人》三日刊、《自由報》；卜少夫的《新聞天地週刊》；張丕介、徐復觀之《民主評論》和《祖國週刊》、《時與文》及臺北青年黨陳啟天所辦的《新中國評論》、余家菊之《醒獅月刊》等，都曾報導過第三勢力運動訊息，為研究第三勢力運動不可或缺的基本資料。[22]

　　至於在專書方面：則有民社黨人孫寶毅的《第三勢力必興論》、王厚生的《中國之路》（一名《第三勢力與中國前途》）、司馬璐的《平民政治》、于平凡（許冠三）之《中國自由民主運動史話》、李微塵的《中國局勢的必然發展》、易重光編的《黨天下與國家》等，上述諸書均由香港自由出版社及友聯出版。此外，傅正主編的《雷震全集》中之《雷震日記》，對五○年代香港第三勢力運動著墨頗多，有其重要參考價值。而司法行政部調查統計局第 6 組編的《中國黨派資料輯要》一書，更是國民黨調查局當年專門調查在野黨派動靜的重要內部參考資料，其（中冊）部分，即為調查當時海外香港第三勢力組織動向的第一手資料，彌足珍貴。而匪偽人事資料調查研究會編的《附匪黨派組織及重要附匪份子人事資料彙編》一書，與《港九政治活動的透視》（香港：自強出版社），亦為我們提供頗為可觀有關第三勢力的情報。

　　在回憶錄部分，不少為當年參與者之事後追述，如李宗仁口述，唐德剛撰寫，《李宗仁回憶錄》（臺北：曉園出版社出版，1989 年）、李璜，《學鈍室回憶錄》（香港：明報月刊社出版，1982 年版）、程思遠、《我的回憶》（北京：華藝出版社，1994 年版）及其《政海秘

---

[22] 當年美國駐臺領事報告，也有若干第三勢力運動訊息，現由黃文範先生譯畢，準備以《福爾摩莎紀事》書名，由國史館出版。

辛》（臺北：桂冠版，1995年）、黃宇人，《我的小故事》（香港：吳
興記書報社，1982年）、雷嘯岑，《憂患餘生之自述》（臺北：傳記
文學出版社，1982年）、馬五（雷嘯岑），《政治人物面面觀》（香港：
風屋書店，1986年）、鄭大華，《張君勱傳》（北京：中華書局，1997
年）等。

而在個人著述方面，胡頌平編，《胡適之先生年譜長編初稿》（臺
北：聯經版，1984年）、胡適，《胡適的日記》、吳國楨，《從上海市
長到臺灣省主席（1946~1953）——吳國楨口述回憶》（上海：上海
人民出版社，1999年）、顧維鈞，《顧維鈞回憶錄》（北京：中華書
局，1988~1993年）、梁敬錞，《馬歇爾使華報告書箋註》（臺北：中
央研究院近代史研究所，1994年）、林博文，《歷史的暗流——近代
中美關係秘辛》（臺北：元尊文化，1999年）、關玲玲，《許崇智與
民國政局》（臺北：大安出版社，1991年）、汪祖華，《中國現代政
黨結社搜秘》（臺北：大眾時代出版社印行，民國84年）、楊天石，
《海外訪史錄》（北京：社會科學文獻出版社，1998年）、《抗戰與
戰後中國》（北京：中國人民大學出版社，2007年）、《尋求歷史的
謎底》（北京：首都師範大學出版社，1993年）、黃嘉樹，《第三隻
眼看臺灣》（臺北：大秦出版社，民國85年）、謝泳，《逝去的年代
——中國自由知識分子的命運》（香港：天地圖書公司，1999年）、
周淑真，《1949飄搖港島》（北京：時事出版社，1996年）等。

期刊研究論文有周一志，〈我對許崇智了解的片斷〉《文史資料
選輯》13輯（北京：中國文史出版社，1986年）、汪仲弘註釋，〈臺
北舊書攤上發現的「總統府秘書長箋函稿」〉《傳記文學》第71卷第
4期（民國86年10月）、沈錡，〈我所參加過的蔣公與美國訪賓的
重要會議〉《傳記文學》第78卷第2期（民國90年2月）、郭士，〈「自
由出版社」滄桑史〉《醒獅月刊》第1卷第1期（民國52年1月）、

陳復中，〈「自由中國抵抗運動」的風流雲散〉《歷史月刊》第 181 期
（民國 92 年 2 月 5 日）、張葆恩，〈大時代的悲劇人物（上）：悼念
謝澄平老哥〉《全民半月刊》第 14 卷第 7 期（民國 81 年 10 月 15 日）、
薛化元，〈張君勱「自由中國」政府（1949-1969）──以「第三勢
力」論為中心的考察〉、及目前仍在《傳記文學》連載之阮毅成〈中
央工作日記〉等。

　　零星披露第三勢力資料的報紙，有當年港、臺的《工商日報》、
《香港時報》、《中央日報》（臺北版）、《公論報》（臺北版）、《臺灣
新生報》、《新生晚報》、《新中國日報》（檀香山）、《世界日報》（舊
金山）、《自然日報》（香港版）、《星島日報》、《晶報》（香港版）、《人
言報》（香港版）等，均有不少第三勢力消息之報導。

　　在外文資料方面，除日本菊池貴晴教授的《中國第三勢力史論》
（東京：汲古書院，1987 年）外，就屬美國外交檔案最重要，因為
五○年代香港第三勢力運動，背後主要支持者即為美國。這方面最
權威的資料為美國國務院所出版的 Department of State，〈Foreign
Relations of the United States，The Far East：China、East Asia and The
Pacific、Korea and China、China and Japan，1949~1954〉（Washington：
United States Government Printing Office，1978~1985）。Davis, Michael
C, ed,〈Confidential U.S.State Department Central Files. China,Peoples
Republic of China,1955~1959〉（Internal Affairs. Frederick, MD：
University Publications of America,1987）（microfilm）Davis, Michael C,
ed,〈Confidential U.S.State Department Central Files.Formosa,Republic
of China,1950~1954〉（Internal Affairs.Frederick,MD：University
Publications of America,1986.）（microfilm）。

四、結語──建議與期許

　　總的來說，第三勢力運動史料是十分零散且不易搜集的，而研究成果也非常有限。據筆者所知，有關五○年代香港的第三勢力運動，在目前兩岸三地較全面完整的研究，只有政治大學歷史研究所萬麗鵑博士作過研究，並以〈一九五○年代的中國第三勢力運動〉完成其博士論文。[23]其他僅有筆者撰寫的一些單篇論文而已。萬博士論文之優點，是以相當多篇幅，清楚介紹了第三勢力的組織、分合、國際背景、甚至上溯到四○年代的第三勢力運動，缺點是諸多基本史料闕如，如焦大耶的〈第三百六十一行買賣〉和筆者的〈「第三勢力運動」史料述評──以《自由陣線》週刊為例〉均無參考。

　　就因為對第三勢力議題研究者鮮，所以第三勢力史料才有其研究價值和重要性。一般人對第三勢力之看法，只是認為它的政治立場是反共兼反蔣，政治主張為民主與自由，其實這僅是表象，其始終訴求的「自由中國運動」、「民主中國運動」之底蘊為何？恐怕瞭解者甚少。基本上，第三勢力是個爭取自由與民主的運動，它代表著一個孕育中的自由傳統，不僅反對國、共兩黨的專制政治，更代表著中國自由主義知識份子的一種政治文化。此股勢力試圖在政治上保持獨立，思想上希冀提供中國政治另一條路向──即民主自由的政治選擇。

　　職是之故，筆者撰此拙文之目的，即希望拋磚引玉，能引起更多研究者之興趣，與提供覓尋資料之方便。尤其建議研究者可以由《自由陣線》週刊入手，探討第三勢力所謂的「自由民主運動」或「民主中國運動」之底蘊；或以《聯合評論》週刊為主軸，分析其

---

[23]　萬麗鵑，〈一九五○年代的中國第三勢力運動〉（臺北：國立政治大學歷史研究所博士論文，民國90年7月）。

立論主旨，對該刊反蔣言論之內容、「雷案」以及「違憲競選第 3 任總統」之面向，也可作進一步之探討。

　　總之，第三勢力運動之研究，目前仍是國內學術界最缺乏的地方，拙文只想先提供若干基本素材，供有興趣研究者之用，希望對國內學術界於此領域之開拓，有些許貢獻及裨益的地方。

主要參考書目

一、專書

1、 Claude Geoffroy 著、黃發典譯，《臺灣獨立運動》（臺北：前衛版，1997 年 5 月初版）。

2、 Carsun Chang,《The Third Force in China》（New York：Bookman, 1952 年）。

3、 George Keer 著、陳榮成譯，《被出賣的臺灣》（臺北：深耕版，1973 年 12 月）。

4、 《一九四九年：中國的關鍵年代學術討論會論文集》（臺北：國史館印行，民國 89 年 12 月初版）。

5、 山崎繁樹、野上矯介，《臺灣史》（臺北：武陵出版社，1998 年 2 月 2 版）。

6、 丘念臺述著，《嶺海微飆》（臺北：海峽學術出版社，2002 年 10 月初版）。

7、 王成勉編著，《馬歇爾使華調處日誌（1945 年 11 月~1947 年 1 月）》（臺北：國史館印行，民國 81 年 5 月出版）。

8、 王良卿，《三民主義青年團與中國國民黨關係研究（1938-1949）》（臺北：近代中國出版社出版，民國 87 年 7 月初版）。

9、 王雲五等著，《張君勱先生七十壽慶紀念論文集》（臺北：張君勱先生七十壽慶紀念論文集編輯委員會發行，民國 45 年 1 月出版）。

10、王詩琅譯註，《臺灣社會運動史——文化運動》（臺北：稻鄉版，民國 84 年 11 月初版）。

11、王詩琅，《日本殖民體制下的臺灣》（臺北：眾文版，民國 69 年 12 月初版）。

12、王燈岸，《磺溪一老人》（彰化：作者自印，1980 年）。

13、王健民，《中國共產黨史稿》增訂再版（香港：中文圖書供應社，1975 年）。

14、史明，《臺灣人四百年史》（美國聖荷西：蓬島文化公司，1980 年）。

15、中央研究院近代史研究所編，《二二八事件資料選輯（1-6）》（臺北：中央研究院近代史研究所，1992 年 5 月初版）。

16、《中共黨史人物傳》第 27 卷（西安：陝西人民出版社，1986 年）。

17、《中國國民黨中央改造委員會會議決議案彙編》（臺北：中國國民黨中央黨史委員會出版，民國 67 年 9 月初版）。

18、《中國國民黨八十年大事年表》（臺北：中國國民黨中央委員會黨史委員會出版，民國 63 年 8 月出版）。

19、《中國青年黨建黨五十週年紀念特刊》（臺北：中國青年黨中央黨部編印，民國 62 年 12 月出版）。

20、《中國青年黨黨史資料》第一輯（臺北：民主潮社出版，民國 44 年 3 月初版）。

21、《中國青年黨黨史・政綱》（臺北：中國青年黨中央宣傳組印行，民國 74 年 6 月出版）。

22、中國民主同盟中央文史資料委員會編，《中國民主同盟歷史文獻》（北京：文史資料出版社出版，1983 年 4 月 1 版）。

23、中國第二歷史檔案館編，《中國民主社會黨》（北京：檔案出版社出版，1988 年 8 月 1 版）。

24、中國論壇編輯委員會主編，《知識分子與臺灣發展》〈臺北：聯經版，民國 78 年 10 月初版〉。

25、中華民國張君勱學會編譯，《中國第三勢力》（臺北：稻鄉出版社發行，2005 年 4 月初版）。

26、《左舜生選集－政論集》〈臺北：大西洋圖書公司出版，民國 57 年元月初版〉。

27、立華編，《政治協商會議文獻》〈北平：中外出版社，民國 35 年 4 月初版〉。

28、臺灣省文獻委員會編，《臺灣史》（臺北：眾文圖書公司，民國 68 年 10 月初版）。

29、古瑞雲，《臺中的風雷》（臺北：人間版，民國 79 年 9 月初版）。

30、白成枝編，《蔣渭水遺集》（臺北：蔣先烈遺集刊行委員會，民國 39 年出版）。

31、矢內原忠雄著・周憲文譯，《日本帝國主義下之臺灣》（臺北：帕米爾書店，民國 76 年 5 月再版）。

32、光華出版社編，《廖文毅及其活動內幕》（臺北：光華出版社，1962 年）。

33、任育德，《雷震與臺灣民主憲政的發展》（臺北：國立政治大學歷史學系出版，民國 88 年 5 月初版）。

34、江勇振，《中國歷代思想家 53－張君勱》（臺北：商務版，民國 67 年 6 月初版）。

35、江南，《蔣經國傳》（臺北：李敖出版社，1993 年再版）。

36、朱文伯，《懷舊集》，（臺北：民主潮社發行，民國 63 年 12 月出版）。

37、朱文伯，《朱文伯回憶錄》（臺北：民主潮社發行，民國 74 年 2 月初版）。

38、朱珮琪，《臺籍菁英的搖籃——臺中一中》（臺北：向日葵文化出版，2005 年 5 月初版）。

39、呂訴上，《臺灣電影戲劇史》（臺北：銀華出版部，民國 50 年 9 月出版）。

40、吳三連口述・吳豐山撰記，《吳三連回憶錄》（臺北：自立版，民國 80 年 12 月 1 版）。

41、吳相湘，《民國百人傳》第三冊（臺北：傳記文學出版社印行，民國 60 年元月初版）。

42、吳密察、吳瑞雲編，《臺灣民報社論》（臺北：稻鄉版，民國 81 年）。

43、吳新榮，《吳新榮回憶錄》（臺北：前衛版，1989 年 7 月出版）。

44、吳濁流，《無花果》（臺北：前衛版，1988 年 8 月初版）。

45、李永熾監修，薛化元主編，《臺灣歷史年表：終戰篇 I（1945-1965）》（臺北：財團法人張榮發基金會國家政策資料研究中心，1990 年）。

46、李守孔，《中國近百餘年大事述評》（五）（臺北：學生書局出版，民國 85 年 7 月初版）。

47、李松林，《蔣介石的臺灣時代》（臺北：風雲時代出版，1993 年 11 月初版）。

48、李宣鋒等主編，《臺灣地區戒嚴時期五〇年代政治案件史料彙編——個案資料》（1-5）（南投：臺灣省文獻委員會發行，民國 87 年 6 月出版）。

49、李敖編，《調查局研究》（臺北：李敖出版社，1988 年 6 月初版）。

50、李筱峰，《二二八消失的臺灣菁英》（臺北：自立晚報社，1990 年）。

51、李筱峰，《臺灣戰後初期的民意代表》（臺北：自立版，民國 82 年 3 月修訂版 1 刷）。

52、李筱峰，《臺灣民主運動 40 年》（臺北：自立版，民國 76 年 10 月 1 版）。

53、李雲漢主編，《中國國民黨七至九屆歷次中全會重要決議案彙編》（臺北：中國國民黨中央黨史委員會出版，民國 80 年 6 月出版）。

54、李雲漢，《中國國民黨史述》第四編（臺北：中國國民黨中央黨史委員會出版，民國 83 年 11 月初版）。

55、李雲漢，《國民革命與臺灣光復的歷史淵源》（臺北：幼獅版，民國 69 年 7 月 3 版）。

56、李國祁等著，《近代中國青年運動史》（臺北：嵩山出版社出版，1990 年 7 月初版）。

57、汪祖華，《中國現代政黨結社搜秘》（臺北：大眾時代出版社，民國 84 年 7 月初版）。

58、沈雲龍，《耘農七十文存》（臺北：汲古書屋出版，民國 68 年 11 月初版）。

59、邱國禎，《近代臺灣慘史檔案》（臺北：前衛版，2007 年 6 月初版）。

60、林忠勝撰述，《陳逸松回憶錄》（臺北：前衛版，1994 年 6 月出版）。

61、林忠勝撰述、吳君瑩紀錄，《高玉樹回憶錄》（臺北：前衛版，2007 年 7 月初版），頁 54。

62、林柏維，《臺灣文化協會滄桑》（臺北：臺原出版社，1993 年 6 月 1 版）。

63、林國章，《民族主義與臺灣抗日運動（1895-1945）》（臺北：海峽學術出版社，2004 年 6 月出版）。

64、林熊祥主修、黃旺成纂修，《臺灣省通志稿（卷九——革命抗日篇）》（臺北：臺灣省文獻委員會，民國 43 年 12 月）。

65、林慶彰、陳仕華主編，《近代中國知識分子在臺灣》（2）（臺北：萬卷樓出版，民國 91 年 10 月初版）。

66、林梵，《楊逵畫像》（臺北：筆架山出版社，1978 年）。

67、林德龍輯註，《二二八官方機密史料》（臺北：自立晚報出版部，1992 年 2 月初版）。

68、周淑真，《中國青年黨在大陸和臺灣》（北京：中國人民大學出版社出版，1993 年 11 月 1 版）。

69、周淑真，《1949 飄搖港島》（北京：時事出版社，1996 年 1 月 1 版）。

70、胡國偉，《巴黎心影》〈臺北：菩提文藝出版社，民國 64 年 3 月 3 版〉。

71、胡國偉，《中國青年黨簡史》〈臺北：菩提文藝出版社，民國 64 年 5 月再版〉。

72、姜平，《中國民主黨派史》（武漢：武漢大學出版社出版，1987 年 8 月 1 版）。

73、若林正丈著・臺灣史日文史料典籍研讀會譯，《臺灣抗日運動史研究》（臺北：播種者出版，2007 年 3 月初版）。

74、若林正丈著，吳密察審訂，洪金珠・許佩賢譯，《臺灣——分裂國家與民主化》（臺北：月旦出版社，1994 年 7 月 1 版）。

75、《高雄市志——民政篇卷中》（高雄：高雄市文獻委員會編印，民國 49 年 2 月出版）。

76、真相研究小組召集人張炎憲；李旺臺、楊振隆總策劃，《二二八事件責任歸屬研究報告》（臺北：財團法人二二八事件紀念基金會出版，2006 年 2 月 1 版）。

77、翁佳音譯註，《臺灣社會運動史——勞工運動、右派運動》（臺北：稻鄉版，民國 81 年 2 月初版）。

78、《飛躍青春四十年——中國青年反共救國團成立四十週年團慶特刊》（臺北：中國青年反共救國團總團部編印，民國 81 年 10 月初版）。

79、郭廷以編著，《中華民國史事日誌》第四冊（臺北：中央研究院近代史研究所出版，民國 74 年 5 月初版）。

80、郭惠娜・林衡哲編，《郭雨新紀念文集》〈臺北：前衛版，1988 年 9 月出版〉。

81、郭乾輝（郭華倫），《臺共叛亂史》（臺北：內政部調查局，1955 年）。

82、《國史館現藏民國人物傳記史料彙編》第一輯（臺北：國史館編印，民國 77 年 6 月出版）。

83、《國父孫先生與臺灣》（臺北：中國國民黨中央委員會黨史委員會出版，民國 78 年 11 月初版）。

84、國民參政會史料編纂委員會編纂，《國民參政會史料》（臺北：國民參政會在臺歷屆參政員聯誼會出版，民國 51 年 11 月 12 日出版）。

85、孫子和編，《民國政黨史料》（臺北：正中版，民國 70 年 10 月初版）。

86、梁漱溟，《憶往談舊錄》（北京：中國文史出版社，1987 年 12 月 1 版）。

87、馬之驌，《雷震與蔣介石》（臺北：自立版，1993 年 11 月 1 版）。

88、高玉樹，《高玉樹論著選集》（臺北：東方出版社，1991 年）。

89、秦孝儀總編纂，《總統蔣公大事長編初稿》（臺北：中正文教基金會出版，民國 67 年 10 月出版）。

90、秦孝儀主編，《總統蔣公思想言論總集》（臺北：中國國民黨中央黨史委員會編印，民國 73 年 10 月初版）。

91、陳三井，《臺灣近代史事與人物》（臺北：商務版，民國 77 年 7 月初版）。

92、陳立夫，《成敗之鑑——陳立夫回憶錄》（臺北：正中版，民國 83 年 6月臺初版）。

93、陳正茂編著，《左舜生年譜》（臺北：國史館印行，民國 87 年 12 月初版）。

94、陳正茂等編，《曾琦先生文集》（臺北：中央研究院近代史研究所出版，民國 82 年 11 月初版）。

95、陳正茂，《在野的聲音——青年黨人的時代關懷及其政治參與》（臺北：新文京開發出版有限公司出版，民國 93 年 12 月初版）。

96、陳正茂主編，《左舜生先生晚期言論集》〈上〉（臺北：中央研究院近代史研究所發行，民國 85 年 5 月初版）。

97、陳世宏等編輯，《雷震案史料彙編：國防部檔案選輯》（臺北：國史館印行，2002 年）。

98、陳芳明，《謝雪紅評傳——落土不凋的雨夜花》（臺北：前衛版，1991年 7 月出版）。

99、陳芳明編，《蔣渭川和他的時代》（臺北：前衛版，1996 年 3 月初版）。

100、陳明通，《派系政治與臺灣政治變遷》（臺北：月旦出版社，1995 年修訂 1 版）。

101、陳啟天先生紀念集編輯委員會編輯，《陳啟天先生紀念集》（臺北：中國青年黨中央黨部發行，民國 74 年 8 月出版）。

102、陳啟天，《寄園回憶錄》（臺北：商務版，民國 54 年 12 月初版）。

103、陳錦昌，《蔣中正遷臺記》（臺北：向陽文化出版，2005 年 12 月初版）。

104、陳柔縉，《臺灣西方文明初體驗》（臺北：麥田出版，2005 年 7 月初版）。

105、陳翠蓮，《派系鬥爭與權謀政治——二二八悲劇的另一面相》（臺北：時報版，1995 年 2 月初版）。

106、陳興唐主編，吳克泰、周青解說，《臺灣「二‧二八」事件檔案史料》（臺北：人間版，1992 年 2 月初版）。

107、陳鵬仁主編，《中國國民黨黨務發展史料——非常委員會及總裁辦公室資料彙編》（臺北：近代中國出版社出版，民國 88 年 12 月初版）。

108、陶涵（Jay Taylor）著‧林添貴譯，《蔣經國傳》（臺北：時報版，2000年 10 月初版）。

109、許雪姬總策畫，《臺灣歷史辭典》（臺北：遠流版，2004 年 5 月 1 版）。

110、許雪姬訪問、曾金蘭紀錄，《柯臺山先生訪問紀錄》（臺北：中央研究院近代史研究所出版，民國 86 年 6 月初版）。

111、許福明，《中國國民黨之改造（1950-1952）》（臺北：正中版，民國75年）。

112、張九如，《和談覆轍在中國》〈臺北：聯經總經銷，民國70年2月再版〉。

113、張玉法，《中華民國史稿》（臺北：聯經版，1998年6月初版）。

114、張玉法，《近代中國民主政治發展史》（臺北：東大版，1999年）。

115、張其昀，《黨史概要》補編（臺北：中央文物供應社出版，民國68年再版）。

116、張深切，《里程碑》（臺中：聖工出版社，民國50年12月出版）。

117、張炎憲‧李筱峰‧戴寶村主編，《臺灣史論文精選》（臺北：玉山社出版，1996年9月初版）。

118、張炎憲、李筱峰、莊永明等，《臺灣近代名人誌》第一冊（臺北：自立版，民國77年5月2版）。

119、張炎憲、李筱峰、莊永明等，《臺灣近代名人誌》第二冊〈臺北：自立版，民國77年5月2版〉。

120、張炎憲、李筱峰、莊永明等，《臺灣近代名人誌》第四冊（臺北：自立版，民國76年12月初版）。

121、張炎憲、李筱峰、莊永明等，《臺灣近代名人誌》第五冊（臺北：自立版，民國79年10月1版）。

122、張炎憲、陳美蓉等編，《二二八事件研究論文集》（臺北：財團法人吳三連臺灣史料基金會出版，1998年2月1版）。

123、張炎憲、曾秋美、陳朝海編，《自覺與認同：1950-1990年海外臺灣人運動專輯》（臺北：財團法人吳三連臺灣史料基金會出版，2005年6月1版）。

124、張炎憲、胡慧玲、曾秋美採訪記錄，《臺灣獨立運動的先聲──臺灣共和國》（臺北：財團法人吳三連臺灣史料基金會，2000年2月1版）。

125、張忠棟，《胡適‧雷震‧殷海光──自由主義人物畫像》（臺北：自立版，民國79年12月1版）。

126、張軍民，《中國民主黨派史》（北京：華夏出版社，1989年版）。

127、黃宇人，《我的小故事》（香港：吳興記書報社，1982年）。

128、黃文範譯（美國國務院外交檔案），《福爾摩莎紀事》（國史館藏，未刊稿）。

129、黃昭堂著、黃英哲譯，《臺灣總督府》（臺北：前衛版，1994 年 4 月出版）。

130、黃師樵，《臺灣共產黨秘史》（新竹：1933 年）。

131、黃玲珠執筆，《老牌臺獨：黃紀男泣血夢迴錄》（臺北：獨家報導，1991 年）。

132、黃嘉樹，《第三隻眼看臺灣》（臺北：大秦出版社出版，民國 85 年 6 月修訂再版）。

133、黃煌雄，《蔣渭水傳——臺灣的先知先覺者》（臺北：前衛版，1992 年 12 月初版）。

134、黃敦涵編著，《翁俊明烈士編年傳記》（臺北：正中版，民國 66 年 10 月初版）。

135、莊嘉農，《憤怒的臺灣》（臺北：前衛版，1991 年 6 月出版）。

136、馮自由，《革命逸史》第四集（臺北：商務版，民國 67 年 2 月臺 3 版）。

137、馮愛群編，《胡適之先生紀念集》〈臺北：學生書局出版，民國 62 年 9 月再版〉。

138、《臺灣省民意機關之建立》（臺北：臺灣省行政長官公署民政處編印，民國 35 年 11 月出版）。

139、傅正主編，《雷震全集》（1）——雷震與我（一）（臺北：桂冠版，1989 年 3 月初版）。

140、傅正主編，《雷震全集》（4）——雷震風波——雷案始末（2）（臺北：桂冠版，1989 年 5 月初版）。

141、傅正主編，《雷震全集》（12）——雷震回憶錄——雷案回憶（2）（臺北：桂冠版，1989 年 3 月初版）。

142、傅正主編，《雷震全集》（30）——雷震秘藏書信選（臺北：桂冠版，1990 年 9 月初版）。

143、傅正主編，《雷震全集》（31）（臺北：桂冠版，1989 年 3 月初版）。

144、傅正主編：《雷震全集》（33）（臺北：桂冠版，1989 年 8 月初版）。

145、傅正主編，《雷震全集》（35）（臺北：桂冠版，1990 年 3 月初版）。

146、傅正主編，《雷震全集》（39）（臺北：桂冠版，1990 年 7 月初版）。

147、傅正主編，《雷震全集》（40）（臺北：桂冠版，1990 年 8 月初版）。

148、傅正主編，《雷案震驚海內外》（臺北：桂冠版，1990 年 9 月初版）。

149、《華僑與中國國民革命運動》（臺北：海外出版社出版，民國 70 年 3 月初版）。

150、楊子烈，《張國燾夫人回憶錄》（香港：自聯出版社，1970 年）。

151、楊玉齡，《一代醫人杜聰明》（臺北：天下遠見出版股份有限公司出版，2002 年 12 月 1 版）。

152、楊金虎，《七十回憶》（臺北：龍文版，1990 年）。

153、楊碧川，《日據時代臺灣人反抗史》（臺北：稻鄉版，民國 77 年 11 月初版）。

154、楊渡，《日據時期臺灣新劇運動（1923-1936）》（臺北：時報版，1994 年 8 月初版）。

155、楊錦麟，《李萬居評傳》〈臺北：人間版，1993 年 11 月初版〉。

156、楊肇嘉，《楊肇嘉回憶錄》（臺北：三民版，民國 56 年 2 月初版）。

157、董顯光，《蔣總統傳》第三冊（臺北：中華文化出版事業委員會，民國 46 年 6 月 4 版）。

158、蔣子駿，《辛亥革命與臺灣早期抗日運動（1911-1915）》（臺北：文史哲出版社出版，民國 79 年 2 月初版）。

159、蔣勻田，《中國近代史轉捩點》（香港：友聯出版社出版，1976 年 11 月初版）。

160、蔣經國，《風雨中的寧靜》（臺北：國防部總政戰部印行，民國 57 年 6 月出版）。

161、《蔣總統經國先生言論著述彙編》第二集（臺北：黎明版，民國 71 年 4 月初版）。

162、《蔣總統政黨政治講詞集》（臺北：蔣總統中興講詞總集編輯委員會出版，民國 60 年 10 月 31 日出版）。

163、葉芸芸‧戴國煇，《愛憎二‧二八──神話與史學：解開歷史之謎》（臺北：遠流版，1992 年 2 月初版）。

164、葉芸芸編寫，《證言二‧二八》（臺北：人間版，1990 年 2 月初版）。

165、葉榮鐘、吳三連、蔡培火等著，《臺灣民族運動史》（臺北：自立版，民國 71 年 2 月初版）。

166、葉榮鐘編，《林獻堂先生紀念集》（臺北：文海出版社影印版，民國 63 年 12 月出版）。

167、廖文毅，《臺灣民本主義》（臺北：臺灣民報社，1956 年）。

168、漢人（黃玉齋），《臺灣革命史》（屏東：新民書局，民國 34 年）。

169、蔡培火，《與日本本國民書》（新店：學術出版社，民國 63 年 5 月出版）。

170、蔡省三、曹雲霞，《蔣經國系史話》（香港：七十年代雜誌社，1979年）。

171、蔡憲崇，《鑼聲若響——臺灣島上的反對黨》（臺北：作者自印，1983年）。

172、鄭梓，《戰後臺灣議會運動史之研究——本土菁英與議會政治（1946-1951）》（臺中：作者自印，民國82年5月增訂版）。

173、鄭牧心，《臺灣議會政治40年》（臺北：自立版，民國80年11月1版2刷）。

174、雷震，《雷震回憶錄》（香港：七十年代雜誌社，1978年11月初版）。

175、劉紹唐主編，《民國大事日誌》第二冊（臺北：傳記文學出版社印行，民國68年3月再版）。

176、劉紹唐主編，《民國人物小傳》第六冊（臺北：傳記文學出版社印行，民國73年7月初版）。

177、潘光哲・劉季倫・孫善豪訪問，《顧紹昌先生訪談錄》（臺北：國史館印行，民國91年12月初版）。

178、鄧孔昭編，《二二八事件資料集》（臺北：稻鄉版，1991年2月初版）。

179、羅秋昭，《羅福星傳》（臺北：黎明版，民國63年2月出版）。

180、《羅福星抗日革命案全檔》（南投：臺灣省文獻委員會，民國54年10月出版）。

181、謝春木（南光），《臺灣人の要求》（臺北：臺灣新民報社，昭和6年1月）。

182、謝漢儒，《關鍵年代的歷史見證——臺灣省參議會與我》（臺北：唐山出版社出版，1998年元月初版）。

183、謝漢儒，《早期臺灣民主運動與雷震紀事——為歷史留見證》（臺北：桂冠版，2002年9月初版）。

184、盧修一，《日據時代臺灣共產黨史（1928-1932）》（臺北：前衛版，1990年5月出版）。

185、簡炯仁，《臺灣民眾黨》（臺北：稻鄉版，民國80年12月初版）。

186、簡炯仁，《臺灣共產主義運動史》（臺北：前衛版，1997年1月初版）。

187、薛化元，《「自由中國」與民主憲政——1950年代臺灣思想史的一個考察》（臺北：稻鄉版，民國85年7月初版）。

188、薛化元，《民主憲政與民族主義的辯證發展——張君勱思想研究》（臺北：稻禾出版社出版，民國82年2月初版）。

189、藍博洲，《麥浪歌詠隊——追憶一九四九年四六事件（臺大部份）》（臺中：星辰出版社出版，2001 年 4 月初版）。

190、藍博洲，《天未亮——追憶一九四九年四六事件（師院部分）》（臺中：星辰出版社出版，2000 年 4 月初版）。

191、藍博洲，《沉屍、流亡、二二八》（臺北：時報版，民國 80 年 6 月初版）。

192、藍博洲，《尋訪被湮滅的臺灣史與臺灣人》（臺北：時報版，1994 年 12 月初版）。

193、《總裁關於黨的改造之訓示》（臺北：中央文物供應社，民國 40 年出版）。

194、蘇新，《未歸的臺共鬥魂——蘇新自傳與文集》（臺北：時報版，1993 年 4 月初版）。

195、蘇僧、郭建成，《拂去歷史明鏡中的塵埃》（美國加州：美國南華文化事業公司，1986 年 2 月出版）。

196、蘇瑞鏘，《戰後臺灣組黨運動的濫觴——「中國民主黨」組黨運動》（臺北：稻鄉版，民國 94 年 4 月初版）。

197、龔宜君，《「外來政權」與本土社會——改造後國民黨政權社會基礎的形成（1950-1969）》（臺北：稻鄉版，民國 87 年 8 月初版）。

二、論文

1、 文德，〈雷震‧胡適‧中國民主黨——記近代民主運動的一段歷史並悼念雷震先生〉，傅正主編，《雷震全集》（1）——雷震與我（一）（臺北：桂冠版，1989 年 3 月初版）。

2、 王國璠，〈從楊心如生平探討興中會臺灣分會〉，《臺北市耆老會談專集》（臺北：臺北市文獻委員會出版，民國 68 年 9 月初版）。

3、 呂芳上，〈痛定思痛：戰後中國國民黨改造的醞釀（1947-1950）〉，《一九四九年：中國的關鍵年代學術討論會論文集》（臺北：國史館印行，民國 89 年 12 月初版）。

4、 吳國樑，〈國共以外的選擇：中國青年黨之研究（1923-1949）〉（香港：香港中文大學研究院歷史學部哲學碩士論文，1998 年 5 月）。

5、　宋冬陽，〈永遠的望鄉人──蘇新的生平與思想初論〉（一、二），《八十年代》半月刊第 2、5 期（1984 年 4 月 15 日、6 月 1 日）。

6、　何義麟，〈臺灣省政治建設協會與二二八事件〉，張炎憲、陳美蓉等編，《二二八事件研究論文集》（臺北：財團法人吳三連臺灣史料基金會，1998 年 2 月 1 版）。

7、　李翼中，〈帽簷述事〉，收錄於中央研究院近代史研究所編，《二二八事件資料選輯（二）》（臺北：中央研究院近代史研究所，1992 年 5 月初版）。

8、胡適，〈從爭取言論自由談到反對黨〉，《自由中國》18 卷 11 期（民國 47 年 6 月 1 日）。

9、　林江，〈回憶父親翁澤生烈士〉，《臺聲》1985 年第 1 期（北京：1985 年 1 月）。

10、若林正丈，〈臺灣總督府秘密文書「文化協會對策」〉，《臺灣近現代史研究》創刊號（1978 年 4 月）。

11、冒鶴亭，〈第一位到臺灣的興中會會員──楊帝鏡〉，收入《國父孫先生與臺灣》（臺北：中國國民黨中央委員會黨史委員會出版，民國 78 年 11 月初版）。

12、康澤，〈三民主義青年團成立的經過〉，《文史資料選輯》（全國）第四〇輯（北京：1980 年 11 月）。

13、康澤遺稿，姚孔行提供，〈康澤自述（五）〉，《傳記文學》第 68 卷第 1 期（民國 85 年 1 月）。

14、奚敏芳，〈孫中山在臺灣〉，收入林慶彰、陳仕華主編，《近代中國知識分子在臺灣》（2）（臺北：萬卷樓出版，民國 91 年 10 月初版）。

15、連溫卿，〈臺灣文化協會的發軔〉，《臺北文物》卷 2 期 3（民國 42 年 11 月）。

16、梁惠錦，〈臺灣近代民族運動的背景〉，《臺灣文獻》第 24 卷第 3 期（民國 62 年 9 月）。

17、梁漱溟，〈中國民主同盟發起成立之經過略記〉，見《憶往談舊錄》（北京：中國文史出版社，1987 年 12 月 1 版）。

18、孫萬國，〈半山與二二八初探〉，見張炎憲、陳美蓉等編，《二二八事件研究論文集》，（臺北：財團法人吳三連臺灣史料基金會出版，1998 年 2 月 1 版）。

19、程文熙，〈張君勱先生年譜長編初稿（23）〉，《民主潮》第 30 卷第 6 期（民國 69 年 6 月 16 日）。

20、程文熙，〈張君勱先生年譜長編初稿（24-2）〉，《民主潮》第 30 卷第 8 期（民國 69 年 8 月 16 日）。

21、程文熙，〈張君勱先生年譜長編初稿（34-2）〉，《民主潮》第 32 卷第 1 期（民國 71 年 1 月 16 日）。

22、程文熙，〈張君勱先生年譜長編初稿（35-1）〉，《民主潮》第 32 卷第 3 期（民國 71 年 3 月 16 日）。

23、程文熙，〈張君勱先生年譜長編初稿（36-1）〉，《民主潮》第 32 卷第 9 期（民國 71 年 9 月 16 日）。

24、陳三井，〈蔣經國先生與中國青年反共救國團〉，《中國現代史專題研究報告》第 15 輯（臺北：中華民國史料研究中心編印，民國 82 年 4 月出版）。

25、陳少白口述，許師慎筆記，〈興中會臺灣分會之成立〉，見陳少白口述，許師慎筆記，《興中會革命史要》（臺北：中央文物供應社出版，民國 45 年 6 月初版）。

26、陳正茂，〈陳啟天傳〉，《國史擬傳》第 5 輯（臺北：國史館印行，民國 84 年 6 月出版）。

27、陳正茂，〈堅持民主憲政——青年黨與雷震〉，《傳記文學》第 90 卷第 5 期（民國 96 年 5 月）。

28、陳正茂，〈「第三勢力運動」史料述評——以《自由陣線》週刊為例〉（中華民國史專題論文集第 4 屆討論會，民國 87 年 12 月）。

29、陳正茂，〈簡述五〇年代香港「第三勢力」運動〉，《傳記文學》第 71 卷第 5 期（民國 86 年 11 月）。

30、陳正茂，〈宣揚第三勢力的自由陣線〉，《全民半月刊》第 12 卷第 10 期（民國 80 年 11 月 25 日）。

31、陳佳宏，〈戰後臺獨之發展與演變（1945-2000）〉（臺北：國立臺灣師範大學歷史研究所博士論文）。

32、陳雲卿，〈中國青年黨的創建與初期發展（1923-1929）〉（臺北：國立臺灣師範大學歷史研究所碩士論文，民國 77 年 6 月）。

33、張淑雅，〈美國對臺政策轉變的考察〉，《中央研究院近代史研究所集刊》（19）（1990 年 6 月）。

34、馮兆基，〈中國一九四〇年代的中間勢力〉（未刊稿）。

35、曾迺碩，〈民初臺灣的恢復運動〉，《近代中國》第 19 期（民國 69 年 10 月 30 日）。

36、張炎憲，〈戰後初期臺獨主張產生的探討——以廖家兄弟為例〉，《二二八學術研討會論文集》（臺北：現代學術研究基金會發行，1992 年 2 月 1 版）。

37、萬麗鵑，〈一九五○年代的中國第三勢力運動〉（臺北：國立政治大學歷史研究所博士論文，民國 90 年 7 月）。

38、〈楊亮功、何漢文致于右任報告〉（36 年 4 月 16 日），《民國檔案》（南京）1988 年第 4 期（1988 年 11 月）。

39、黃文雄，〈臺北青年會・讀書會・體育會〉，《臺北文物》卷 3 期 2（民國 43 年 8 月）。

40、黃師樵，〈蔣渭水及其政治運動〉，《臺北文物》卷 3 期 1（民國 43 年 5 月）。

41、黃朝琴遺著，王紹齋校訂，〈黃朝琴回憶錄〉（十二），《中外雜誌》第 33 卷 3 期（民國 72 年 3 月）。

42、蔣勻田，〈張君勱先生一生大事記〉，《傳記文學》第 14 卷第 4 期（民國 58 年 4 月）。

三、報紙・期刊

1、《人民導報》

2、《八十年代》

3、《口述歷史》

4、《中外雜誌》

5、《中央日報》

6、《中央研究院近代史研究所集刊》

7、《中國時報》

8、《中華日報》

9、《公論報》

10、《文史資料選輯》

11、《民主潮》

12、《民國檔案》

13、《民報》

14、《再生》

15、《再生周刊》

16、《宇宙》

17、《自由人三日刊》

18、《自由中國》

19、《自由陣線》

20、《改造半月刊》

21、《和平日報》

22、《近代中國》

23、《前鋒》

24、《革命文獻》

25、《時與潮》

26、《國語日報》

27、《傳記文學》

28、《新中國評論》

29、《新聞天地週刊》

30、《臺北文物》

31、《臺聲》

32、《臺灣》

33、《臺灣文獻》

34、《臺灣日日新報》

35、《臺灣民政》

36、《臺灣民報》

37、《臺灣近現代史研究》

38、《臺灣青年》

39、《臺灣省行政長官公署公報》

40、《臺灣省臨時省議會公報》

41、《臺灣省議會公報》

42、《臺灣新民報》

43、《臺灣新生報》

44、《臺灣新報》

45、《醒獅月刊》

46、《醒獅週報》

47、《聯合報》

48、《聯合評論週刊》

國家圖書館出版品預行編目

臺灣早期政黨史略(一九〇〇－一九六〇) / 陳正茂著.
-- 一版. -- 臺北市：秀威資訊科技，2009.03
　　面；　　公分. -- (史地傳記類；PC0079)
BOD 版
參考書目：面
ISBN 978-986-221-193-9 (平裝)

1.政黨　2.歷史　3.臺灣

576.33　　　　　　　　　　　98003837

史地傳記類　　PC0079

臺灣早期政黨史略
（一九〇〇－一九六〇）

作　　　者 / 陳正茂
主　　　編 / 蔡登山
發 行 人 / 宋政坤
執行編輯 / 藍志成
圖文排版 / 黃莉珊
封面設計 / 蕭玉蘋
數位轉譯 / 徐真玉　沈裕閔
圖書銷售 / 林怡君
法律顧問 / 毛國樑　律師
出版印製 / 秀威資訊科技股份有限公司
　　　　　臺北市內湖區瑞光路 583 巷 25 號 1 樓
　　　　　電話：02-2657-9211　　　傳真：02-2657-9106
　　　　　E-mail：service@showwe.com.tw
經 銷 商 / 紅螞蟻圖書有限公司
　　　　　臺北市內湖區舊宗路二段 121 巷 28、32 號 4 樓
　　　　　電話：02-2795-3656　　　傳真：02-2795-4100
　　　　　http://www.e-redant.com

2009 年 3 月 BOD 一版
定價：390 元

讀 者 回 函 卡

感謝您購買本書，為提升服務品質，煩請填寫以下問卷，收到您的寶貴意見後，我們會仔細收藏記錄並回贈紀念品，謝謝！

1.您購買的書名：＿＿＿＿＿＿＿＿＿＿＿＿＿＿＿＿＿＿＿

2.您從何得知本書的消息？

　□網路書店　□部落格　□資料庫搜尋　□書訊　□電子報　□書店

　□平面媒體　□ 朋友推薦　□網站推薦 □其他＿＿＿＿＿＿

3.您對本書的評價：(請填代號　1.非常滿意 2.滿意 3.尚可 4.再改進)

　封面設計＿＿　版面編排＿＿　內容＿＿　文/譯筆＿＿　價格＿＿

4.讀完書後您覺得：

　□很有收獲　□有收獲　□收獲不多　□沒收獲

5.您會推薦本書給朋友嗎？

　□會　□不會，為什麼？＿＿＿＿＿＿＿＿＿＿＿＿＿＿＿＿＿＿

6.其他寶貴的意見：＿＿＿＿＿＿＿＿＿＿＿＿＿＿＿＿＿＿＿＿

＿＿＿＿＿＿＿＿＿＿＿＿＿＿＿＿＿＿＿＿＿＿＿＿＿＿＿＿＿＿

＿＿＿＿＿＿＿＿＿＿＿＿＿＿＿＿＿＿＿＿＿＿＿＿＿＿＿＿＿＿

＿＿＿＿＿＿＿＿＿＿＿＿＿＿＿＿＿＿＿＿＿＿＿＿＿＿＿＿＿＿

讀者基本資料

姓名：＿＿＿＿＿＿＿＿＿　年齡：＿＿＿　性別：□女 □男

聯絡電話：＿＿＿＿＿＿＿　E-mail：＿＿＿＿＿＿＿＿＿＿

地址：＿＿＿＿＿＿＿＿＿＿＿＿＿＿＿＿＿＿＿＿＿＿＿＿＿

學歷：□高中(含)以下　□高中　□專科學校　□大學

　　　□研究所(含)以上 □其他＿＿＿＿＿＿＿

職業：□製造業 □金融業 □資訊業 □軍警 □傳播業 □自由業

　　　□服務業 □公務員 □教職　□學生 □其他＿＿＿＿＿

To：114

　台北市內湖區瑞光路 583 巷 25 號 1 樓

　秀威資訊科技股份有限公司　　　收

寄件人姓名：

寄件人地址：□□□

(請沿線對摺寄回,謝謝!)

秀威與 BOD

BOD（Books On Demand）是數位出版的大趨勢，秀威資訊率先運用 POD 數位印刷設備來生產書籍，並提供作者全程數位出版服務，致使書籍產銷零庫存，知識傳承不絕版，目前已開闢以下書系：

一、BOD 學術著作—專業論述的閱讀延伸
二、BOD 個人著作—分享生命的心路歷程
三、BOD 旅遊著作—個人深度旅遊文學創作
四、BOD 大陸學者—大陸專業學者學術出版
五、POD 獨家經銷—數位產製的代發行書籍

BOD 秀威網路書店：www.showwe.com.tw
政府出版品網路書店：www.govbooks.com.tw

　　永不絕版的故事·自己寫·永不休止的音符·自己唱